今注本二十四史

晋書

二一

傳［一一］

唐 房玄齡等 撰

梁滿倉 主持校注

中国社会科学出版社

晉書　卷九二

列傳第六十二

文苑

應貞　成公綏　左思　趙至　鄒湛 子捷[1]　棗據　褚陶
王沉　張翰　庾闡　曹毗　李充　袁宏　伏滔　羅含
顧愷之　郭澄之

夫文以化成，惟聖之高義；[2]行而不遠，前史之格言。是以温洛禎圖，[3]緑字符其丕業；苑山靈篆，[4]金簡成其帝載。既而書契之道聿興，[5]鍾石之文逾廣，移風俗於王化，崇孝敬於人倫，經緯乾坤，彌綸中外，[6]故知文之時義大哉遠矣！

[1]原本總目録及卷首目録均無附傳人名“子捷”，據正文及中華本目録補。

[2]惟聖之高義：中華本“高義”後用逗號，應以分號爲宜。分號兩邊的句子分别爲兩個完整的意思，因此，“前史之格言”後

應爲句號。

［3］温洛禎圖：藏在洛水裏的吉祥之圖，即《洛書》《河圖》。相傳爲赤色圖紋緑色文字。《藝文類聚》卷一一引《尚書中候》："帝堯即政，榮光出河，休氣四塞，龍馬銜甲，赤文緑色。"《宋書·符瑞志上》："《龍圖》出河，《龜書》出洛，赤文篆字，以授軒轅。"

［4］苑山靈篆：文苑之山上絢爛的文章。

［5］聿興：迅速興起。

［6］彌綸中外：貫通中外。

洎姬曆云季，歌頌滋繁，荀宋之流，[1]導源自遠，總金羈而齊騖，[2]揚玉軑而並馳，[3]言泉會於九流，[4]文律諧於六變。[5]自時已降，軌躅同趨，[6]西都賈馬耀靈蛇於掌握，[7]東漢班張發雕龍於綈槧，[8]俱標稱首，[9]咸推雄伯。[10]逮乎當塗基命，[11]文宗鬱起，三祖叶其高韵，[12]七子分其麗則，[13]《翰林》總其菁華，[14]《典論》詳其藻絢，[15]彬蔚之美，[16]競爽當年。獨彼陳王，[17]思風遒舉，備乎典奥，懸諸日月。

［1］荀：荀卿，戰國末趙國人，名况，字卿。漢人避宣帝諱，亦稱孫卿。思想家，現存《荀子》一書傳世。　宋：宋玉，戰國時楚國人。繼屈原之後，與唐勒、景差皆以辭賦見稱於世。

［2］總金羈而齊騖：提馬轡繩而奔馳。羈，馬籠頭。

［3］揚玉軑（dài）而並馳：駕長車而馳騁。

［4］九流：先秦的九個學術流派。《漢書》卷一〇〇《叙傳下》："劉向司籍，九流以别。"顔師古注引應劭曰："儒、道、陰陽、法、名、墨、從横、雜、農，凡九家。"

［5］六變：樂章的變化。古代祭百神，樂章變六次祭典始成。陸雲《移書太常府薦張贍》："廣樂九奏，必登昊天之庭；《韶》《夏》六變，必饗上帝之祀矣。"

［6］軌躅：車輪輾過的痕迹。

［7］西都：指西漢。　賈：賈誼，西漢洛陽（今河南省洛陽市）人。文帝時爲博士，後遷至太中大夫。建議改正朔、定官名、興禮樂、削藩王。因大臣周勃、灌嬰等譖毁，被貶爲長沙王太傅。　馬：司馬相如，西漢蜀郡成都（今四川省成都市）人，字長卿，少名犬子，後更名相如。文學家，所做《子虛賦》深受漢武帝賞識。　靈蛇：靈蛇珠。《搜神記》載，春秋時隋侯出行，見大蛇被傷中斷，使人以藥傅之，蛇乃能走。歲餘，蛇銜明珠以報之，謂之"隋侯珠"，亦曰"靈蛇珠"。此喻錦綉文才。

［8］班：班固，東漢扶風安陵（今陝西省咸陽市東北）人，字孟堅，班彪子。任蘭臺令史，奉命撰寫東漢以來的史事，寫成《漢書》。和帝時隨竇憲出擊匈奴。後因竇憲失勢，受牽連而被捕入獄，死於獄中。　張：張衡，東漢南陽西鄂（今河南省南陽市北）人，字平子。早年游學長安，觀太學於洛陽，通五經六藝。渾天儀、測風儀、地動儀的製造者。文學作品以《二京賦》《歸田賦》著稱於世。　綈槧（qiàn）：供書寫用的絲織物和木版片。指書册。

［9］俱標稱首：標，宋本作"摽"。

［10］咸推雄伯：都被推爲文壇之傑。

［11］當塗：當塗高，指曹魏。《後漢書》卷七五《袁術傳》："代漢者當塗高。"李賢注："當塗高者，'魏'也。"

［12］三祖：即三曹，曹操、曹丕、曹植。　叶其高韵：叶，宋本作"分"。

［13］七子：即"建安七子"，孔融、陳琳、王粲、徐幹、阮瑀、應瑒、劉楨。

［14］《翰林》：即東晋李充所作《翰林論》。嚴可均《全晋文》卷五三中輯録了部分殘文。

[15]《典論》：曹丕著，我國最早的文學評論之一。今僅存《論文》《自序》等篇。

[16]彬蔚：文采美盛貌。

[17]陳王：曹植，三國時沛國譙縣（今安徽省亳州市）人，字子建，曹操第三子。封陳王，謚號思，故又稱陳思王。善辭賦，建安文學領袖。

及金行纂極，[1]文雅斯盛，張載擅銘山之美，[2]陸機挺焚研之奇，[3]潘夏連輝，[4]頡頏名輩，[5]並綜采繁縟，杼軸清英，[6]窮廣内之青編，緝平臺之麗曲，嘉聲茂迹，陳諸别傳。至於吉甫、太冲，江右之才傑；[7]曹毗、庾闡，中興之時秀。[8]信乃金相玉潤，野會川冲，[9]埒美前修，垂裕來葉。今撰其鴻筆之彦，[10]著之《文苑》云。

[1]金行：晋朝，因晋朝以金德王，故稱。

[2]張載：字孟陽，本書卷五五有傳。

[3]陸機：字士衡，本書卷五四有傳。　焚研：即焚硯。典出《晋書·陸機傳》：“機天才秀逸，辭藻宏麗，張華嘗謂之曰：‘人之爲文，常恨才少，而子更患其多。’弟雲嘗與書曰：‘君苗見兄文，輒欲燒其筆硯。’”

[4]潘：潘岳，字安仁，本書卷五五有傳。潘，原本、殿本作“藩”，宋本作“潘”，據宋本改。　夏：夏侯湛，字孝若，本書卷五五有傳。

[5]頡頏：不相上下。

[6]杼軸：本意爲古代織機的部件，喻構思組織詩文。

[7]江右：江北，與江左相對。又指西晋，因其都城在長江之北的洛陽，故稱。

[8]中興：指東晋。

［9］野會川冲：會，宋本作“薈”。

［10］鴻筆之彦：有大手筆的傑出文人。

應貞

應貞，字吉甫，汝南南頓人，[1]魏侍中璩之子也。[2]自漢至魏，世以文章顯，軒冕相襲，爲郡盛族。貞善談論，以才學稱。夏侯玄有盛名，[3]貞詣玄，玄甚重之。舉高第，頻歷顯位。武帝爲撫軍大將軍，[4]以爲參軍。[5]及踐阼，遷給事中。[6]帝於華林園宴射，[7]貞賦詩最美。其辭曰：[8]

悠悠太上，人之厥初。皇極肇建，彝倫攸敷。[9]五德更運，[10]應籙受符。[11]陶唐既謝，[12]天曆在虞。於時上帝，乃顧惟眷。光我晋祚，應期納禪。位以龍飛，文以豹變。玄澤滂流，[13]仁風潛扇。[14]區内宅心，[15]方隅回面。[16]天垂其象，地耀其文。鳳鳴朝陽，龍翔景雲。嘉禾重穎，[17]蓂莢載芬。[18]率土咸寧，人胥悦欣。[19]

［1］汝南：郡名，東漢治所在平輿縣（今河南省平輿縣北），西晋治所在新息縣（今河南省息縣西南），東晋移治懸瓠城（今河南省汝南縣）。　南頓：縣名，治所在今河南省項城市西南。

［2］侍中：官名，東漢建安中與給事黄門侍郎出入禁中，省尚書事。曹魏時爲門下之侍中省長官。常侍衛皇帝左右，掌顧問應對、諫諍糾察、平議奏事、駁奏異議等，權力甚重。三品。　璩：應璩，三國時汝南南頓（今河南省項城市西南）人，字休璉，應瑒弟。博學好屬文，善爲書記。歷任散騎常侍、侍中、大將軍長史等職。曾作“百一詩”，以諷曹爽秉政，爲當世所傳。璩，原本作

“據”，宋本、殿本作“璩”，據宋本、殿本改。

［3］夏侯玄：三國沛國譙縣（今安徽省亳州市）人，字太初，夏侯淵之孫，曹爽之姑子。善談名理，玄學家。

［4］撫軍大將軍：官名，三國魏文帝始置，皇帝出征，總管留守事。晋二品，開府位從公者一品。

［5］參軍：官名，亦作參軍事，謂參謀軍事。兩晋公府、軍府皆置。

［6］給事中：官名，爲加官，所加爲三公、將軍、中書監令、博士、郎等。常侍從皇帝左右，諫諍糾彈，爲中朝要職。五品。

［7］華林園：宫苑名，本東漢芳林園，魏正始初因避齊王芳諱改。故址位於今河南省洛陽市東洛陽故城内。有瑶華宫、景陽山、天淵池諸勝。

［8］其辭曰：辭，宋本作“辟”。

［9］彝倫：常理，倫常。

［10］五德：古代陰陽家把金、木、水、火、土五行看成五德，認爲歷代王朝各代表一德，按照五行相克或相生的順序，交互更替，周而復始。

［11］應籙受符：籙，殿本、宋本作“録”；符，宋本作“苻”。

［12］陶唐：堯之號。《左傳·襄公二十四年》：“昔匄之祖，自虞以上爲陶唐氏。”杜預注：“陶唐，堯所治地，大原晋陽縣也。終虞之世以爲號，故曰自虞以上。”

［13］滂流：滂，殿本作“旁”。

［14］仁風：仁，宋本作“人”。

［15］宅心：歸心。心悦誠服而歸附。《漢書》卷一〇〇《叙傳下》：“項氏畔换，黜我巴漢，西土宅心，戰士憤怨。”顔師古注引晋灼曰：“西土，關西也。高祖入關，約法三章，秦民大悦，皆宅心高祖。”

［16］回面：轉向，歸順。

［17］嘉禾：嘉，宋本作“加”。　重穎：一禾上生兩個或更多

的穗頭。

[18]蓂莢：古代傳説中的一種瑞草。它每月從初一至十五，每日結一莢；從十六至月終，每日落一莢。所以從莢數多少，可以知道是何日。一名曆莢。

[19]人胥悦欣：人人歡欣喜悦。

恢恢皇度，穆穆聖容。言思其允，貌思其恭。[1]在視斯明，在聽斯聰。登庸以德，[2]明試以功。其恭惟何？昧旦丕顯。[3]無義不經，無理不踐。行舍其華，言去其辯。游心至虛，同規易簡。六府孔修，[4]九有來踐。[5]澤罔不被，化莫不加。聲教南暨，西漸流沙。幽人肆險，遠國忘遐；越常重譯，[6]充牣皇家。[7]峨峨列辟，赫赫武臣。内和五品，[8]外威四賓。順時貢職，入覲天人。備言錫命，羽蓋朱輪。

[1]言思其允，貌思其恭：宋本省作“言思其恭”。

[2]登庸以德：因有德而被任之以官。

[3]昧旦丕顯：語見《左傳·昭公三年》：“《讒鼎之銘》曰：昧旦丕顯，後世猶怠。”意爲每天天不亮就起來，會顯赫英明，而後代却懶得去做。

[4]六府孔修：治理得很好。《尚書·禹貢》：“四海會同，六府孔修。”孔安國傳：“水、火、金、木、土、穀甚修治，言政化和。”

[5]九有來踐：九州前來拜謁。

[6]重譯：輾轉翻譯。

[7]充牣：充滿，豐足。

[8]五品：即五常，仁、義、禮、智、信。

貽宴好會，不常厥數。神心所授，不言而喻。於時肆射，弓矢斯具。發彼互的，[1]有酒斯飫。[2]文武之道，厥猷未墜。在昔先王，射御兹器。示武懼荒，過則有失。凡厥群后，無懈于位。

[1]發彼互的：中華本校勘記："'互的'，周校：《文選》作'五的'。按：'五的'即'五正'，見《周禮·射人》。'互'蓋形訛。"

[2]有酒斯飫：酒足飯飽。

初置太子中庶子官，[1]貞與護軍長史孔恂俱爲之。[2]後遷散騎常侍，[3]以儒學與太尉荀顗撰定新禮，[4]未施行。泰始五年卒，文集行於世。

[1]太子中庶子：官名，太子侍從，掌侍從、奏事、諫議等。五品。

[2]護軍：官名，護軍將軍省稱。東漢建安十二年（207）曹操改丞相府護軍爲中護軍，資重者可遷護軍將軍，典武官選舉，與中領軍同掌禁軍。曹魏時四品，西晋時三品。　長史：官名，掌顧問參謀，爲所在官署掾屬之長。魏晋南北朝時王府、公府、軍府、邊郡均置。八至六品。　孔恂：西晋人，字士信，任侍中、御史中丞、平東將軍衛尉等職。

[3]散騎常侍：官名，三國魏文帝黄初年間置，侍從皇帝左右，諫諍得失，顧問應對，與侍中等共平尚書奏事。也用作宰相、諸公等加官，入宫議政。三品。

[4]太尉：官名，曹操爲丞相後，太尉府屬官歸相府，晋時太尉雖爲八公之一、三公之首，實爲名譽宰相，多爲大臣加官。一

品。　荀顗：字景倩，本書卷三九有傳。

弟純。純子紹，永嘉中，至黄門郎，[1]爲東海王越所害。[2]純弟秀，秀子詹，[3]自有傳。

[1]黄門郎：官名，黄門侍郎或給事黄門侍郎的省稱。五品。
[2]東海王越：司馬越，字元超，本書卷五九有傳。
[3]詹：應詹，字思遠，本書卷七〇有傳。

成公綏

成公綏，字子安，東郡白馬人也。[1]幼而聰敏，博涉經傳。性寡欲，不營資産，家貧歲饑，常晏如也。少有俊才，詞賦甚麗，閑默自守，不求聞達。時有孝烏，每集其廬舍，綏謂有反哺之德，以爲祥禽，乃作賦美之，文多不載。又以“賦者貴能分賦物理，[2]敷演無方，天地之盛，可以致思矣。歷觀古人未之有賦，豈獨以至麗無文，難以辭贊；不然，何其闕哉？”遂爲《天地賦》曰：

惟自然之初載兮，道虚無而玄清，太素紛以溷淆兮，[3]始有物而混成，何元一之芒昧兮，[4]廓開闢而著形。爾乃清濁剖分，玄黄判離。太極既殊，是生兩儀，星辰焕列，日月重規，天動以尊，地静以卑，昏明迭炤，[5]或盈或虧，陰陽協氣而代謝，寒暑隨時而推移。三才殊性，[6]五行異位，[7]千變萬化，繁育庶類，授之以形，禀之以氣。色表文采，聲有音律，覆載無方，流形品物。鼓以雷霆，[8]潤以慶雲，八風翱翔，六氣氤氲。蚑行蠕動，方聚類分，鱗殊族别，羽毛異群，各含精而鎔冶，咸受範於陶鈞，何滋育之罔極兮，偉造化之至神！

[1]東郡：治所在濮陽縣（今河南省濮陽市西南）。　白馬：縣名，治所在今河南省滑縣東南城關鎮東。

[2]物理：事物之理。

[3]太素：原始狀態。　溷淆：混沌不清。

[4]元一：本源。　芒昧：模糊，不清楚。

[5]昏明迭炤：昏明輪流顯示。

[6]三才：天地人。

[7]五行：金木水火土。

[8]鼓以雷霆：以，宋本作"之"。

若夫懸象成文，[1]列宿有章，[2]三辰燭耀，[3]五緯重光。[4]河漢委蛇而帶天，[5]虹蜺偃蹇於昊蒼，[6]望舒彌節於九道，[7]羲和正轡於中黄，[8]衆星回而環極，招摇運而指方。白獸峙據於參伐，[9]青龍垂尾於心房，[10]玄龜匿首於女虚，[11]朱鳥奮翼於注張。[12]帝皇正坐於紫宫，[13]輔臣列位於文昌，[14]垣屏駱驛而珠連，三臺差池而雁翔，[15]軒轅華布而曲列，[16]攝提鼎跱而相望。[17]若乃徵瑞表祥，灾變呈異，交會薄蝕，抱暈帶珥，[18]流逆犯歷，譴悟象事，蓬容著而妖害生，[19]老人形而主受喜，[20]天矢黄而國吉祥，[21]彗孛發而世所忌。[22]

[1]懸象：指日、月、星辰。

[2]列宿：排列成二十八星宿。

[3]三辰：日、月、星。

[4]五緯：金、木、水、火、土五星。

[5]河漢：天河。

[6]虹蜺偃蹇：霓虹高挂。

[7]望舒：爲月亮駕車的神。亦指月亮。　九道：古人指日月運行的軌道。王充《論衡·説日》："日月有九道。"

[8]羲和：古代傳説中的日神。《初學記》卷一引《淮南子·天文訓》："爰止羲和，爰息六螭，是謂懸車。"原注："日乘車，駕以六龍，羲和御之。"　中黄：黄道。地球一年繞太陽轉一周，我們從地球上看成太陽一年在天空中移動一圈，太陽這樣移動的路綫叫做黄道。它是天球上假設的一個大圓圈，即地球軌道在天球上的投影。黄道和天球赤道相交於北半球的春分點和秋分點。

[9]白獸：白虎，西方七宿奎、婁、胃、昴、畢、觜、參的總稱。　參伐：參、伐皆星名。伐星屬於參宿。古人謂主斬伐之事。《史記》卷六《秦始皇本紀》："蓋得聖人之威，河神授圖，據狼、狐，蹈參、伐，佐政驅除，距之稱始皇。"張守節正義："狼、狐主弓矢星。《天官書》云，參、伐主斬艾事。"

[10]青龍：角、亢、氐、房、心、尾、箕等東方七宿的總稱。　心房：心宿和房宿。

[11]玄龜：斗、牛、女、虚、危、室、壁等北方七宿的總稱，以其排列之形如龜而得名。　女虚：女宿和虚宿。

[12]朱鳥：井、鬼、柳、星、張、翼、軫等南方七宿的總稱。七宿相聯呈鳥形；朱色象火，南方屬火，故名。　張：張宿。

[13]紫宫：古人所劃天空星區。《魏書》卷九一《術藝·張淵傳》："睹紫宫之環周，嘉帝坐之獨標。"注曰："紫宫垣十五星在北斗北，天皇大帝一星在紫宫中，天帝位尊，故言獨標也。"

[14]文昌：星座名。共六星，在斗魁之前，形成半月形狀。《史記》卷二七《天官書》："斗魁戴匡六星曰文昌宫：一曰上將，

二曰次將，三曰貴相，四曰司命，五曰司中，六曰司禄。”

[15]三臺：星名。六顆，近文昌二星曰上臺，主壽。次二星曰中臺，主宗室。東二星曰下臺，主兵。

[16]軒轅：星座名。在星宿北，共十七星，蜿蜒如龍，故稱。其第十四星爲一等大星，因在五帝座之旁，故爲女主象。後多借指皇后。

[17]攝提：星名。屬亢宿，共六星。位於大角星兩側，左三星曰左攝提，右三星曰右攝提。

[18]抱暈帶珥：日月出現暈珥。暈，日月周圍的光圈。珥，日月兩旁的光暈。

[19]蓬容：蓬星，凶星。《晋書·天文志中》“妖星”：“十八曰蓬星，大如二斗器，色白，一名王星，狀如夜火之光，多至四五，少一二。一曰蓬星在西南，長數丈，左右兑，出而易處。星見，不出三年，有亂臣戮死。又曰，所出大水大旱，五穀不收，人相食。”　著：明示，顯現。宋本無此字。

[20]老人：老人星，即南極星，也稱壽星。《史記》卷二七《天官書》：“狼比地有大星，曰南極老人。”

[21]天矢：即天矢陰，矛神的異名。《龍魚河圖》：“矛神，名天矢陰。”矛，古代指招摇星。《史記》卷二七《天官書》：“杓端有兩星：一内爲矛，招摇；一外爲盾，天鋒。”

[22]彗孛：彗星和孛星。彗星，後曳長尾，呈雲霧狀，俗稱掃帚星。孛星是彗星的一種。古人認爲彗星、孛星出現爲重大灾難的預兆。

爾乃旁觀四極，俯察地理，川瀆浩汗而分流，山岳磊落而羅峙，滄海沆漭而四周，[1]懸圃隆崇而特起，[2]昆吾嘉於南極，[3]燭龍曜於北阯，[4]扶桑高于萬仞，[5]尋木長于千里，[6]崑崙鎮於陰隅，赤縣據于辰巳。[7]于是八十一域，區分方别；風乖俗異，險斷阻絶。萬國羅布，九州並列。青冀白壤，[8]荆衡塗泥，[9]海岱赤埴，[10]華梁青黎，[11]兖帶河洛，[12]揚有江淮。[13]辯方正土，經略建邦，王圻九服，[14]列國一同，連城比邑，深池高墉，康衢交路，四達五通。東至暘谷，[15]西極泰濛，[16]南暨丹炮，[17]北盡空同。[18]遐方外區，絶域殊鄰，人首蛇軀，鳥翼龍身，衣毛被羽，或介或鱗，栖林浮水，若獸若人，居于大荒之外，[19]處于巨海之濱。

[1]沆（hàng）漭（mǎng）：遼闊無際的水面。

[2]懸圃：傳説中的仙境，在昆侖山頂，有金臺、玉樓，爲神仙所居，也稱玄圃。亦泛指仙境。

[3]昆吾：傳説太陽正午所經之處。

[4]燭龍：神名。《山海經·大荒北經》："西北海之外，赤水之北，有章尾山，有神，人面蛇身而赤，直目正乘，其瞑乃晦，其視乃明。"謂燭龍閉目時天就黑，睁眼時就照得天亮。

[5]扶桑：神木名，傳説日出其下。《淮南子·天文訓》："日出於暘谷，浴于咸池，拂於扶桑，是謂晨明。"

[6]尋木：大木。《山海經·海外北經》："尋木長千里，在拘纓南，生河上西北。"

[7]赤縣：赤縣神州的省稱，指中國。

[8]青冀：青州和冀州。　白壤：《漢書》卷二八《地理志上》："冀州既載，壺口治梁及岐。既修太原，至於岳陽。覃懷厎績，至于衡章。厥土惟白壤。"

[9]荆衡：荆州和衡山。　塗泥：濕潤的泥土。《尚書·禹貢》："厥土惟塗泥，厥田惟下下，厥賦上下錯。"

[10]海岱：今山東省渤海至泰山之間的地帶。　赤埴：紅色黏土。《尚書·禹貢》載海岱及淮說："厥土赤埴墳，草木漸包。"孔安國傳："土黏曰埴。"埴，宋本作"填"。

[11]華梁：華山、梁州地區。　青黎：土色青黑。

[12]兗：兗州。　帶河洛：以黄河、洛水爲帶。

[13]揚：揚州。

[14]王圻九服：王畿以外的九等地區。《周禮·夏官·職方氏》："乃辨九服之邦國：方千里曰王畿，其外方五百里曰侯服，又其外方五百里曰甸服，又其外方五百里曰男服，又其外方五百里曰采服，又其外方五百里曰衛服，又其外方五百里曰蠻服，又其外方五百里曰夷服，又其外方五百里曰鎮服，又其外方五百里曰藩服。"王圻，王畿。

[15]暘谷：古稱日出之處。《淮南子·天文訓》："日出於暘谷，浴于咸池。"暘，宋本作"湯"。

[16]泰濛：即蒙汜，古稱太陽没入之處。

[17]丹炮：地理位置不詳。

[18]空同：山名，又作崆（kōng）峒（tóng）、空桐。位於今甘肅省平凉市西，相傳是黄帝問道於廣成子之所。

[19]大荒：極荒極遠之處。

於是六合混一而同宅，[1]宇宙結體而括囊，渾元運流而無窮，陰陽循度而率常，回動糺紛而乾乾，天道不息而自强。統群生而載育，人託命於所繫，尊太一於上皇，奉萬神於五帝，[2]故萬物之所宗，必敬天而事地。

[1]六合：天地四方，天下。

[2]五帝：古代所祭五方天帝。《周禮·春官·小宗伯》："兆五

帝於四郊。”鄭玄注：“五帝，蒼曰靈威仰，大昊食焉；赤曰赤熛怒，炎帝食焉；黄曰含樞紐，黄帝食焉；白曰白招拒，少昊食焉；黑曰汁光紀，顓頊食焉。”

若乃共工赫怒，[1]天柱摧折，東南俄其既傾，西北豁而中裂，斷鼇足而續毁，[2]煉玉石而補缺。豈斯事之有徵，將言者之虚設？何陰陽之難測，偉二儀之參闊！

[1]共工赫怒：共工，古代傳説中的天神。《淮南子·天文訓》：“昔者共工與顓頊争爲帝，怒而觸不周之山，天柱折，地維絶。天傾西北，故日月星辰移焉；地不滿東南，故水潦塵埃歸焉。”赫怒，大怒，盛怒。

[2]斷鼇足而續毁：傳説中女媧用作天柱的大龜四足。《淮南子·覽冥訓》：“於是女媧煉五色石以補蒼天，斷鼇足以立四極。”高誘注：“鼇，大龜。天廢頓以鼇足柱之。”

坤厚德以載物，乾資始而至大，俯盡鑒於有形，仰蔽視於所蓋，游萬物而極思，故一言于天外。

綏雅好音律，嘗當暑承風而嘯，泠然成曲，因爲《嘯賦》曰：[1]

逸群公子，體奇好異，敖世忘榮，絶棄人事，希高慕古，長想遠思，將登箕山以抗節，[2]浮滄海以游志。於是延友生，集同好，精性命之至機，研道德之玄奥，愍流俗之未悟，獨超然而先覺，狹世路之阨僻，[3]仰天衢而高蹈，邈跨俗而遺身，乃慷慨而長嘯。

于時曜靈俄景，[4]流光濛汜，[5]逍遥携手，躊躇步趾，發妙聲於丹脣，激哀音於皓齒，響抑揚而潛轉，氣衝鬱而熛起，協黄宫於清角，[6]雜商羽於流徵，[7]飄浮雲於泰清，集長風于萬里。曲既終而響絶，遺餘玩而未已，良自然之至音，非絲竹之所擬。是故聲不假器，用不借物，近取諸身，役心御氣。動脣有曲，發口成音，觸類感物，因歌隨吟。大而不洿，[8]細而不沉，清激切於竽笙，優潤和於瑟琴，玄妙足以通神悟靈，精微足以窮幽測深，收激楚之哀荒，[9]節北里之奢淫，[10]濟洪灾於炎旱，反亢陽於重陰。引唱萬變，曲用無方，和樂怡懌，悲傷摧藏。時幽散而將絶，中矯厲而慨慷，徐婉約而優游，紛繁騖而激揚。情既思而能反，心雖哀而不傷。總八音之至和，[11]固極樂而無荒。

[1]因爲：因，宋本作“固”。

[2]箕山：又稱崿嶺、許由山。位於今河南省登封市。相傳堯讓位給許由，許由不受，逃至此山隱居。

[3]狹世路之阨僻：視人世之路爲狹窄偏斜。

[4]曜靈俄景：日影偏斜。曜靈，太陽。俄景，斜影。

[5]流光濛汜：日落流光。濛汜，日落之處。

[6]協黄宫於清角：宫、角相協的樂曲。

[7]雜商羽於流徵：商、徵交響的樂曲。

[8]大而不洿：洿，宋本作“誇”。

[9]激楚：楚地樂曲名，其樂急促哀切。　哀荒：過度哀傷。

[10]北里：相傳爲商紂王舞曲名。李善注引《史記》：“紂使師涓作淫聲，《北里》之舞，靡靡之樂。”

[11]八音：金、石、絲、竹、匏、土、革、木，稱爲八音。至和：最高的和諧。

若乃登高臺以臨遠，[1]披文軒而騁望，[2]喟仰抃而抗首，[3]嘈長引而憀亮。或舒肆而自反，[4]或徘徊而復放，[5]或冉弱而柔撓，[6]或澎濞而奔壯。[7]横鬱鳴而滔涸，冽縹眺而清昶。逸氣奮涌，繽紛交錯，列列飆揚，啾啾響作。奏胡馬之長思，[8]迴寒風乎北朔，又似鴻雁之將雛，[9]群鳴號乎沙漠。故能因形創聲，隨事造曲，應物無窮，機發響速，怫鬱衝流，參譚雲屬，若離若合，將絶復續。飛廉鼓於幽隧，[10]猛獸應於中谷；南箕動於穹蒼，[11]清飆振于喬木；[12]散滯積而播揚，蕩埃靄之溷濁。變陰陽於至和，移淫風之穢俗。

[1]臨遠：從高處往遠看。臨，自上視下。

[2]披文軒：推開窗户。披，推開。文軒，指雕有紋飾的窗户。

[3]抃（biàn）：拍手。　抗首：昂頭。

[4]舒肆：舒緩。肆，緩。　反：同“返”。指返回到急促。

[5]徘徊：往返重複，猶一咏三嘆。　放：聲音自由奔放。

[6]冉弱：輕柔弱細。　柔撓：柔和紆曲。

[7]澎濞（bì）：猶“澎湃”。　奔壯：勇武剛烈之聲。

[8]胡馬：泛指産在西北民族地區的馬。　長思：猶長嘶。

[9]將雛：帶領小雁。

[10]飛廉：風神。一説能致風的神禽名。《楚辭·離騷》：“前望舒使先驅兮，後飛廉使奔屬。”王逸注：“飛廉，風伯也。”洪興祖補注：“《吕氏春秋》曰：‘風師曰飛廉。’應劭曰：‘飛廉，神禽，

能致風氣。'"　鼓：吹動。　幽隧：幽深的通道。

[11]南箕：星名。即箕宿。共四星，二星爲踵，二星爲舌。踵窄舌寬。夏秋之間見於南方，故稱。

[12]清飆振于喬木：大風刮過高大的喬木。清飆，大風。

若乃游崇岡，陵景山，臨巖側，望流川，坐磐石，漱清泉，藉皋蘭之猗靡，[1]蔭修竹之嬋娟，[2]乃吟咏而發嘆，聲驛驛而響連，[3]舒蓄思之悱憤，[4]奮久結之纏綿，心滌蕩而無累，志離俗而飄然。

[1]藉皋蘭之猗靡：坐在河邊看着蘭草隨風摇動。藉，坐卧某物上。宋本作"籍"。皋蘭，水泽岸邊所生的蘭草。猗靡，隨風摇動。

[2]嬋娟：宋本、殿本作"蟬蜎"。

[3]驛驛：連續不斷。

[4]悱憤：憂思郁結。

若夫假象金革，擬則陶匏，衆聲繁奏，若笳若簫，磞硠震隱，[1]訇磕唧嘈。[2]發徵則隆冬熙烝，[3]騁羽則嚴霜夏凋，動商則秋霖春降，奏角則谷風鳴條。音均不恒，曲無定制，行而不流，止而不滯。隨口吻而發揚，假芳氣而遠逝，音要妙而流響，聲激嚁而清厲。[4]信自然之極麗，羌殊尤而絶世，越《韶》《夏》與《咸池》，[5]何徒取異乎《鄭》《衛》![6]

[1]磞（pēng）硠（láng）震隱：象聲詞，巨大的聲音。

[2]訇磕嘲嘈：象聲詞，巨大的聲音。

[3]熙烝：温暖。

[4]激嚁：嚁，宋本作“濯”。

[5]《韶》：《大韶》。《周禮·春官·大司樂》鄭玄注：“《大韶》，舜樂也。言其德能紹堯之道也。” 《夏》：《大夏》。《周禮·春官·大司樂》鄭玄注：“《大夏》，禹樂也。禹治水傅土，言其德能大中國也。” 《咸池》：《周禮·春官·大司樂》鄭玄注：“《咸池》，堯樂也。堯能殫均刑法以儀民，言其德無所不施。”

[6]《鄭》《衛》：古代音樂。《鄭》，鄭聲，被斥爲淫聲。《衛》被認爲是亂世之音。

于時綿駒結舌而喪精，[1]王豹杜口而失色，[2]虞公輟聲而止歌，[3]寧子斂手而嘆息，[4]鍾期棄琴而改聽，[5]尼父忘味而不食，百獸率舞而抃足，鳳凰來儀而拊翼。[6]乃知長嘯之奇妙，此音聲之至極。

[1]綿駒：春秋時歌唱藝人，曾在齊國高唐（今山東省禹城市西南）唱歌，當地人受到感化都善歌。

[2]王豹：春秋時歌唱藝人，他常在衛國淇地（今河南新鄉市一帶）唱歌，淇地人也都善歌。

[3]虞公：春秋時歌唱藝人，曾爲齊景公唱歌。

[4]寧子：寧戚。《新序·雜事五》：“寧戚欲干齊桓公，窮困無以自進，於是爲商旅，賃車以適齊，暮宿於郭門之外。桓公郊迎客，夜開門，辟賃車者，執火甚盛，從者甚衆，寧戚飯牛於車下，望桓公而悲，擊牛角，疾商歌。桓公聞之，撫其僕之手曰：‘異哉！此歌者非常人也。’命後車載之。”

[5]鍾期：即钟子期，春秋時楚國人，善解伯牙琴聲。

[6]拊翼：拊，宋本作“附”。

張華雅重綏，[1]每見其文，嘆伏以爲絶倫，薦之太常，[2]徵爲博士。[3]歷秘書郎，[4]轉丞，[5]遷中書郎。[6]每與華受詔並爲詩賦，又與賈充等參定法律。[7]泰始九年卒，年四十三，所著詩賦雜筆十餘卷行於世。

[1]張華：字茂先，本書卷三六有傳。

[2]太常：官名，漢代稱奉常，本掌禮樂宗廟、社稷祭祀，魏晋時此職掌歸尚書裁定，太常成爲閑職。三品。

[3]博士：學官，此爲太常博士。六品。

[4]秘書郎：官名，秘書令屬官，掌管文書機要，亦掌整理典籍、考核舊文。六品。

[5]丞：官名，此爲秘書丞，秘書監次官。負責典籍圖書的管理和整理，爲清要之官，多由士族高門擔任。六品。

[6]中書郎：官名，隸屬中書令。掌草擬詔書、外出執行重要使命等。亦作爲中書通事郎、中書侍郎的省稱。五品。

[7]賈充：字公閭，本書卷四〇有傳。

左思

左思，字太冲，齊國臨淄人也，[1]其先齊之公族，有左右公子，因爲氏焉。家世儒學。父雍，起小吏，以能擢授殿中侍御史。[2]思少學鍾胡書及鼓琴，[3]並不成。雍謂友人曰："思所曉解，不及我少時。"思遂感激勤學，兼善陰陽之術。貌寢，口訥，而辭藻壯麗。不好交游，惟以閑居爲事。

[1]齊國臨淄人也：中華本此句後爲句號。汪維輝先生認爲，此處宜用逗號，意謂其祖先是齊國的公族，此公族有左右公子，左

思這一支屬於左公子，所以就以“左”爲氏了。（参見汪維輝《〈晋書〉點校商兑》，《古籍整理研究學刊》1997 年第 1 期）

[2]殿中侍御史：官名，亦稱殿中御史，隸屬御史臺，掌糾察宫殿中違法。六品。

[3]鍾胡：三國書法家鍾繇與胡昭。時有“胡肥鍾瘦”之語。

造《齊都賦》，一年乃成。復欲賦三都，會妹芬入宫，[1]移家京師，[2]乃詣著作郎張載訪岷邛之事。[3]遂構思十年，門庭藩溷皆著筆紙，[4]遇得一句，即便疏之。自以所見不博，求爲秘書郎。及賦成，時人未之重。思自以其作不謝班張，恐以人廢言，安定皇甫謐有高譽，[5]思造而示之。[6]謐稱善，爲其賦序。張載爲注《魏都》，劉逵注《吴》《蜀》而序之曰：[7]“觀中古已來，爲賦者多矣，相如《子虚》擅名於前，班固《兩都》理勝其辭，張衡《二京》文過其意。至若此賦，擬議數家，傅辭會義，抑多精致，非夫研覈者不能練其旨，非夫博物者不能統其異。世咸貴遠而賤近，莫肯用心於明物。斯文吾有異焉，故聊以餘思爲其引詁，[8]亦猶胡廣之於《官箴》，[9]蔡邕之於《典引》也。”[10]陳留衛權又爲思賦作《略解》，[11]序曰：“余觀《三都》之賦，言不苟華，必經典要，品物殊類，稟之圖籍；辭義瓌瑋，良可貴也。有晋徵士故太子中庶子安定皇甫謐，[12]西州之逸士，[13]耽籍樂道，高尚其事，覽斯文而慷慨，爲之都序。中書著作郎安平張載、中書郎濟南劉逵，[14]並以經學洽博，[15]才章美茂，咸皆悦玩，爲之訓詁；其山川土域，草木鳥獸，奇怪珍異，僉皆研精所由，紛散其義矣。余嘉其文，不能默已，聊藉二子之遺忘，又爲之略解，祇增煩重，覽者闕焉。”自是之後，盛於當時，[16]文多不載。司空張華見而嘆曰：[17]“班張之流也。使讀之者盡而有餘，久而更新。”於是豪貴之家競相傳寫，洛陽爲之紙貴。初，陸機入洛，欲爲此賦，聞思作之，撫掌而笑，與弟雲書曰：[18]“此間有傖父，[19]欲作《三都賦》，須其成，當以覆酒甕耳。”及思賦出，機絶嘆伏，以爲不能加也，遂輟筆焉。

[1]芬：左芬，本書卷三一有傳。

[2]京師：國都。《春秋公羊傳・桓公九年》：“京師者何？天子之居也。”

[3]著作郎：官名，三國時爲著作局長官，隸屬中書省。西晋時著作局别自置省，長官仍爲著作郎，改隸屬秘書省。西晋後亦稱大著作郎、大著作、著作，掌國史及起居注的修撰。兩晋南北朝時爲清要之官，多由有名望的文學之士擔任，也用司空、侍中、尚書等官典領。職閑位重，南朝時多爲貴族起家官。六品。　岷邛：古代泛指今四川省成都地區。岷，指岷（汶）山郡；邛，指臨邛。

[4]藩溷：籬笆和厠所。

[5]安定：郡名，西漢置，治所在高平縣（今寧夏回族自治區固原市），東漢治所在臨涇縣（今甘肅省鎮原縣東南），東晋改治安定縣（今甘肅省涇川縣北）。　皇甫謐：字士安，本書卷五一有傳。

[6]造：到，往。

[7]劉逵：西晋濟南（今山東省濟南市）人，任侍中、黄門侍郎、中書郎等職。

[8]引詁：注釋。

[9]胡廣：東漢南郡華容（今湖北省潛江市西南）人，字伯始。安帝時舉孝廉，奏章爲天下第一。歷任安、順、冲、質、桓、靈六帝，一任司空，二拜司徒，三登太尉，五遷尚書僕射。　《官箴》：西漢揚雄依《虞箴》作《十二州二十五官箴》，至東漢時九箴亡闕，崔駰、崔瑗、劉騊駼增補十六篇。胡廣復繼作四篇，並撰次首目，爲之解釋，名曰《百官箴》，凡四十八篇。

[10]蔡邕：邕，原本、宋本、殿本作“雍”，據中華本校勘記改。

[11]陳留：郡國名，治所在小黄縣（今河南省開封市東）。衛權：權，原本、宋本、殿本作“瓘”，據中華本校勘記改。

[12]徵士：不接受朝廷徵聘的隱士。

[13]西州：泛指凉州，相當於今甘肅省中部與西北部。　逸士：隱士。

[14]中書著作郎：中書郎和著作郎。中，宋本作“尚”。　安平：封國名，治所在信都（今河北省衡水市冀州區）。　濟南：郡名，治所在歷城縣（今山東省濟南市）。

[15]洽博：洽，殿本作“治”。

[16]盛於當時：殿本作“盛重於時”。

[17]司空：官名，魏晋南北朝爲名譽宰相，多爲大臣加官。晋八公之一，位在三公之末。一品。

[18]雲：陸雲，字士龍，本書卷五四有傳。

[19]傖父：南方人對北方人的蔑稱。

秘書監賈謐請講《漢書》，[1]謐誅，退居宜春里，專意典籍。齊王冏命爲記室督，[2]辭疾，不就。及張方縱暴都邑，[3]舉家適冀州。[4]數歲，以疾終。

[1]秘書監：官名，秘書省長官，掌管藝文圖籍、課試署吏，

統著作局，掌國史修撰並管理中外三閣圖書。三品。　賈謐：字長深，本書卷四〇有傳。

[2]齊王冏：司馬冏，字景治，本書卷五九有傳。　記室督：官名，公府及開府位從公加兵者屬官，位在主簿下，掌記録、文書繕寫。

[3]張方：西晋河間（今河北省獻縣東南）人，本書卷六〇有傳。

[4]冀州：三國魏治所在信都縣（今河北省衡水市冀州區），西晋移治房子縣（今河北省高邑縣西南）。

趙至

趙至，字景真，代郡人也。[1]寓居洛陽。緱氏令初到官，[2]至年十三，與母同觀。母曰："汝先世本非微賤，世亂流離，遂爲士伍耳。[3]爾後能如此不?"至感母言，詣師受業。聞父耕叱牛聲，投書而泣。師怪問之，至曰："我小未能榮養，使老父不免勤苦。"師甚異之。

[1]代郡：治所在代縣（今河北省蔚縣東北）。

[2]緱氏：縣名，治所在今河南省偃師市緱氏鎮。

[3]士伍：士家。曹魏士家制度，職業士兵的家庭，世代列入軍籍。

年十四，詣洛陽，游太學，[1]遇嵇康於學寫石經，[2]徘徊視之不能去，而請問姓名。康曰："年少何以問邪?"曰："觀君風器非常，所以問耳。"康異而告之。後乃亡到山陽，[3]求康不得而還。又將遠學，母禁之，至遂陽狂，走三五里，輒追得之。年十六，游鄴，[4]復與康相遇，隨康還山陽，改名浚，字允元。康每曰："卿頭小而鋭，童子白黑分明，[5]有白起之風矣。"[6]及康卒，至詣魏興見太守張嗣宗，[7]甚被優遇。嗣宗遷江夏相，[8]隨到涢川，[9]欲因入吴，而嗣宗卒，乃向遼西而占户焉。[10]

[1]太學：古代設於京城的最高學府，主要從事儒學教育。

[2]嵇康：字叔夜，本書卷四九有傳。

[3]山陽：縣名，治所在今河南省焦作市東南。

[4]鄴：縣名，治所在今河北省臨漳縣西南。

[5]童子：瞳仁，眼珠。

[6]白起：戰國郿（今陝西省眉縣東渭河北岸）人，一稱公孫起。戰國名將，歷任秦國左庶長、左更、國尉、大良造等職。先後攻韓國新城，破韓魏聯軍於伊闕，攻破楚都郢城，大破趙軍於長平，坑殺降卒四十餘萬。後因與范雎有隙，被免爲士伍，自殺。

[7]魏興：郡名，東漢建安二十年（215）分漢中郡置西城郡，曹魏黄初二年（221）改名魏興，治所在西城縣（今陝西省安康市西北）。

[8]江夏：郡名，三國魏治所在上昶城（今湖北省雲夢縣），西晋移治安陸縣（今湖北省安陸市西南）。　相：官名，郡國相，也稱内史。五品。

[9]涢川：即今湖北省涢水。

[10]遼西：郡名，治所在陽樂縣（今河北省盧龍縣東南）。　占户：落户。

初，至與康兄子蕃友善，[1]及將遠適，乃與蕃書叙離，并陳其志曰：

昔李叟入秦,[2]及關而嘆；梁生適越,[3]登岳長謡。夫以嘉遁之舉,[4]猶懷戀恨，况乎不得已者哉！惟别之後，離群獨逝，背榮譏,[5]辭倫好,[6]經迥路，造沙漠。鷄鳴戒旦，則飄爾晨征；日薄西山，則馬首靡託。尋歷曲阻，則沉思紆結；登高遠眺，則山川攸隔。或乃回風狂厲，白日寢光，徙倚交錯，陵隰相望，徘徊九臯之内,[7]慷慨重阜之顛，進無所由，退無所據，涉澤求蹊,[8]披榛覓路，嘯咏溝渠,[9]良不可度。斯亦行路之艱難，然非吾心之所懼也。[10]至若蘭芷傾頓，桂林移殖，根萌未樹而牙淺弦急,[11]每恐風波潛駭，危機密發，此所以怵惕於長衢也。又北土之性，難以託根，投人夜光，鮮不按劍。[12]今將殖橘柚於玄朔，蔕華藕於修陵,[13]表龍章於裸壤,[14]奏《韶》《武》於聾俗,[15]固難以取貴矣。夫物不我貴則莫之與，莫之與則傷之者至矣。飄颻遠游之士，託身無人之鄉，總轡遐路，則有前言之難；懸鞍陋宇，則有後慮之戒；朝霞啓暉，則身疲而遄征；太陽戢曜，則情劬而夕惕；肆目平隰，則寥廓而無睹；極聽修原，則掩寂而無聞。吁其悲矣！心傷瘁矣！然後知步驟之士不足爲貴也。[16]

[1]蕃：嵇蕃，字茂齊，嵇康兄子。《文選》作《趙景真與嵇茂齊書》。

[2]李叟入秦：《列子·黄帝》："楊朱南之沛，老聃西游於秦，邀於郊。至梁而遇老子。老子中道仰天而嘆曰：'始以汝爲可教，

今不可教也。’”

［3］梁生適越：梁生，梁鴻，東漢扶風平陵（今陝西省咸陽市西北）人，字伯鸞。家貧好學。娶同縣女孟光爲妻。東出關，過京師，作《五噫之歌》曰：“陟彼北芒兮，噫！顧覽帝京兮，噫！宫室崔嵬兮，噫！人之劬勞兮，噫！遼遼未央兮，噫！”肅宗聞而非之，求鴻不得。乃易姓運期，名燿，字侯光，與妻子居齊魯之間。有頃又去，適吴。

［4］嘉遁：合乎正道或合乎時宜的退隱。《易·遁》：“嘉遁貞吉，以正志也。”

［5］背榮讌：離開盛宴。

［6］辭倫好：辭别好友。

［7］九皋：曲折深遠的沼澤。《詩·小雅·鶴鳴》：“鶴鳴於九皋，聲聞於野。”毛亨傳：“皋，澤也。言身隱而名著也。”後亦用來稱美隱士或賢人。

［8］求蹊：蹊，宋本作“溪”。

［9］嘯咏：嘯，宋本作“哨”。

［10］吾心之所懼：心之，宋本乙作“之心”。

［11］牙淺弦急：比喻身處險境。牙，弩機牙。弦，弩弦。牙淺弦急則機易發，喻不知何時禍患就來了。

［12］投人夜光，鮮不按劍：《漢書》卷五一《鄒陽傳》載，鄒陽獄中上梁王書説：“臣聞明月之珠，夜光之璧，以暗投人於道，衆莫不按劍相眄者。何則？無因而至前也。”

［13］蔕華藕於修陵：藕生於水而植於高山，比喻失去其生長的環境。蔕，種植。原本、殿本作“榮”，宋本作“蔕”，據宋本改。

［14］表龍章於裸壤：把華美的衣服帶到不穿衣服的地方。裸，原本、宋本、殿本作“祼”，據中華本改。

［15］《武》：即《大武》。《周禮·春官·大司樂》鄭玄注：“《大武》，武王樂也。武王伐紂以除其害，言其德能成武功。”

［16］步驟之士：模仿效法别人的人。

顧景中原，憤氣雲踴，哀物悼世，激情風厲。龍嘯大野，[1]獸睇六合，猛志紛紜，雄心四據。思躡雲梯，横奮八極，[2]披艱掃穢，蕩海夷岳，蹴崑崙使西倒，蹋太山令東覆，平滌九區，恢維宇宙，斯吾之鄙願也。時不我與，垂翼遠逝，鋒距靡加，[3]六翮摧屈，[4]自非知命，孰能不憤悒者哉！吾子殖根芳苑，濯秀清流，晞葉華崖，飛藻雲肆，俯據潛龍之渚，仰蔭游鳳之林，榮曜眩其前，艷色餌其後，良疇交其左，聲名馳其右，翺翔倫黨之間，弄姿帷房之裏，從容顧眄，[5]綽有餘裕，俯仰吟嘯，自以爲得志矣，豈能與吾曹同大丈夫之憂樂哉！

[1]龍嘯大野：嘯，宋本作“哨”，下文“俯仰吟嘯”同；大，殿本作“太”。

[2]八極：比八紘還遠的地方。

[3]鋒距靡加：鋒利的尖爪没有用處。

[4]六翮摧屈：强勁的翅膀被摧毁。

[5]顧眄：賞識的目光。原本作“顧盻”，宋本作“雇眄”，殿本作“顧眄”，據殿本改。

去矣嵇生，遠離隔矣！煢煢飄寄，臨沙漠矣！悠悠三千，路難涉矣！携手之期，邈無日矣！思心彌結，誰云釋矣！無金玉爾音而有遐心。身雖胡越，意存斷金。[1]各敬爾儀，敦履璞沉，繁華流蕩，君子弗欽。臨紙意結，知復何云。

[1]斷金：團結一心，利可斷金。源自《易·繫辭上》："二人同心，其利斷金。"孔穎達疏："金是堅固之物，能斷而截之，盛言利之甚也。"

至身長七尺四寸，論議精辯，有縱横才氣。遼西舉郡計吏，[1]到洛，與父相遇。時母已亡，父欲令其宦立，弗之告，仍戒以不歸，至乃還遼西。幽州三辟部從事，[2]斷九獄，見稱精審。太康中，以良吏赴洛，方知母亡。初，至自耻士伍，欲以宦學立名，[3]期於榮養。既而其志不就，號憤慟哭，流血而卒，[4]時年三十七。

[1]計吏：即上計吏，地方政府派赴中央呈遞計簿的官員。

[2]幽州：治所在薊縣（今北京市西南）。　部從事：官名，即州部從事，州部屬吏。東漢稱從事史，由州部長官自己選拔任命。

[3]宦學：宦，殿本作"官"。

[4]流血：流，殿本、宋本作"歐"。

鄒湛

鄒湛，字潤甫，南陽新野人也。[1]父軌，魏左將軍。[2]湛少以才學知名，仕魏歷通事郎、太學博士。[3]泰始初，轉尚書郎、廷尉平、征南從事中郎，[4]深爲羊祜所器重。[5]入爲太子中庶子。太康中，拜散騎常侍，出補渤海太守，[6]轉太傅楊駿長史，[7]還侍中。駿誅，以僚佐免官。尋起爲散騎常侍、國子祭酒，[8]轉少府。[9]元康末卒，所著詩及論事議二十五首，爲時所重。

[1]南陽：郡名，治所在宛縣（今河南省南陽市）。　新野：縣名，治所在今河南省新野縣。

[2]左將軍：官名，漢代爲重號將軍，與前、後、右將軍並爲上卿。魏晋時爲常設官職，權位較兩漢漸低，僅爲武官名號，略高於一般雜號將軍，不典禁兵。三品。

[3]通事郎：官名，中書省屬官，掌呈奏。黄門郎簽署檔後由通事郎書名，呈皇帝省讀、批准。亦省稱中書郎，西晋改爲中書侍郎，東晋初曾改回此稱，不久仍改爲中書侍郎。五品。　太學博士：學官，掌經學傳授、參議禮儀制度。六品。

[4]尚書郎：官名。東漢之制，取孝廉中之有才能者入尚書臺，在皇帝左右處理政務，初入臺稱守尚書郎中，滿一年稱尚書郎，滿三年稱侍郎。魏晋以後尚書各曹有侍郎、郎中等官，綜理職務，通稱爲尚書郎。六品。　廷尉平：官名，廷尉屬官，亦稱廷評、廷尉評。參議案例律條覆核、平决疑獄，可駁回廷尉所奏罪案。公牘須正、監、平三官聯署，以互相監督。六品。　從事中郎：官名，東漢時爲大將軍屬官，地位較高。魏晋時爲將軍府或公府屬官。六品。此爲征南將軍府從事中郎。

[5]羊祜：字叔子，本書卷三四有傳。

[6]渤海：郡名，西漢置，治所在浮陽縣（今河北省滄州市東南舊滄州），西晋治所在南皮縣（今河北省南皮縣東北）。

[7]太傅：官名，晋爲八公之一。位上公，太宰之下、太保之上。一品。　楊駿：字文長，本書卷四〇有傳。

[8]國子祭酒：官名，國子學的長官，主管國子學，掌教授儒學、參議禮制。五品。

[9]少府：官名，掌管宫廷手工業。三品。

初，湛嘗夢見一人，[1]自稱甄舒仲，餘無所言，如此非一。久之，乃悟曰："吾宅西有積土敗瓦，其中必有死人。甄舒仲者，予舍西土瓦中人也。”檢之，果然，厚加歛葬。葬畢，遂夢此人來謝。

[1]夢見：原本、宋本、殿本無“夢”字，據中華本補。

子捷，字太應，亦有文才。永康中，爲散騎侍郎。[1]及趙王倫簒逆，[2]捷與陸機等俱作禪文。倫誅，坐下廷尉，[3]遇赦免。後爲太傅參軍。永嘉末，卒。

[1]散騎侍郎：官名，三國魏置。隸屬散騎省，侍從皇帝左右，顧問應對，諫諍拾遺，與散騎常侍、侍中等共平尚書奏事。五品。

[2]趙王倫：司馬倫，字子彝，本書卷五九有傳。

[3]廷尉：官名，中央最高司法審判機構長官，負責會審朝中有罪文武大臣，覆核審决郡國疑獄等。三品。

棗據

棗據，字道彦，潁川長社人也。[1]本姓棘，其先避仇改焉。父叔禕，魏鉅鹿太守。[2]據美容貌，善文辭。弱冠，[3]辟大將軍府，[4]出爲山陽令，[5]有政績。遷尚書郎，轉右丞。[6]賈充伐吴，請爲從事中郎。軍還，徙黄門侍郎、冀州刺史、太子中庶子。[7]太康中卒，[8]時年五十餘。所著詩賦論四十五首，遇亂多亡失。

[1]潁川：郡名，治所在許昌縣（今河南省許昌市東）。潁，原本、宋本作“穎”，殿本作“潁”，據殿本改。本卷下文此地名同。　長社：縣名，治所在今河南省長葛市東北。

[2]鉅鹿：郡名，治所在巨鹿縣（今河北省平鄉縣西南）。

[3]弱冠：指男子二十歲時。《禮記·曲禮上》："二十曰弱，冠。"年少爲弱，待至二十，即爲成年，舉行冠禮。

[4]大將軍：官名，高級軍事統帥。曹魏時多以之屯駐長安，對付蜀漢，蜀漢以其爲最高軍事長官，孫吴則别置上大將軍居其上。西晋時爲八公之一，位居上公、大司馬下，三公之上。東晋時常專擅軍政事務。一品。

[5]山陽令：宋本無"陽"字。

[6]右丞：官名，即尚書右丞，尚書省佐官，位次尚書，居尚書左丞下。與左丞共掌尚書都省庶務，率諸都令史監督稽核諸尚書曹、郎曹政務，糾舉彈劾百官。右丞又掌本省庫藏廬舍，督録遠道州郡文書章奏，凡兵士百官名籍、内外庫藏穀帛、刑獄訴訟、軍械、田地、州郡租布、行政區劃、州郡縣長官免贈收捕等文書奏事皆屬之。六品。

[7]黄門侍郎：官名，魏晋時爲侍中省或門下省次官。侍從皇帝，顧問應對，多以重臣或外戚子弟擔任，位頗重要。五品。

[8]太康：太，宋本作"大"。

子腆，字玄方，亦以文章顯。永嘉中，爲襄城太守。[1]弟嵩，字臺産，才藝尤美，爲太子中庶子、散騎常侍，爲石勒所殺。[2]

[1]襄城：郡名，治所在襄城縣（今河南省許昌市襄城縣）。

[2]石勒：字世龍，本書卷一〇四有載記。

褚陶

褚陶，字季雅，吴郡錢塘人也。[1]弱不好弄，少而聰慧，清淡閑默，以《墳》《典》自娱。年十三，作《鷗鳥》《水碓》二賦，見者奇之。陶嘗謂所親曰："聖賢備在黄卷中，捨此何求！”

[1]吴郡：治所在吴縣（今江蘇省蘇州市）。　錢塘：縣名，治所在今浙江省杭州市。塘，宋本作“唐”。

州郡辟，不就。吴平，召補尚書郎。張華見之，謂陸機曰：“君兄弟龍躍雲津，顧彦先鳳鳴朝陽，[1]謂東南之寶已盡，不意復見褚生。”機曰：“公但未睹不鳴不躍者耳。”華曰：“故知延州之德不孤，[2]川岳之寶不匱矣。”遷九真太守，[3]轉中尉。[4]年五十五卒。

[1]顧彦先：顧榮，字彦先，本書卷六八有傳。

[2]延州：州，原本、宋本、殿本作“門”，據中華本校勘記改。

[3]九真：郡名，西漢文帝時南越王趙佗置。漢武帝時爲漢郡，治所在胥浦縣（今越南社會主義共和國清化省清化市西北）。

[4]中尉：官名，王國軍事長官，與郎中令、大農並號三卿，以典兵爲職，品秩隨王國地位而定。六品。

王沉

王沉，字彦伯，高平人也。[1]少有俊才，出於寒素，不能隨俗沉浮，爲時豪所抑。仕郡文學掾，[2]鬱鬱不得志，乃作《釋時論》，其辭曰：

東野丈人觀時以居，隱耕污腴之墟。[3]有冰氏之子者，出自沍寒之谷，[4]過而問塗。丈人曰：“子奚自？”曰：“自涸陰之鄉。”“奚適？”曰：“欲適煌煌之堂。”丈人曰：“入煌煌之堂者，必有赫赫之光。今子困於寒而欲求諸熱，無得熱之方。”冰子瞿然曰：[5]“胡爲其然也？”丈人曰：“融融者皆趣熱之士，其得爐冶之門者，惟挾炭之子。苟非斯人，不如其已。”冰子曰：“吾聞宗廟之器不要華林之木，四門之賓何必冠蓋之族。前賢有解韋索而佩朱韍，[6]舍徒擔而乘丹轂。[7]由此言之，何恤而無禄！惟先生告我塗之速也。”

[1]高平：郡名，治所在昌邑縣（今山東省巨野縣南）。

[2]郡文學掾：官名，主管郡中教育。

[3]污腴之墟：低窪肥沃地方。

[4]沍寒之谷：非常寒冷的山谷。沍，宋本作“互”。

[5]瞿然：吃驚。

[6]解韋索而佩朱韍：解下繫腰的草繩換上繫印的絲帶。指做官。

[7]舍徒擔而乘丹轂：捨去步行乘坐華貴的車子。指做官。

丈人曰：“嗚呼！子聞得之若是，不知時之在彼。吾將釋子。夫道有安危，時有險易，才有所應，行有所適。英奇奮於縱横之世，賢知顯於霸王之初，[1]當厄難則騁權譎以良圖，[2]值制作則展儒道以暢攄，[3]是則衮龍出於緼褐，[4]卿相起於匹夫，故有朝賤而夕貴，先卷而後舒。當斯時也，豈計門資之高卑，論勢位之輕重乎！今則不然。上聖下明，時隆道寧，群后逸豫，宴安守平。百辟君子，奕世相生，[5]公門有公，卿門有卿。指禿腐骨，不簡蚩儜。[6]多士豐於貴族，爵命不出閨庭。四門穆穆，綺襦是盈，仍叔之子，[7]皆爲老成。賤有常辱，貴有常榮，肉食繼踵於華屋，疏飯襲迹於耨耕。談名位者以諂媚附勢，舉高譽者因資而隨形。至乃空囂者以泓噌爲雅量，[8]璅慧者以淺利爲鎗鎗，脢胎者以無檢爲弘曠，[9]僂垢者以守意爲堅貞，[10]嘲哮者以粗發爲高亮，韞蠢者以色厚爲篤誠，[11]痷婪者以博納爲通濟，[12]眂眂者以難入爲凝清，[13]拉答者有沉重之譽，[14]嗛閃者得清剿之聲，[15]嗆哼怯畏於謙讓，[16]闒茸勇敢於饕諍。[17]斯皆寒素之死病，榮達之嘉名。凡兹流也，視其用心，察其所安，責人必急，於己恒寬。德無厚而自貴，位未高而自尊，眼罔嚮而遠視，鼻鬅䶎而刺天。[18]忌惡君子，悦媚小人，傲蔑道素，[19]懾吁權門。心以利傾，智以勢惛，姻黨相扇，毁譽交紛。當局迷於所受，聽采惑於所聞。京邑翼翼，群士千億，奔集勢門，求官買職，童僕闚其車乘，閽寺相其服飾，[20]親客陰參於靖室，疏賓徙倚於門側。時因接見，矜厲容色，心懷内荏，外詐剛直，譚道義謂之俗生，論政刑以爲鄙極。高會曲宴，惟言遷除消息，官無大小，問是誰力。今以子孤寒，懷真抱素，志陵雲霄，偶景獨步，直順常道，關津難渡，欲騁韓盧，[21]時無狡兔，衆塗圮塞，投足何錯！”[22]

[1]賢知：知，宋本、殿本作“智”。

[2]厄難：厄，宋本作“危”。

[3]暢攄：抒發，表達。

[4]衮龍：帝王貴族之服。　縕褐：平民寒士之服。

[5]奕世：奕，宋本作“弈”。

[6]不簡蚩儜：不任用非公卿的後代。蚩儜，本爲庸劣之人，此指非貴族。

[7]仍叔之子：《春秋公羊傳·桓公五年》：“天王使仍叔之子來聘。”公羊壽傳：“仍叔之子者何？天子之大夫也。其稱仍叔之子何？譏。何譏爾？譏父老子代從政也。”意爲父子世襲從政。

[8]泓噌：聲音宏大。

[9]脢胎：放誕不羈。　無檢：不約束檢點。　弘曠：曠達。

[10]僂垢：醜惡骯髒。

[11]韞蠢：懵懂愚昧。　色厚：色，宋本作“己”。

[12]痷（ān）婪：浮泛不實。痷，原本、宋本作“庵”，殿本作“菴”，據中華本改。

[13]眡（shì）眡（shì）：凝神注視。指專注於一事。

[14]拉答：遲鈍，不靈活。

[15]嗛閃：躲避責任不敢擔當。

[16]嗆哼怯畏：怯懦畏懼。

[17]闒茸勇敢於饕諍：庸碌卑劣的人因争奪猛烈而被視爲勇敢。闒茸，庸碌卑劣。饕諍，争奪猛烈。“諍”同“争”。

[18]鼻髎（liào）鼼（yào）：仰鼻貌，面孔朝天。

[19]傲蔑道素：傲，宋本、殿本作“敖”。

[20]閽寺：守門人。

[21]韓盧：古代名犬名。《戰國策·秦策三》：“以秦卒之勇，車騎之多，以當諸侯，譬若放韓盧而逐蹇兔也。”鮑彪注：“韓盧，俊犬名。《博物志》：‘韓有黑犬，名盧。’”

[22]投足何錯：無所措手足。

於是冰子釋然乃悟曰："富貴人之所欲，貧賤人之所惡。僕少長於孔顏之門，久處於清寒之路，不謂熱勢自共遮錮，[1]敬承明誨，服我初素，彈琴咏典，以保年祚，伯成、延陵，[2]高節可慕。丹轂滅族，吕霍哀吟，[3]朝榮夕滅，旦飛暮沉。聃周道師，[4]巢由德林，[5]豐屋蔀家，[6]《易》著明箴。人薄位尊，積罰難任，三郤尸晋，[7]宋華咎深，[8]投局正幅，[9]實獲我心。"是時王政陵遲，官才失實，君子多退而窮處，遂終于里閭。

[1]遮錮：封閉，禁錮。

[2]伯成：即伯成子高。《莊子·天地》："堯治天下，伯成子高立爲諸侯。堯授舜，舜授禹，伯成子高辭爲諸侯而耕。禹往見之，則耕在野。禹趨就下風，立而問焉，曰：'昔堯治天下，吾子立爲諸侯。堯授舜，舜授予，而吾子辭爲諸侯而耕，敢問其故何也？'子高曰：'昔堯治天下，不賞而民勸，不罰而民畏。今子賞罰而民且不仁，德自此衰，刑自此立，後世之亂自此始矣。夫子闔行邪？無落吾事！'俋俋乎耕而不顧。"　延陵：即春秋時吴國季札。《左傳·襄公十四年》：吴王諸樊將立季札。季札辭曰："曹宣公之卒也，諸侯與曹人不義曹君，將立子臧。子臧去之，遂弗爲也，以成曹君。君子曰：'能守節。'君，義嗣也。誰敢奸君？有國，非吾節也。札雖不才，願附於子臧，以無失節。"

[3]吕：吕氏，西漢吕后家族。劉邦去世後，吕雉臨朝稱制，立兄子吕臺、吕産、吕禄、吕臺子吕通四人爲王，封諸吕六人爲列侯。吕雉死後，諸吕圖謀叛亂，後被平定。　霍：霍氏，西漢霍光家族。霍光是西漢河東平陽（今山西省臨汾市西南）人，字子孟，霍去病異母弟。爲武帝所親信，武帝臨終，任其爲大司馬大將軍，

封博陸侯，與金日磾等人輔佐少主。昭帝繼位後，霍光誅除上官桀，先立後廢昌邑王劉賀，專擅朝政前後長達二十年。在其當政期間，大力提拔任用自己家族的親信。霍光死後，霍氏家族謀廢宣帝立霍光的兒子霍禹。會事泄露，霍氏家族有的自殺，有的被斬首，與霍氏相連坐誅滅者數千家。

[4]聃周：老子和莊周。

[5]巢：巢父，傳説與許由同時代人，亦不受堯的封讓，築巢隱居，因名巢父。　由：許由，古代著名隱士，隱於沛澤。堯聞其賢，欲讓之以天下，許由不受而逃於潁水之陽箕山之下。

[6]豐屋蔀家：語本《易·豐》："豐其屋，蔀其家，闚其户，闃其無人。"

[7]三郤尸晋：春秋晋大夫郤錡、郤犫、郤至的合稱。三人都被晋厲公殺死，並在朝廷上陳屍示衆。事見《左傳·成公十七年》。

[8]宋華：春秋時宋國華臣。《左傳·襄公十七年》：宋國華閲去世後，華臣派人殺死了華閲的家宰華吴，又幽禁了他的妻子，逼要玉璧。宋平公知道後表示華臣不僅對他的宗室殘暴，而且使宋國的政事大亂，一定要驅逐他。

[9]投扃（jiōng）正幅：關起門來修養自己。投扃，上閂，關門。扃，原本、殿本作"局"，宋本作"扃"，據宋本改。

元康初，松滋令吴郡蔡洪字叔開，[1]有才名，作《孤奮論》，與《釋時》意同，讀之者莫不嘆息焉。

[1]松滋：縣名，治所在今安徽省霍邱縣東。

張翰

張翰，字季鷹，吴郡吴人也。父儼，吴大鴻臚。[1]翰有清才，善屬文，而縱任不拘，時人號爲"江東步兵”。會稽賀循赴命入洛，[2]經吴閶門，[3]於船中彈琴。翰初不相識，乃就循言譚，便大相欽悦。問循，知其入洛，翰曰：“吾亦有事北京。”便同載即去，而不告家人。

[1]大鴻臚：官名，九卿之一，掌賓客迎送接待、贊襄引導朝會百官等。晋三品。

[2]會稽：郡名，治所在山陰縣（今浙江省紹興市）。　賀循：字彦先，本書卷六八有傳。

[3]閶門：城門名，位於今江蘇省蘇州市城西。

齊王冏辟爲大司馬東曹掾。[1]冏時執權，翰謂同郡顧榮曰：“天下紛紛，禍難未已。夫有四海之名者，求退良難。吾本山林間人，無望於時。子善以明防前，以智慮後。”榮執其手，愴然曰：“吾亦與子采南山蕨，飲三江水耳。”[2]翰因見秋風起，乃思吴中菰菜、蓴羹、鱸魚膾，曰：“人生貴得適志，何能羈宦數千里以要名爵乎！”遂命駕而歸。著《首丘賦》，文多不載。俄而冏敗，人皆謂之見機。然府以其輒去，除吏名。

[1]大司馬：官名，八公之一，位在上公之下、大將軍及三公之上，高級將帥，多爲大臣加官。一品。　東曹掾：官名，大司馬府的僚屬，晋末爲參軍所代。

[2]三江水：三，宋本作“二”。

翰任心自適，不求當世。或謂之曰：“卿乃可縱適一時，獨不爲身後名邪？”答曰：“使我有身後名，不如即時一杯酒。”時人貴其曠達。性至孝，遭母憂，哀毁過禮。年五十七卒。其文筆數十篇行於世。

庾闡

庾闡，字仲初，潁川鄢陵人也。[1]祖輝，安北長史。[2]父東，以勇力聞。武帝時，有西域健胡趫捷無敵，[3]晋人莫敢與校。帝募勇士，惟東應選，遂撲殺之，名震殊俗。闡好學，九歲能屬文。少隨舅孫氏渡江。[4]母隨兄肇爲樂安長史，[5]在項城。[6]永嘉末，爲石勒所陷，闡母亦没。闡不櫛沐，不婚宦，絶酒肉，垂二十年，鄰親稱之。[7]

[1]鄢陵：縣名，治所在今河南省鄢陵縣西北。

[2]安北長史：官名，安北將軍府長史。掌顧問參謀，爲所在官署掾屬之長。八品。安北將軍，官名，東漢建安年間置，與安東、安南、安西將軍合稱四安將軍，爲出鎮某一地區的軍事長官，或作爲刺史等兼理軍務的加官，權任頗重。三品，加持節都督者二品。

[3]西域：古代對今玉門關以西地區的總稱。狹義西域指玉門關以西、葱嶺以東地區，廣義則指通過狹義西域所能到達的地區。

[4]渡江：渡，宋本、殿本作“過”。

[5]樂安長史：官名，樂安郡府長史。掌顧問參謀，爲所在官署掾屬之長。八品。樂安，郡名，治所在高苑縣（今山東省鄒平市長山鎮）。

[6]項城：縣名，治所在今河南省項城市。

[7]鄰親：鄰，宋本作“鄉”。

州舉秀才，元帝爲晋王，辟之，皆不行。後爲太宰、西陽王羕掾，[1]累遷尚書郎。蘇峻之難，[2]闡出奔郗鑒，[3]爲司空參軍。[4]峻平，以功賜爵吉陽縣男，拜彭城内史。[5]鑒復請爲從事中郎。尋召爲散騎侍郎，領大著作。[6]頃之，出補零陵太守，[7]入湘川，[8]吊賈誼。其辭曰：

中興二十三載，余忝守衡南，鼓枻三江，[9]路次巴陵，[10]望君山而過洞庭，[11]涉湘川而觀汨水，[12]臨賈生投書之川，慨以永懷矣。及造長沙，[13]觀其遺象，喟然有感，乃吊之云。

[1]太宰：官名，即太師，因避司馬師名諱而改名太宰。八公之一，居上公之首，爲宰相之任。一品。　西陽王羕：司馬羕，字延年，本書卷五九有傳。

[2]蘇峻：字子高，本書卷一〇〇有傳。

[3]郗鑒：字道徽，本書卷六七有傳。郗，原本、殿本作“郄”，宋本作“郗”，據本傳及宋本改。

[4]司空參軍：官名，司空府屬官。參軍，亦作參軍事，謂參謀軍事。兩晋公府、軍府皆置。

[5]彭城：郡國名，治所在彭城縣（今江蘇省徐州市）。　内史：官名，西晋武帝太康十年（289）改諸王國相爲内史，掌管民政。五品。周家禄《晋書校勘記》認爲：“晋制，以郡爲國，内史治民事，若郡太守。國除爲郡，復稱太守。然二名往往混淆，史家亦互稱之。”

[6]領：以地位較高的官員兼理較低的職務。　大著作：著作郎别稱。六品。

[7]零陵：郡名，西漢置，治所在零陵縣（今廣西壯族自治區

全州縣西南)，東漢至晋治所在泉陵縣（今湖南省永州市)。

[8]湘川：即今湖南省湘江。

[9]鼓枻（yì)：泛舟。　三江：泛指衆多水道。

[10]巴陵：縣名，治所在今湖南省岳陽市。

[11]君山：又名湘山、洞庭山，位於今湖南省岳陽市西南部。　洞庭：洞庭湖，位於今湖南省岳陽市西南。

[12]汨水：即汨羅江，湘江支流，位於今湖南省東北部湘陰縣、汨羅市境。

[13]長沙：郡名，治所在臨湘縣（今湖南省長沙市)。

偉哉蘭生而芳，玉産而潔，[1]陽葩熙冰，[2]寒松負雪，莫邪挺鍔，[3]天驥汗血，[4]苟云其雋，[5]誰與比傑！[6]是以高明倬茂，獨發奇秀，[7]道率天貞，[8]不議世疢，焕乎若望舒耀景而焯群星，[9]矯乎若翔鸞拊翼而逸宇宙也。飛榮洛汭，擢穎山東，質清浮磬，聲若孤桐，琅琅其璞，巖巖其峰，信道居正，而以天下爲公，方駕逸步，不以曲路期通。是以張高弦悲，[10]聲激柱落，[11]清唱未和，而桑濮代作；[12]雖有惠音，莫過《韶》《濩》；[13]雖有騰鱗，終仆一壑。嗚呼！大庭既邈，玄風悠緬，皇道不以智隆，上德不以仁顯。三五親譽，其軌可仰而標；[14]霸功雖逸，其塗可翼而闡，悲矣先生，何命之蹇！[15]懷寶如玉，而生運之淺！

[1]玉産而潔：潔，宋本、殿本作“絜”。

[2]陽葩熙冰：冰，宋本作“水”。

[3]莫邪：古劍名。《吴越春秋·闔閭内傳》：春秋時吴國有干

將、莫邪夫婦善鑄劍，干將鑄劍，“五山之鐵精，六合之金英。候天伺地，陰陽同光，百神臨觀，天氣下降，而金鐵之精不銷”。干將妻莫邪“乃斷發剪爪，投於爐中，使童女童男三百人鼓橐裝炭，金鐵乃濡。遂以成劍，陽曰干將，陰曰莫耶”。

[4]天驥汗血：汗血馬。《史記》卷二四《樂書》：“後伐大宛，得千里馬，馬名蒲梢。”裴駰集解引應劭曰：“大宛舊有天馬種，蹋石汗血，汗從前肩髆出如血，號一日千里。”

[5]苟云其雋：雋，殿本作“儁”。

[6]比傑：比，宋本作“此”。

[7]奇秀：奇，殿本作“其”。

[8]道率天貞：貞，宋本作“真”。

[9]耀景：光芒。　焯：照耀。

[10]張高弦悲：弦張得太緊結果必然悲慘。

[11]聲激柱落：琴聲過於激切音柱則會倒落。

[12]桑濮代作：淫靡之音代之而起。桑濮，即桑間濮上之音。《禮記·樂記》：“桑間濮上之音，亡國之音也。其政散，其民流，誣上行私而不可止也。”鄭玄注：“濮水之上，地有桑間者，亡國之音於此之水出也。昔殷紂使師延作靡靡之樂，已而自沈於濮水，後師涓過焉，夜聞而寫之，爲晋平公鼓之。”

[13]《濩》：商湯樂名。《周禮·春官·大司樂》：“《大夏》《大濩》《大武》。”鄭玄注：“《大濩》，湯樂也。”濩，宋本作“護”。

[14]可仰而標：標，原本、宋本、殿本作“摽”，據中華本改。

[15]何命之蹇：宋本無“何”字。

昔咎繇謩虞，[1]吕尚歸昌，[2]德協充符，乃應帝王。夷吾相桓，[3]漢登蕭張；[4]草廬三顧，[5]臭若蘭芳。是以道隱則蠖屈，[6]數感則鳳睹，若栖不擇木，翔非九五，[7]雖曰玉折，俊才何補！[8]夫心非死灰，智必存形，形託神王，[9]故能全生。奈何蘭膏，楊芳漢庭，[10]摧景飆風，獨喪厥明。悠悠太素，存亡一指，道來斯通，世往斯圮。吾哀其生，未見其死，敢不敬吊，[11]寄之淥水。[12]

[1]咎繇：即皋陶，相傳爲堯舜時人，生於曲阜，偃姓。被命爲管理刑獄的士，佐禹治水有功。

[2]吕尚：又稱太公望、吕望、尚父。西周開國大臣，姜姓，吕氏，字子牙。助文王興國，佐武王滅商。　昌：周文王姬昌。

[3]夷吾：管仲，春秋初潁上（今安徽省潁水之濱）人，名夷吾。齊桓公時任卿相，進行一系列改革，使齊國國力大增，齊桓公成爲春秋五霸之首。

[4]蕭：蕭何，秦末泗水沛縣豐邑（今江蘇省豐縣）人。隨劉邦起兵反秦。楚漢戰争中，留守關中，爲前綫籌集糧草。劉邦稱帝後，因功高封酇侯。助吕后誅除韓信，封相國。劉邦死後復事惠帝，死前推薦曹參繼任。　張：張良，秦末人，字子房，韓國貴族後裔。隨劉邦起兵反秦，爲重要謀士。屢出奇策，劉邦稱其“運籌帷幄之中，决勝千里之外”。劉邦稱帝後封爲留侯。

[5]草廬三顧：東漢末劉備訪尋諸葛亮之事。《三國志》卷三五《蜀書·諸葛亮傳》：“時先主屯新野。徐庶見先主，先主器之，謂先主曰：‘諸葛孔明者，卧龍也，將軍豈願見之乎？’先主曰：‘君與俱來。’庶曰：‘此人可就見，不可屈致也。將軍宜枉駕顧之。’由是先主遂詣亮，凡三往，乃見。”顧，宋本作“雇”。

[6]蠖屈：尺蠖之屈。《易·繫辭下》：“尺蠖之屈，以求信也；龍蛇之蟄，以存身也。”比喻人不遇時，屈居下位或退隱。

[7]翔非九五：不是“龍飛九五”之祥。九五，《易·乾》：

"九五：飛龍在天，利見大人。"孔穎達疏："猶若聖人有龍德飛騰而居天位，德備天下，爲萬物所瞻睹，故天下利見此居王位之大人。"

[8]俊才：俊，宋本作"儁"。

[9]形託神王：王，宋本作"川"，殿本作"用"。

[10]楊芳漢庭：楊，宋本、殿本作"揚"。

[11]敢不敬吊：敬，殿本作"見"。

[12]渌水：位於今湖南省東部。酈道元《水經注·漉水》：醴陵縣"南臨渌水，水東出安城鄉翁陵山。余謂漉、渌聲相近，後人藉便，以渌爲稱"。

後以疾，徵拜給事中，復領著作。吴國内史虞潭爲太伯立碑，[1]闡製其文。又作《揚都賦》，爲世所重。年五十四卒，謚曰貞，所著詩賦銘頌十卷行於世。

[1]吴國：郡國名，治所在吴縣（今江蘇省蘇州市）。　虞潭：字思奥，本書卷七六有傳。

子肅之，亦有文藻著稱，歷給事中、相府記室、湘東太守。[1]太元中卒。

[1]相府記室：丞相府記室參軍，丞相府屬官。爲記室曹長官，掌文書表奏。　湘東：郡名，三國孫吴置，治所在酃縣（今湖南省衡陽市東）。

曹毗

曹毗，字輔佐，譙國人也。[1]高祖休，魏大司馬。

父識，右軍將軍。[2]毗少好文籍，善屬詞賦。郡察孝廉，[3]除郎中，[4]蔡謨舉爲佐著作郎。[5]父憂去職。服闋，[6]遷句章令，[7]徵拜太學博士。時桂陽張碩爲神女杜蘭香所降，[8]毗因以二篇詩嘲之，并續蘭香歌詩十篇，甚有文彩。又著《揚都賦》，亞於庾闡。

[1]譙國：郡國名，曹魏置，治所在譙縣（今安徽省亳州市）。

[2]右軍將軍：官名，與前軍、後軍、左軍將軍合稱四軍將軍，領營兵千人，掌宿衛。初屬中軍將軍，後屬領軍將軍。四品。

[3]孝廉：漢代選拔人才的科目。

[4]郎中：官名，尚書省郎曹長官。位次尚書、左右丞，分曹執行政務。與“尚書郎”互稱。六品。

[5]蔡謨：字道明，本書卷七七有傳。

[6]服闋：守喪期滿除去孝服。

[7]句章：縣名，治所在今浙江省餘姚市東南。

[8]桂陽：郡名，治所在郴縣（今湖南省郴州市）。

累遷尚書郎、鎮軍大將軍從事中郎、下邳太守。[1]以名位不至，著《對儒》以自釋。其辭曰：

或問曹子曰：[2]“夫寶以含珍爲貴，士以藏器爲峻，麟以絶迹標奇，[3]松以負霜稱俊，[4]是以蘭生幽澗，玉輝千仞。故子州浮滄瀾而龍蟠，[5]吴季忽萬乘以解印，[6]虞公潛崇巖以頤神，[7]梁生適南越以保慎，固能全真養和，[8]夷迹洞庭，[9]陵冬揚芳，披雪獨振也。

[1]鎮軍大將軍：官名，高級軍事長官，權任甚重。兩晋二品，

開府位從公者一品。　下邳：郡國名，治所在下邳縣（今江蘇省睢寧縣古邳鎮東）。

[2]或：有人。

[3]標奇：標，宋本作“摽”。

[4]稱俊：俊，宋本、殿本作“雋”。

[5]子州：子州支伯，虞舜時期人。舜讓天下於子州支伯。子州支伯曰：“予适有幽憂之病，方且治之，未暇治天下也。”事見《莊子・讓王》。

[6]吴季：即春秋時吴國人季札。《左傳・襄公十四年》：吴王諸樊將立季札。季札辭曰：“曹宣公之卒也，諸侯與曹人不義曹君，將立子臧。子臧去之，遂弗爲也，以成曹君。君子曰：‘能守節。’君，義嗣也。誰敢奸君？有國，非吾節也。札雖不才，願附於子臧，以無失節。”

[7]虞公：即仲雍，又稱虞仲。《史記》卷三一《吴太伯世家》：“吴太伯，太伯弟仲雍，皆周太王之子，而王季歷之兄也。季歷賢，而有聖子昌，太王欲立季歷以及昌，於是太伯、仲雍二人乃奔荆蠻，文身斷髮，示不可用，以避季歷。季歷果立，是爲王季，而昌爲文王。太伯之奔荆蠻，自號句吴。荆蠻義之，從而歸之千餘家，立爲吴太伯。”

[8]全真養和：保全真性，頤養和氣。

[9]洞庭：庭，宋本作“潤”。

“今子少睎冥風，[1]弱挺秀容，奇發幼齡，翰披孺童。吐辭則藻落揚班，[2]抗心則志擬高鴻，味道則理貫莊肆，[3]研妙則穎奪豪鋒。固以騰廣莫而萋蒨，排素薄而青蔥者矣，何必以刑禮爲己任，申韓爲宏通！[4]既登東觀染史筆，又據太學理儒功。曾無玄韵淡泊，逸氣虚洞，養采幽翳，晦明蒙籠。不追林栖之迹，不希抱鳞之龍，不營練真之術，不慕内聽之聰。而處泛位以核物，扇塵教以自濛，負鹽車以顯能，[5]飾一己以求恭。退不居漆園之埸，[6]出不躡曾城之衝，[7]游不踐綽約之室，[8]趠不希騄駬之踪。[9]徒以區區之懷而整名目之典，覆蕢之量而塞北川之洪，檢名實於俄頃之間，定得失乎一管之鋒。

[1]少睎冥風：年少仰慕幽玄之風。睎，原本、宋本、殿本作"晞"，據中華本改。

[2]揚：揚雄，西漢蜀郡成都（今四川省成都市）人，字子雲。成帝時任侍郎、給事黄門等職。古代文學家，善辭賦。揚，宋本作"楊"。　班：班固。

[3]莊肆：廣泛傳播的莊子學説。

[4]申：申不害，戰國時鄭國京（今河南省滎陽市東南）人，鄭國之賤臣，後爲韓昭侯相。法家人物，相韓十五年，使韓國國治兵强。　韓：韓非，戰國末韓國人，師事荀子，法家人物。得秦王賞識，入秦後又遭李斯陷害，被下獄。因不勝其虐而服藥自殺。

[5]負鹽車以顯能：指未被發現的人才。典出《戰國策·楚策·汗明見春申君》，汗明對春申君説："君亦聞驥乎？夫驥之齒至矣，服鹽車而上太行。蹄申膝折，尾湛胕潰，漉汁灑地，白汗交流；中阪遷延，負轅不能上。伯樂遭之，下車攀而哭之，解紵衣以冪之。驥於是俯而噴，仰而鳴，聲達於天。"

[6]漆園：漆園，指莊子，因其做過漆園吏，故言。

[7]曾城：指高大的城闕。

[8]綽約：美女。

[9]趠：遠行。　騄駬：良馬名。周穆王八駿之一。《竹書紀年》卷下："周穆王八年春，北唐來賓，獻一驪馬，是生騄耳。"

“子若謂我果是邪？[1]則是不必以合俗。子若云俗果非邪？則俗非不可以苟從。[2]俗我紛以交争，利害渾而彌重。何異執朽轡以御逸駟，承勁風以握秋蓬，役恬性以充勞府，對群物以耦怨讐者乎？[3]子不聞乎終軍之穎，[4]賈生之才，[5]拔奇山東，玉映漢臺，可謂響播六合，[6]聲駭嬰孩，而見毁絳灌之口，[7]身離狼狽之灾。由此言之，名爲實賓，福萌禍胎，朝敷榮華，夕歸塵埃，未若澄虚心於玄圃，蔭瑶林於蓬萊，絶世事而俟黄綺，[8]鼓滄川而浪龍鰓者矣。蒙竊惑焉。”[9]

[1]子若謂我：宋本無“我”字。

[2]則俗非不可以苟從：中華本校勘記：“周校：‘俗’衍文。”

[3]以耦怨讐者：讐，原本作“讐”，宋本、殿本作“讐”，據宋本、殿本改。

[4]終軍：西漢濟南（今山東省章丘市西北）人，字子雲。少好學，以辯博能文聞名郡中。得漢武帝賞識，任謁者給事中，又遷諫大夫。元鼎四年（前113）出使南越，曉諭南越王，使之舉國内屬。次年爲南越相吕嘉所殺。死時年僅二十餘歲，時人謂之“終童”。

[5]賈生：賈誼，西漢洛陽（今河南省洛陽市）人。文帝時爲博士，後遷至太中大夫。建議改正朔、定官名、興禮樂、削藩王。因大臣周勃、灌嬰等譖毁，被貶爲長沙王太傅。

[6]六合：天地四方，指天下。

[7]絳：周勃，秦末泗水沛縣豐邑（今江蘇省豐縣）人。隨劉邦起兵，爲劉邦功臣。西漢建立後封絳侯，歷任太尉、相國，封絳侯。 灌：灌嬰，秦末睢陽（今河南省商丘市）人，秦末隨劉邦起

兵，屢立戰功。西漢建立後封潁陰侯。助劉邦伐臧荼、韓王信、陳豨、英布等。劉邦死後以列侯事惠帝及吕后。吕后死，與周勃滅諸吕，立文帝。後拜太尉。

[8]俊黄綺：俊，宋本作“雋”。

[9]蒙竊惑焉：惑，宋本作“感”。

主人焕耳而笑，[1]欣然而言曰：“夫兩儀既闢，陰陽汗浩，五才迭用，化生紛擾，萬類云云，孰測其兆！故不登閬風，[2]安以瞻殊目之形？不步景宿，[3]何以觀恢廓之表？是以迷粗者循一往之智，狷介者守一方之矯，豈知火林之蔚炎柯，[4]冰津之擢陽草！[5]故大人達觀，任化昏曉，出不極勞，處不巢皓，在儒亦儒，在道亦道，運屈則紓其清暉，時申則散其龍藻。此蓋員動之用舍，[6]非尋常之所寶也。

[1]焕耳而笑：燦然而笑。

[2]閬風：即閬風顛，山名，傳説中神仙居住的地方，在昆侖之巔。《海内十洲記·昆侖》：“山三角：其一角正北，幹辰之輝，名曰閬風巔；其一角正西，名曰玄圃堂；其一角正東，名曰崑崙宫。”

[3]景宿：星宿。

[4]火林之蔚炎柯：燃燒的樹林使樹枝熱氣瀰漫。

[5]冰津之擢陽草：冰冷的河邊長起陽春緑草。

[6]員動：旋轉運動。

“今三明互照，二氣載宣，玄教夕凝，朗風晨鮮，道以才揚，[1]化隨理全。故五典克明於百揆，[2]虞音齊響於五絃，安期解褐於秀林，[3]漁父擺鈎於長川。[4]如斯則化無不融，[5]道無不延，風澄於俗，波清于川。方將舞黄虬於慶雲，招儀鳳於靈山，流玉醴乎華闉，[6]秀朱草於庭前。何有違理之患，累真之嫌！子徒知辯其説而未測其源，明朝菌不可喻晦朔，[7]蟪蛄無以觀大年，固非管翰之所述，聊敬對以終篇。"[8]

[1]道以才揚：揚，宋本、殿本作"暢"。

[2]五典：即《詩》《書》《禮》《易》《春秋》五經。 百揆：百官。

[3]安期：即安期生，傳説中的仙人。《史記》卷二八《封禪書》："安期生仙者，通蓬萊中，合則見人，不合則隱。" 解褐：指出仕任官。

[4]漁父：春秋戰國時期的隱逸之人，《莊子·漁父》及《史記》卷八四《屈原賈生列傳》中均有記載。

[5]如斯則化無不融：則，宋本作"所"。

[6]流玉醴乎華闉：宋本無"醴"字。

[7]喻晦朔：喻，宋本、殿本作"踰"。

[8]聊敬對以終篇：敬對，原本作"對敬"，宋本、殿本作"敬對"，據宋本、殿本乙正。

累遷至光禄勛，[1]卒。凡所著文筆十五卷，傳於世。

[1]光禄勛：官名，侍從皇帝左右，掌宫廷宿衛。西晋時兼掌原屬少府的一部分宫廷供御事務。三品。

李充

李充，字弘度，江夏人。父矩，江州刺史。[1]充少孤，其父墓中柏樹嘗爲盜賊所斫，充手刃之，由是知名。善楷書，妙參鍾索，[2]世咸重之。辟丞相王導掾，[3]轉記室參軍。[4]

[1]江州：治所在南昌縣（今江西省南昌市）。

[2]鍾索：鍾繇和索靖。鍾繇，三國時潁川長社（今河南省長葛市東）人，字元常。東漢建安二年（197），被曹操表爲侍中，守司隸校尉，持節都督關中諸軍事。二十四年，受魏諷謀反牽連，被免官。曹魏文帝時復爲廷尉，官至太傅。古代著名書法家。索靖，字幼安，本書卷六〇有傳。

[3]丞相：官名，原爲最高國務長官，魏晋時省置無常，或分置左、右，或稱大丞相，多用來安置權臣。　王導：字茂弘，本書卷六五有傳。

[4]記室參軍：官名，又稱記室參軍事。西晋始置，爲記室曹長官，掌文書表奏。

幼好刑名之學，深抑虚浮之士，嘗著《學箴》，稱：

《老子》云："絶仁棄義，家復孝慈。"豈仁義之道絶，然後孝慈乃生哉？蓋患乎情仁義者寡而利仁義者衆也。[1]道德喪而仁義彰，仁義彰而名利作，[2]禮教之弊，直在兹也。先王以道德之不行，故以仁義化之，行仁義之不篤，故以禮律檢之。檢之彌繁，而僞亦愈廣，老莊是乃明無爲之益，塞争欲之門。夫極靈智之妙、總會通之和者，莫尚乎聖人。革一代之弘制，垂千載之遺風，則非聖不立。

然則聖人之在世，吐言則爲訓辭，莅事則爲物軌，[3]運通則與時隆，理喪則與世弊矣，是以大爲之論以標其旨。[4]物必有宗，事必有主，寄責於聖人而遺累乎陳迹也。故化之以絶聖棄智，鎮之以無名之樸。聖教救其末，老莊明其本，本末之塗殊而爲教一也。[5]人之迷也，其日久矣！見形者衆，及道者鮮，不覿千仞之門而逐適物之迹，[6]逐迹逾篤，離本逾遠，遂使華端與薄俗俱興，妙緒與淳風並絶，所以聖人長潜而迹未嘗滅矣。懼後進惑其如此，[7]將越禮棄學而希無爲之風，見義教之殺而不觀其隆矣，[8]略言所懷，以補其闕。引道家之弘旨，會世教之適當，義不違本，[9]言不流放，庶以祛困蒙之蔽，悟一往之惑乎！其辭曰：

[1]情仁義：仁義發自内心感情。　利仁義：以仁義爲取利的手段。

[2]仁義彰：宋本無此三字。

[3]莅事則爲物軌：做事成爲人們遵從的規則。

[4]以標其旨：標，宋本作“摽”。

[5]本末之塗殊而爲教一也：教一，宋本乙作“一教”。

[6]覿（dí）：查看。

[7]惑其如此：惑，宋本作“或”。

[8]觀其隆：觀，宋本作“睹”。

[9]義不違本：不，原本、宋本、殿本均作“不”，中華本作“之”。

芒芒太初，悠悠鴻荒，蚩蚩萬類，與道兼忘。

聖迹未顯，賢名不彰，怡此鼓腹，率我猖狂。資生既廣，群塗思通，[1]暗實師明，匪予求蒙，遺己濟物而天下爲公。大庭唱基，羲農宏贊，[2]六位時成，[3]離暉大觀，[4]澤洽雨濡，化流風散，比屋同塵而人罔僭亂。爰暨中古，哲王胥承，質文代作，禮統迭興，事藉用以繁，化因阻而凝，動非性擾，静豈神澄！名之攸彰，道之攸廢，乃損所隆，乃崇所替，刑作由於德衰，三辟興乎叔世，[5]既敦既誘，乃矯乃厲。敦亦既備，矯亦既深，雕琢生文，抑揚成音，群能騁技，衆巧竭心，野無陸馬，山無散林。風罔不動，化罔不移，人之失德，反正作奇。乃放欲以越禮，不知希競之爲病，[6]違彼夷塗而遵此險徑。狡兔陵岡，游魚遁川，至賾深妙，[7]大象幽玄，[8]棄餌收罝而責功蹄筌，[9]先統喪歸而寄旨忘言。政異徽辭，拔本塞源，遁迹永日，尋響窮年，刻意離性而失其常然。[10]世有險夷，運有通圮，損益適時，升降惟理。道不可以一日廢，亦不可以一朝擬，禮不可以千載制，[11]亦不可以當年止。非仁無以長物，非義無以齊耻，仁義固不可遠，去其害仁義者而已。力行猶懼不逮，希企邈以遠矣。室有善言，應在千里，况乎行止復禮克己。風人司箴，敬貽君子。

[1]群塗思通：塗，殿本作“盗”。
[2]羲農：伏羲氏和神農氏。
[3]六位：指君臣、父子、夫婦。

[4]離暉大觀：太陽的光輝。喻帝王恩澤。

[5]三辟：夏、商、周三代刑法，泛指刑法。　叔世：末世。

[6]希競：希求競争。

[7]至賾深妙：極其深奥微妙。

[8]大象幽玄：大道幽深玄妙。

[9]棄餌收罝：放棄垂釣和捕獵。餌，魚餌。罝，捕獵工具。　責功蹄筌：收穫蹄筌之功，即取得漁獵之效果。責，宋本作“貴”。

[10]失其常然：失其，宋本乙作“其失”。

[11]禮不可以千載制：以，宋本、殿本作“爲”。

征北將軍褚裒又引爲參軍，[1]充以家貧，苦求外出。裒將許之爲縣，試問之，充曰：“窮猿投林，豈暇擇木！”乃除剡縣令。[2]遭母憂。服闋，爲大著作郎。[3]于時典籍混亂，充删除煩重，以類相從，分作四部，甚有條貫，秘閣以爲永制。累遷中書侍郎，[4]卒官。充注《尚書》及《周易旨》六篇、《釋莊論》上下二篇、詩賦表頌等雜文二百四十首，[5]行於世。

[1]征北將軍：官名，與征東、征西、征南將軍合稱四征將軍。三國魏蜀吴兩晋皆置，出鎮方面，地位顯要。三品，加持節都督者二品。　褚裒：字季野，本書卷九三有傳。

[2]剡縣：治所在今浙江省嵊州市西南曹娥江北岸。

[3]大著作郎：著作郎别稱。六品。

[4]中書侍郎：官名，三國魏文帝黄初初年設中書省，在長官中書監、中書令以下有通事郎，後增設中書郎，亦稱中書侍郎。掌草擬詔書，外出執行重要使命等。五品。

[5]《周易旨》：旨，宋本作“百”。

子顒，亦有文義，多所述作，郡舉孝廉。

充從兄式，以平隱著稱，善楷隸。中興初，仕至侍中。[1]

[1]侍中：中，殿本作“郎”。

袁宏

袁宏，字彦伯，侍中猷之孫也。父勖，臨汝令。[1]宏有逸才，文章絶美，曾爲咏史詩，是其風情所寄。少孤貧，以運租自業。謝尚時鎮牛渚，[2]秋夜乘月，率爾與左右微服泛江。[3]會宏在舫中諷咏，聲既清會，辭又藻拔，[4]遂駐聽久之，遣問焉。答云："是袁臨汝郎誦詩。"[5]即其咏史之作也。尚傾率有勝致，即迎升舟，與之譚論，申旦不寐，[6]自此名譽日茂。

[1]臨汝：縣名，治所在今江西省撫州市臨川區西。

[2]謝尚：字仁祖，本書卷七九有傳。　牛渚：地名，在今安徽省馬鞍山市西長江南岸采石磯。

[3]率爾：爾，原本、宋本作“耳”，殿本作“爾”，據殿本、中華本校勘記改。

[4]辭又藻拔：又，宋本作“文”。

[5]是袁臨汝郎誦詩：袁，宋本作“宏”。

[6]申旦：通宵達旦。旦，宋本作“且”。

尚爲安西將軍、豫州刺史，[1]引宏參其軍事。累遷大司馬桓温府記室。[2]温重其文筆，專綜書記。後爲

《東征賦》，賦末列稱過江諸名德，而獨不載桓彝。[3]時伏滔先在温府，又與宏善，苦諫之。宏笑而不答。温知之甚忿，而憚宏一時文宗，不欲令人顯問。後游青山飲歸，命宏同載，衆爲之懼。行數里，問宏云："聞君作《東征賦》，多稱先賢，何故不及家君？"宏答曰："尊公稱謂非下官敢專，既未遑啓，不敢顯之耳。"温疑不實，乃曰："君欲爲何辭？"宏即答云："風鑒散朗，或搜或引，[4]身雖可亡，道不可隕，宣城之節，[5]信義爲允也。"温泫然而止。宏賦又不及陶侃，[6]侃子胡奴嘗於曲室抽刃問宏曰：[7]"家公勳迹如此，君賦云何相忽？"[8]宏窘急，答曰："我已盛述尊公，何乃言無？"因曰："精金百汰，在割能斷，功以濟時，職思静亂，長沙之勳，[9]爲史所贊。"胡奴乃止。

[1]安西將軍：官名，東漢建安年間置，與安東、安南、安北將軍合稱四安將軍，爲出鎮某一地區的軍事長官，或作爲刺史等兼理軍務的加官，權任頗重。三品，加持節都督者二品。　豫州：曹魏時治所在安城縣（今河南省正陽縣東北），西晋移治陳縣（今河南省周口市淮陽區）。

[2]桓温：字元子，本書卷九八有傳。　記室：官名，記室令史、記室督、記室參軍、中記室參軍等官職的省稱。此處應爲大司馬府記室參軍。

[3]桓彝：字茂倫，本書卷七四有傳。

[4]或搜或引：尋求或薦舉。

[5]宣城：即桓彝，因其任過宣城内史，故言。

[6]陶侃：字士行，本書卷六六有傳。

[7]曲室：密室，小屋。

[8]何相忽：忽，宋本作“忍”。
[9]長沙：即陶侃，因其封爲長沙郡公，故言。

後爲《三國名臣頌》曰：

夫百姓不能自牧，故立君以治之；明君不能獨治，則爲臣以佐之。然則三五迭隆，[1]歷代承基，揖讓之與干戈，文德之與武功，莫不宗匠陶鈞而群才緝熙，[2]元首經略而股肱肆力。雖遭罹不同，迹有優劣，至於體分冥固，道契不墜，風美所扇，訓革千載，其揆一也。[3]故二八升而唐朝盛，[4]伊吕用而湯武寧，[5]三賢進而小白興，[6]五臣顯而重耳霸。[7]中古陵遲，斯道替矣。[8]居上者不以至公理物，爲下者必以私路期榮，御員者不以信誠率衆，[9]執方者必以權謀自顯。於是君臣離而名教薄，世多亂而時不治。故蘧寧以之卷舒，[10]柳下以之三黜，[11]接輿以之行歌，[12]魯連以之赴海。[13]衰世之中，保持名節，君臣相體，若合符契，則燕昭、樂毅古之流矣。[14]夫未遇伯樂，[15]則千載無一驥；時值龍顔，則當年控三傑。[16]漢之得賢，於斯爲貴。高祖雖不以道勝御物，群下得盡其忠；蕭曹雖不以三代事主，[17]百姓不失其業。静亂庇人，抑亦其次。夫時方顛沛，則顯不如隱；萬物思治，則默不如語。是以古之君子不患弘道難，患遭時難；遭時匪難，遇君難。故有道無時，孟子所以咨嗟；[18]有時無君，賈生所以垂泣。夫萬歲一期，有生之通塗；千載一遇，賢智之嘉會。遇之不能無欣，喪之何能無慨。古人之言，信有情哉！余以暇日常覽國志，考其君臣，比其行事，雖道謝先代，亦異世一時也。

［1］三五迭隆：三皇五帝輪流興起。

［2］宗匠陶鈞：高超的工匠所運行的陶鈞。喻治國的明君。緝熙：光明，光輝。《詩·大雅·文王》："穆穆文王，於緝熙敬止。"毛亨傳："緝熙，光明也。"此意爲群才發揮自己的作用。

［3］其揆一也：其道理一樣。

［4］二八：即八元、八愷。八元，上古傳説中的八个才子。《左傳·文公十八年》："高辛氏有才子八人：伯奮、仲堪、叔獻、季仲、伯虎、仲熊、叔豹、季貍，忠肅共懿，宣慈惠和，天下之民謂之'八元'。"八愷，《左傳·文公十八年》："昔高陽氏有才子八人：蒼舒、隤敳、檮戭、大臨、尨降、庭堅、仲容、叔達，齊聖廣淵，明允篤誠，天下之民謂之'八愷'。" 唐朝：唐堯之朝。

［5］伊：伊尹，輔佐商湯及其後代外丙、仲壬、太甲的賢臣。呂：呂望，又稱太公望、呂尚。西周開國大臣，姜姓，呂氏，字子牙。助文王興國，佐武王滅商。 湯武：商湯王和周武王。

［6］三賢：管仲、鮑叔牙、隰朋。 小白：齊桓公。

［7］五臣：狐偃、趙襄、顛頡、魏武子、司空季子。 重耳：晋文公。

［8］斯道替矣：宋本無"替"字。

［9］信誠：誠，殿本作"哉"。

［10］蘧寧：蘧伯玉和寧武子。蘧伯玉，春秋時衛國人，名瑗，字伯玉。《論語·衛靈公》子曰："君子哉蘧伯玉。邦有道則仕，邦無道則可卷而懷之。"寧武子，春秋時人。《論語·公冶長》：子曰："寧武子，邦有道則知；邦無道則愚。其知可及也，其愚不可及也。"何晏引馬融注：寧武子，衛大夫，名寧俞。武，是其謚號。

［11］柳下：柳下惠，春秋魯大夫展獲，字季，又字禽，曾爲士師官，食邑柳下，謚惠，故稱其爲展禽、柳下季、柳士師、柳下惠等。以柳下惠之名最爲著稱。《論語·微子》："柳下惠爲士師，三黜。"

［12］接輿：春秋時楚國隱士。《論語·微子》："楚狂接輿歌而過孔子。"邢昺疏："接輿，楚人，姓陸名通，字接輿也。昭王時，政令無常，乃被髮佯狂，不仕，時人謂之楚狂也。時孔子適楚，與接輿相遇，而接輿行歌從孔子邊過，欲感切孔子也。"

［13］魯連：魯仲連，戰國時齊人，稷下學士。好謀劃，善辭令，不肯仕宦。周赧王五十六年（前259），秦軍圍攻趙國首都邯鄲。魏使辛垣衍力促趙尊秦昭王爲帝，以换取秦退兵。魯仲連力駁辛垣衍之論，表示如果做秦國臣民，寧願赴東海而死。適逢魏公子無忌奪晋鄙軍以救趙擊秦，秦軍引而去。於是平原君欲封魯仲連。魯仲連辭讓者三，終不肯受。平原乃置酒，酒酣，起，前，以千金爲魯連壽。魯連笑曰："所貴於天下之士者，爲人排患、釋難、解紛亂而無所取也。即有所取者，是商賈之人也，仲連不忍爲也。"語見《史記》卷八三《魯仲連列傳》。

［14］燕昭：戰國時燕國國君。名職，燕王噲庶子。公元前311至前279年在位。即位後卑身厚幣招賢納士，以郭猥爲師，争得大批人才。外用蘇秦内用樂毅，經過長期休養生息，國家殷富，士卒效命。使燕國進入鼎盛時期。　樂毅：戰國時靈壽（今河北省靈壽縣西北）人，魏將樂羊後代，燕昭王時入燕，帥聯軍大敗齊國，攻下齊國城邑七十多座。後因燕惠王中反間計，樂毅遂離開燕國入趙國。

［15］伯樂：字孫陽，春秋時秦國人，善相馬。

［16］三傑：指張良、蕭何、韓信。劉邦在總結爲什麼能戰勝項羽時説："夫運籌帷幄之中，决勝千里之外，吾不如子房；填國家，撫百姓，給餉餽，不絶糧道，吾不如蕭何；連百萬之衆，戰必勝，攻必取，吾不如韓信。三者皆人傑，吾能用之，此吾所以取天下者

也。”語見《漢書》卷一《高祖紀下》。

[17]蕭曹：蕭何與曹參。蕭何，秦末泗水沛縣豐邑（今江蘇省豐縣）人。隨劉邦起兵反秦。楚漢戰争中，留守關中，爲前綫籌集糧草。劉邦稱帝後，因功高封酇侯。助吕后誅除韓信，封相國。劉邦死後復事惠帝，死前推薦曹參繼任。曹參，秦末泗水沛（今江蘇省沛縣）人，早年爲獄掾。秦末隨劉邦起兵，屢建戰功。先後任假左丞相、左丞相。西漢建立後任齊相國。蕭何死後繼之爲漢相。

[18]孟子：戰國鄒人，名軻，字子輿。思孟學派創始人。儒家著名代表人物，有《孟子》一書傳世。

文若懷獨見之照，[1]而有救世之心，論時則人方塗炭，計能則莫出魏武，故委圖霸朝，豫謀世事。舉才不以標鑒，[2]故人亡而後顯；[3]籌畫不以要功，故事至而後定。雖亡身明順，識亦高矣。

[1]文若：荀彧，東漢末潁川潁陰（今河南省許昌市）人，字文若。曹操重要謀士，歷任奮武司馬、鎮東司馬、侍中、光禄大夫、參丞相軍事等職。因反對曹操進爵國公，爲曹操忌恨，被迫自殺。

[2]標鑒：標，宋本作“摽”。

[3]人亡而後顯：指荀彧死後，後人才理解他。裴松之説：“世之論者，多譏彧協規魏氏，以傾漢祚；君臣易位，實彧之由。雖晚節立異，無救運移；功既違義，識亦疚焉。陳氏此評，蓋亦同乎世識。臣松之以爲斯言之作，誠未得其遠大者也。彧豈不知魏武之志氣，非衰漢之貞臣哉？良以於時王道既微，横流已極，雄豪虎視，人懷異心，不有撥亂之資，仗順之略，則漢室之亡忽諸，黔首之類殄矣。夫欲翼讚時英，一匡屯運，非斯人之與而誰與哉？是故經綸急病，若救身首，用能動於嶮中，至於大亨，蒼生蒙舟航之接，劉

宗延二紀之祚，豈非荀生之本圖，仁恕之遠致乎？及至霸業既隆，翦漢迹著，然後亡身殉節，以申素情，全大正於當年，布誠心於百代，可謂任重道遠，志行義立。謂之未充，其殆誣歟！”語見《三國志》卷一〇《荀彧傳》。

董卓之亂，[1]神器遷逼，[2]公達慨然，[3]志在致命。由斯而譚，故以大存名節。[4]至如身爲漢隸而迹入魏幕，源流趣舍，抑亦文若之謂。所以存亡殊致，始終不同，將以文若既明且哲，名教有寄乎！夫仁義不可不明，則時宗舉其致；生理不可不全，故識達攝其契。[5]相與弘道，豈不遠哉！

[1]董卓：東漢末隴西臨洮（今甘肅省岷縣）人，字仲穎。本爲凉州豪强，靈帝時任中郎將、前將軍、并州牧等職。應何進之招進京殺宦官，進京後專權，廢少帝立獻帝。因受關東諸侯討伐，焚燒洛陽宫室，遷獻帝於長安。後爲部將吕布所殺。

[2]神器：指國家政權。

[3]公達：荀攸，東漢末潁川潁陰（今河南省許昌市）人，字公達，荀彧侄子。歷任曹操尚書、軍師等職。從征張綉、吕布、袁紹、袁尚、袁譚等，屢獻奇計，爲曹操重要謀士。

[4]名節：名，宋本作“明”。

[5]故識達攝其契：識達，宋本、殿本乙作“達識”。

崔生高朗，[1]折而不撓，所以策名魏武、執笏霸朝者，蓋以漢主當陽，[2]魏后北面者哉！若乃一旦進璽，[3]君臣易位，則崔生所以不與，魏氏所以不容。夫江湖所以濟舟，亦所以覆舟；仁義所以全身，亦所以亡身。然而先賢玉摧於前，來哲攘袂於後，豈天懷發中，[4]而名教束物者乎！

[1]崔生：崔琰，三國時人，東漢末清河東武城（今山東省武城縣西北）人，字季珪，任曹操别駕從事。因被告發傲世怨謗，被罰爲徒隸，自殺。

[2]當陽：南面向陽。指天子之位。

[3]一旦進爾：旦，宋本作“且”。

[4]豈天懷發中：中華本校勘記：“李校：《文選》‘豈’下有‘非’字，是，此脱。”

孔明盤桓，[1]俟時而動，遐想管樂，[2]遠明風流。治國以禮，人無怨聲，刑罰不濫，没有餘泣，雖古之遺愛，何以加茲！及其臨終顧託，受遺作相，劉后授之無疑心，武侯受之無懼色，繼體納之無貳情，[3]百姓信之無異辭，君臣之際，良可咏矣！

[1]孔明：諸葛亮，三國時琅邪陽都（今山東省沂南縣南）人，字孔明。東漢末隨叔父諸葛玄依附荆州劉表，隱居躬耕於隆中。後加入劉備集團，協助劉備占領荆州、益州，實現三分之勢。劉備死後輔佐劉禪，南征南中，北伐曹魏，最終病逝於北伐前綫。

[2]管：管仲，春秋初潁上（今安徽省潁水之濱）人，名夷吾。齊桓公時任卿相，進行一系列改革，使齊國國力大增，齊桓公成爲春秋五霸之首。　樂：樂毅，戰國時靈壽（今河北省靈壽縣西北）人。燕昭王時名將。

[3]無貳情：貳，宋本作“式”。

公瑾卓爾，[1]逸志不群，總角料主，[2]則素契於伯符；[3]晚節曜奇，則三分於赤壁。[4]惜其齡促，志未可量。

[1]公瑾：周瑜，東漢末廬江舒縣（今安徽省廬江縣西南）人，字公瑾。隨孫策起兵。孫策卒後，與張昭共同輔佐孫權。親率水軍破曹操於赤壁。歷任建威中郎將、江夏太守、偏將軍、南郡太守等職。　卓爾：爾，原本作“邇”，宋本、殿本作“爾”，據宋本、殿本改。

[2]總角：童年。　料主：料，原本、宋本、殿本作“斷”，據中華本校勘記改。

[3]素契於伯符：素，殿本作“索”。

[4]赤壁：地名，在今湖北省赤壁市西北。

子布佐策，[1]致延譽之美；輟哭止哀，[2]有翼戴之功。神情所涉，豈徒謇諤而已哉！然杜門不用，[3]登壇受譏。[4]夫一人之身所照未異，而用舍之間俄有不同，況沉迹溝壑，遇與不遇者乎！

[1]子布：張昭，三國時彭城（今江蘇省徐州市）人，字子布。東漢末年避亂渡江，被孫策任爲長史、撫軍中郎將。孫策卒，受遺命輔佐孫權。赤壁之戰前主張降曹而使孫權失望。孫權稱帝後，更拜輔吴將軍。

[2]輟哭止哀：《三國志》卷五二《吴書·張昭傳》：孫策臨亡，以弟孫權託付給張昭。“權悲感未視事，昭謂權曰：‘夫爲人後者，貴能負荷先軌，克昌堂構，以成勛業也。方今天下鼎沸，群盜滿山，孝廉何得寢伏哀戚，肆匹夫之情哉？’乃身自扶孫權上馬，

陳兵而出，然後衆心知有所歸。”

［3］杜門不用：《三國志》卷五二《吴書·張昭傳》：孫權派人北上拜公孫淵爲燕王，張昭認爲不可。孫權不聽，張昭忿其言不被采用，稱疾不朝。孫權恨之，以土塞其門，張昭又於門内以土封之。

［4］登壇受譏：《三國志》卷五二《吴書·張昭傳》注引《江表傳》曰：“權既即尊位，請會百官，歸功周瑜。昭舉笏欲褒贊功德，未及言，權曰：‘如張公之計，今已乞食矣。’昭大慚，伏地流汗。”

夫詩頌之作，有自來矣。或以吟咏情性，或以紀德顯功，雖大指同歸，所託或乖。若夫出處有道，名體不滯，風軌德音，爲世作範，不可廢也。復綴序所懷，以爲之贊曰：

火德既微，[1]運纏大過。洪飆扇海，二溟揚波。虬獸雖驚，[2]風雲未和。潛魚擇川，高鳥候柯。赫赫三雄，並迴乾軸。[3]競收杞梓，争采松竹。鳳不及栖，龍不暇伏。谷無幽蘭，嶺無停菊。

［1］火德：指漢朝。

［2］虬獸雖驚：中華本校勘記：“‘獸’，袁宏原文作‘虎’，《文選》及李善注可證。蓋唐人修史避諱改。下‘端委獸門’同。”

［3］“赫赫三雄”句：《文選·袁宏〈三國名臣贊〉》劉良注：“三雄，謂三國之主也。乾，天也。言其競天下若運轉天軸萬物震動也。”

英英文若，靈鑒洞照。應變知微，頤奇賞要。

日月在躬，隱之彌曜。文明映心，鑽之愈妙。滄海横流，玉石俱碎。[1]達人兼善，廢己存愛。謀解時紛，功濟宇内。始救生靈，終明風概。

[1]玉石俱碎：俱，宋本作“同”。

公達潛朗，思同蓍蔡。[1]運用無方，動攝群會。爰初發迹，遘此顛沛。神情玄定，處之彌泰。愔愔幕裏，算無不經。亹亹通韵，[2]迹不暫停。雖懷尺璧，顧哂連城。智能極物，愚足全生。

[1]蓍蔡：猶蓍龜，筮卜。《楚辭·王褒〈九懷·匡機〉》：“蓍蔡兮踴躍，孔鶴兮回翔。”王逸注：“蓍，筮也；蔡，大龜也。”

[2]亹亹：有魅力和感染力。

郎中温雅，器識純素。貞而不諒，通而能固。恂恂德心，汪汪軌度。志成弱冠，道敷歲暮。仁者必勇，德亦有言。雖遇履尾，神氣恬然。行不修飾，[1]名迹無愆。操不激切，素風愈鮮。

[1]行不修飾：飾，宋本作“節”。

邈哉崔生，體正心直。天骨疏朗，墻岸高嶷。忠存軌迹，義形風色。思樹芳蘭，翦除荆棘。人惡其上，世不容哲。琅琅先生，雅杖名節。雖遇塵霧，猶震霜雪。運極道消，碎此明月。

景山恢誕，[1]韻與道合。形器不存，方寸海納。和而不同，通而不雜。遇醉忘辭，在醒貽答。

[1]景山：徐邈，三國時燕國薊縣（今北京市西南）人，字景山。任曹操丞相軍謀掾、隴西太守。曹魏建立後，歷任潁川典農中郎將、撫軍大將軍軍師、凉州刺史、領護羌校尉等職。在任務農積谷，立學明訓，進善黜惡，安撫羌胡。正始元年（240）爲大司農，遷司隸校尉。

長文通雅，[1]義格終始。思載元首，[2]擬伊同耻。人未知德，懼若在己。嘉謀肆庭，讜言盈耳。玉生雖麗，光不逾把。德積雖微，道映天下。

[1]長文：陳群，三國時潁川（今河南省許昌市東）人，字長文，陳寔孫。歷任曹魏御史中丞、尚書令、中領軍、中護軍、録尚書事等職，官至司空。九品官人法的倡建者。

[2]思載元首：載，原本、宋本、殿本作“載”，中華本作“戴”。

邈哉太初，[1]宇量高雅。器範自然，標準無假。[2]全身曲直，迹洿必僞。處死匪難，理存則易。[3]萬物波蕩，孰任其累！六合徒廣，容身靡寄。君親自然，匪由名教。愛敬既同，情禮兼到。

[1]太初：夏侯玄，三國時沛國譙縣（今安徽省亳州市）人，字太初，夏侯淵之孫，曹爽之姑子。善談名理，玄學家。

[2]標準無假：標，宋本作“摽”。本卷下文“標牓風流”“先

生標之”同。

[3]理存則易：存，殿本作“有”。

烈烈王生，[1]知死不撓。求仁不遠，期在忠孝。

[1]王生：王經，曹魏清河（今山東省臨清市東北）人，字彦緯，歷任江夏太守、尚書、司隸校尉等職，受高貴鄉公事牽連，被殺。

玄伯剛簡，[1]大存名體。志在高構，增堂及陛。端委獸門，正言彌啓。臨危致命，盡其心禮。

[1]玄伯：陳泰，三國時潁川許昌（今河南省許昌市東）人，字玄伯，陳群之子。歷任散騎侍郎、護匈奴中郎將、雍州刺史、征西將軍、尚書僕射等職。

堂堂孔明，基宇宏邈。器同生靈，獨禀先覺。標牓風流，遠明管樂。初九龍盤，[1]雅志彌確。百六道喪，[2]干戈迭用。苟非命世，孰掃雰霿！[3]宗子思寧，薄言解控。釋褐中林，[4]鬱爲時棟。

[1]初九龍盤：《易·乾》：“初九，潛龍勿用。”指諸葛亮躬耕隱居、擇主待時。

[2]百六道喪：指東漢末天下大亂。古代道家稱天厄爲“陽九”，地厄爲“百六”。

[3]雰霿：昏暗污濁之气。喻世亂和灾禍。

[4]釋褐中林：指諸葛亮出山輔佐劉備。

士元弘長，[1]雅性内融。崇善愛物，觀始知終。喪亂備矣，勝塗未隆。先生標之，振起清風。綢繆哲后，無妄惟時。夙夜匪懈，[2]義在緝熙。三略既陳，[3]霸業已基。

[1]士元：龐統，三國時襄陽（今湖北省襄陽市）人，字士元。劉備統領荆州，任其爲從事，守耒陽令。後爲治中從事、軍師中郎將。隨劉備入蜀，在圍攻雒縣時中流矢而死。

[2]夙夜匪懈：懈，宋本作“解”，同“解”。

[3]三略：《三國志》卷三七《龐統傳》：龐統隨劉備入益州，龐統爲劉備取代劉璋獻三計：“陰選精兵，晝夜兼道，徑襲成都；璋既不武，又素無預備，大軍卒至，一舉便定，此上計也。楊懷、高沛，璋之名將，各仗强兵，據守關頭，聞數有箋諫璋，使發遣將軍還荆州。將軍未至，遣與相聞，説荆州有急，欲還救之，並使裝束，外作歸形；此二子既服將軍英名，又喜將軍之去，計必乘輕騎來見，將軍因此執之，進取其兵，乃向成都，此中計也。退還白帝，連引荆州，徐還圖之，此下計也。若沈吟不去，將致大困，不可久矣。”

公琰殖根，[1]不忘中正。豈曰模擬，實在雅性。亦既羈勒，負荷時命。推賢恭己，久而可敬。

[1]公琰：蔣琬，三國時零陵湘鄉（今湖南省湘鄉市）人，字公琰。初以州書佐隨劉備入蜀，任廣都長、什邡令、尚書郎。後任諸葛亮相府參軍、長史，撫軍將軍。諸葛亮的繼承人，諸葛亮去世後，歷任尚書令、領益州刺史、大將軍、録尚書事等職。

公衡冲達，[1]秉志淵塞。媚兹一人，臨難不惑。疇昔不造，[2]假翮鄰國。進能徽音，退不失德。六合紛紜，人心將變。鳥擇高梧，臣須顧眄。

[1]公衡：黄權，三國時巴西閬中（今四川省閬中市）人，字公衡。本爲益州牧劉璋主簿，劉備入蜀，乃附之。歷任護軍、治中從事、鎮北將軍等職。夷陵之戰之後，因歸路被吴軍所斷，乃降曹魏。歷任鎮南將軍、侍中、車騎將軍、儀同三司等職。

[2]疇昔：昔，原本作“息”，宋本、殿本作“昔”，據宋本、殿本改。

公瑾英達，[1]朗心獨見。披草求君，定交一面。桓桓魏武，外託霸迹。志掩衡霍，恃戰忘敵。卓卓若人，曜奇赤壁。三光參分，宇宙暫隔。

[1]公瑾：周瑜，東漢末廬江舒縣（今安徽省廬江縣西南）人，字公瑾。隨孫策起兵。孫策卒後，與張昭共同輔佐孫權。親率水軍破曹操於赤壁。歷任建威中郎將、江夏太守、偏將軍、南郡太守等職。

子布擅名，遭世方擾。撫翼桑梓，[1]息肩江表。[2]王略威夷，吴魏同寶。遂贊宏謨，匡此霸道。桓王之薨，大業未純。把臂託孤，惟賢與親。輟哭止哀，臨難忘身。成此南面，實由老臣。才爲世生，世亦須才。[3]得而能任，貴在無猜。

[1]撫翼：拍擊翅膀，奮飛。　桑梓：家鄉。

［2］息肩：栖止。　江表：江外，指長江以南地區。

［3］世亦須才：須，宋本作“湏”。

昂昂子敬，[1]拔迹草萊。荷檐吐奇，乃構雲臺。

［1］子敬：魯肅，東漢末臨淮東城（今安徽省定遠縣東南）人，字子敬。家富於財，曾以倉米資助周瑜。後被舉薦給孫權，獻“全據長江以觀天下之變”之策。赤壁之戰前力主抗曹。歷任孫吴奮武校尉、漢昌太守、偏將軍等職。

子瑜都長，[1]體性純懿。諫而不犯，[2]正而不毅。將命公庭，退忘私位。豈無鶺鴒，固慎名器。

［1］子瑜：諸葛瑾，三國時琅邪陽都（今山東省沂南縣南）人，字子瑜，諸葛亮兄。東漢末避亂江東，任孫權長史，深得孫權信任。歷任綏南將軍、南郡太守、左將軍、大將軍、左都護等職。

［2］諫而不犯：《三國志》卷五二《吴書・諸葛瑾傳》：諸葛瑾“與權談説諫喻，未嘗切愕，微見風彩，粗陳指歸，如有未合，則捨而及他，徐復託事造端，以物類相求，於是權意往往而釋”。

伯言謇謇，[1]以道佐世。出能勤功，[2]入亦獻替。謀寧社稷，解紛挫鋭。正以招疑，忠而獲戾。

［1］伯言：陸遜，三國時吴郡吴縣（今江蘇省蘇州市）人，本名議，字伯言，孫策女婿。早年爲孫權幕僚，後歷任屯田都尉、定威校尉等職。吴蜀夷陵之戰中任大都督，大敗蜀軍於猇亭，因功加拜輔國將軍，領荆州牧。後見孫權寵魯王孫霸，疏太子，便上書勸

諫，反被孫權斥責，憤恚而死。

[2]勤功：功，宋本、殿本作“公”。

元嘆邈遠，[1]神和形檢。如彼白珪，質無塵點。立行以恒，匡主以漸。清不增潔，[2]濁不加染。

[1]元嘆：顧雍，三國時吴郡吴縣（今江蘇省蘇州市）人，字元嘆。少從蔡邕學琴書，歷任孫吴大理、奉常、領尚書令、丞相等職。

[2]清不增潔：潔，殿本作“絜”。

仲翔高亮，[1]性不和物。好是不群，折而不屈。屢摧逆鱗，直道受黜。嘆過孫陽，[2]放同賈屈。[3]

[1]仲翔：虞翻，三國時會稽餘姚（今浙江省餘姚市）人，字仲翔。經學家，少好學，初任會稽太守王朗功曹。孫策破王朗，虞翻復爲功曹。孫權時任騎都尉。性疏直，多次勸諫孫權，因此被徙交州。

[2]嘆過孫陽：孫陽即伯樂，伯樂之嘆見《孔叢子》卷四《對魏王》：“子高謂魏王曰：‘臣入魏國，見君之二計臣焉。張叔謀有餘，范威智不逮，然其功一也。’王曰：‘叔也有餘，威也不逮，何同乎？’答曰：‘駑驥同轅，伯樂爲之咨嗟；玉石相揉，和氏爲之嘆息。故賢愚共貫則能士匿謀，真僞相錯則正士結舌。叔雖有餘，猶威不逮也。”

[3]賈：賈誼，西漢洛陽（今河南省洛陽市）人。文帝時博士，遷至太中大夫。建議改正朔、定官名、興禮樂、削藩王。後被譖毁，貶爲長沙王太傅。　屈：屈原，戰國時楚人，名平，字原。又名正則，字靈均。楚國貴族，任左徒、三閭大夫。爲人正道直

行，對内主張明法度，任賢能；對外主張聯齊抗秦。因上官大夫讒言，被楚懷王疏遠。後被流放江南，因國都失守，無力回天，投汨羅江而死。

莘莘衆賢，千載一遇。整轡高衢，驤首天路。仰揖玄流，俯弘時務。名節殊塗，雅致同趣。日月麗天，瞻之不墜。仁義在躬，用之不匱。尚想遐風，載揖載味。後生擊節，懦夫增氣。

從桓温北征，作《北征賦》，皆其文之高者。嘗與王珣、伏滔同在温坐，[1]温令滔讀其《北征賦》，至“聞所傳於相傳，云獲麟於此野，誕靈物以瑞德，奚授體於虞者！[2]疚尼父之洞泣，似實慟而非假。豈一性之足傷，乃致傷於天下”，其本至此便改韵。珣云：“此賦方傳千載，無容率爾。[3]今於‘天下’之後，移韵徙事，然於寫送之致，似爲未盡。”滔云：“得益寫韵一句，或爲小勝。”温曰：“卿思益之。”宏應聲答曰：“感不絶於余心，愬流風而獨寫。”珣誦味久之，謂滔曰：“當今文章之美，故當共推此生。”

[1]王珣：字元琳，本書卷六五有傳。

[2]授體：宋本無“授”字。　虞者：采薪者。《春秋公羊傳》記載麒麟被采薪者獵獲，故言。

[3]無容率爾：爾，宋本、殿本作“耳”。

性强正亮直，雖被温禮遇，至於辯論，每不阿屈，故榮任不至。與伏滔同在温府，府中呼爲“袁伏”。宏心耻之，每嘆曰："公之厚恩，未優國士，而與滔比肩，何辱之甚。"

謝安常賞其機對辯速。[1]後安爲揚州刺史，[2]宏自吏部郎出爲東陽郡，[3]乃祖道於冶亭。時賢皆集，安欲以卒迫試之，臨别執其手，顧就左右取一扇而授之曰："聊以贈行。"宏應聲答曰："輒當奉揚仁風，慰彼黎庶。"時人嘆其率而能要焉。

[1]謝安：字安石，本書卷七九有傳。

[2]揚州：三國魏、吴各置揚州，魏治所在壽春縣（今安徽省壽縣），吴治所在建業縣（今江蘇省南京市）。西晋統一後復合，治所在建鄴縣（今江蘇省南京市）。揚，宋本作"楊"。

[3]吏部郎：官名，尚書省吏部曹長官通稱。亦稱郎中，資深者可轉侍郎。屬吏部尚書，主管官吏選任、銓叙、調動事務，對五品以下官吏之任免有建議權。六品。　東陽郡：治所在長山縣（今浙江省金華市）。

宏見漢時傅毅作《顯宗頌》，辭甚典雅，乃作頌九章，頌簡文之德，上之於孝武。

太元初，卒於東陽，時年四十九。撰《後漢紀》三十卷及《竹林名士傳》三卷、詩賦誄表等雜文凡三百首，傳於世。

三子：長超子，次成子，次明子。明子有父風，最知名，官至臨賀太守。[1]

[1]臨賀：郡名，治所在臨賀縣（今廣西壯族自治區賀州市八步區）。

伏滔

伏滔，字玄度，平昌安丘人也。[1]有才學，少知名。州舉秀才，辟別駕，[2]皆不就。大司馬桓温引爲參軍，深加禮接，每宴集之所，必命滔同游。從温伐袁真，[3]至壽陽，[4]以淮南屢叛，著論二篇，名曰《正淮》。其上篇曰：

淮南者，三代揚州之分也。當春秋時，吴、楚、陳、蔡之與地。[5]戰國之末，楚全有之，而考烈王都焉。秦并天下，建立郡縣，是爲九江。[6]劉項之際，號曰東楚。爰自戰國至于晋之中興，六百有餘年，保淮南者九姓，稱兵者十一人，皆亡不旋踵，禍溢於世，而終莫戒焉。其天時歟，地勢歟，人事歟？何喪亂之若是也！試商較而論之。

[1]平昌：郡名，治所在平昌縣（今山東省諸城市西北）。安丘：縣名，治所在今山東省安丘市西南。

[2]别駕：官名，别駕從事、别駕從事史省稱。州部佐官，因從刺史行部，别乘傳車，故稱。位居州吏之右。

[3]袁真：東晋人。歷任廬江太守、龍驤將軍、西中郎將、豫州刺史等職。桓温北伐失利，歸罪袁真，將其廢黜。因懷恨叛降前燕。

[4]壽陽：縣名，治所在今安徽省壽縣東南。

[5]吴、楚、陳、蔡之與地：中華本校勘記：“《斠注》：《寰宇記》一二九引‘與’作‘輿’。”

[6]九江：郡名，治所在壽春縣（今安徽省壽縣）。

夫懸象著明，[1]而休徵表於列宿；[2]山河衿帶，而地險彰於丘陵；治亂推移，而興亡見於人事。由此而觀，則兼也必矣。昔妖星出於東南而弱楚以亡，飛孛横於天漢而劉安誅絶，[3]近則火星晨見而王淩首謀，[4]長彗宵映而毌丘襲亂，[5]斯則表乎天時也。彼壽陽者，南引荆汝之利；東連三吴之富；[6]北接梁宋，平塗不過七日；[7]西援陳許，水陸不出千里；外有江湖之阻，内保淮肥之固。龍泉之陂，[8]良疇萬頃；舒六之貢，[9]利盡蠻越。金石皮革之具萃焉，苞木箭竹之族生焉，山湖藪澤之隈，水旱之所不害，土產草滋之實，荒年之所取給，此則係乎地利者也。其俗尚氣力而多勇悍，[10]其人習戰争而貴詐僞。豪右并兼之門，十室而七；藏甲挾劍之家，比屋而發。然而仁義之化不漸，刑法之令不及，所以屢多亡國也。

[1]懸象：天象。

[2]休徵：吉祥的征兆。　列宿：星辰。

[3]飛孛：彗星。　劉安：西漢宗室，襲封淮南王。好讀書，喜鼓琴，善文辭。因謀反被殺。有書《淮南子》傳世。

[4]火星：宋本、殿本作“火精”。　王淩：三國時太原祁縣（今山西省祁縣東南）人，字彦雲。歷任曹魏建武將軍、揚州刺史、豫州刺史、征東將軍、都督揚州諸軍事等職。密謀擁立楚王曹彪，廢黜齊王曹芳，謀泄被殺。淩，原本作“凌”，宋本、殿本作“淩”。按王淩，又作“王凌”，原本二字皆有，今注本均統作“王淩”。

[5]毌丘：毌丘儉，三國時河東聞喜（今山西省聞喜縣東北）人，字仲恭。歷任曹魏尚書郎、羽林監、洛陽典農、荆州刺史、幽

州刺史等職。後舉兵反司馬師，兵敗被殺。

[6]三吴：地區名，一説指吴、吴興、會稽三郡；一説指吴、吴興、丹楊三郡；一説指吴、吴興、義興三郡。

[7]七日：日，宋本作“百”。

[8]龍泉之陂：即芍陂，又名龍泉陂，位於今安徽省壽縣南。

[9]舒：縣名，治所在今安徽省廬江縣西南。　六：縣名，治所在今安徽省六安市東北。

[10]勇悍：悍，殿本作“悼”。

昔考烈以衰弱之楚屢遷其都，外迫强秦之威，[1]内構陽申之禍，[2]逃死劫殺，三世而滅。[3]黥布以三雄之選，[4]功成垓下，[5]淮陰既囚，[6]梁越受戮，[7]嫌結震主之威，慮生同體之禍，遂謀圖全之計，庶幾後亡之福，衆潰於一戰，身脂於漢斧。劉長支庶，[8]奄王大國，承喪亂之餘，御新化之俗，無德而寵，欲極禍發。王安内懷先父之憾，[9]外眩奸臣之説，招引賓客，沉溺數術，藉二世之資，恃戈甲之盛，屈强江淮之上，西向而圖宗國，言未絶口，身嗣俱滅。李憲因亡新之餘，[10]袁術當衰漢之末，[11]負力幸亂，遂生僭逆之計，建號九江，稱制下邑，[12]狼狽奔亡，傾城受戮。及至彦雲、仲恭、公休之徒，[13]或憑宿名，或怙前功，[14]握兵淮楚，力制東夏，屬當多難之世，仍值廢興之會，謀非所議，相係禍敗。祖約助逆，[15]身亡家族。彼十亂者，成乎人事者也。然則侵弱昏迷，以至絶滅，亡楚當之。恃强畏逼，遂謀叛亂，黥布有焉。二王遘逆，寵之之過也。公路僭僞，乘釁之盗也。二將以圖功首難，士少以驕矜樂禍。本其所因，考其成迹，皆寵盛禍淫，福過灾生，而制之不漸，積之有由也。

[1]强秦之威：威，宋本作“事”。

[2]構：宋本、殿本作“遘”。　陽申之禍：戰國時，楚考烈王無子，春申君患之，找了很多女人企圖爲烈王生子，但始終未成。趙人李園想把自己的妹妹獻給楚王，又聽説楚王不能生子，便先設計把妹妹給春申君。待到李園妹妹懷孕後，便讓妹妹劝説春申君把自己進給楚王，如果將來生個男孩兒，春申君就是國王的父親。春申君便把李園妹妹獻給楚王。後來李園妹妹果然生了男孩，後被立爲太子。而李園兄妹害怕陰謀敗露，便殺死了春申君。事見《戰國策·楚四》。陽申，即春申，晋時因避簡文帝母鄭太后阿春諱，改春爲“陽”。申，宋本作“甲”。

[3]三世而滅：三，原本、殿本作“二”，宋本作“三”，據宋本改。

[4]黥布：本名英布，因受過黥刑，故名。秦末人，先爲項羽手下，後投劉邦。後與劉賈入九江，誘降楚王大司馬周殷，舉九江兵會垓下，大破楚軍。　三雄：指漢初三雄，韓信、彭越、英布。

[5]垓下：地名，在今安徽省靈璧縣南沱河北岸。

[6]淮陰：指韓信，秦末淮陰（今江蘇省淮安市淮陰區南）人，早年家貧，常從人寄食。後隨項羽起兵，因不受重用，轉投劉邦。受蕭何舉薦，拜大將軍。功勛卓著，爲漢初三傑之一。漢立封楚王，後貶爲淮陰侯。終爲吕后設計所殺。

[7]梁越：梁王彭越，秦末昌邑（今山東省巨野縣東南）人，字仲。秦末起兵，助劉邦擊昌邑。楚漢相争時，受劉邦所賜將軍印，助漢擊楚。西漢建立後封梁王。陳豨反叛，劉邦親征，徵梁國

兵，彭越稱病不行。劉邦疑其反叛，廢其爲庶人，後信吕后之言，將其誅殺，夷其宗族。　受戮：戮，宋本作“誅”。

［8］劉長：即西漢淮南王劉長，漢高祖劉邦少子。文帝即位後，劉長自以爲最親，遂驕奢僭越，自作法令，甚至稱制。後計議謀反，事泄被廢，絶食而死。

［9］王安内懷先父之憾：劉長的兒子劉安，襲封淮南王。好讀書，喜鼓琴，善文辭。對其父之死怨恨在心，後因謀反被殺。有書《淮南子》傳世。

［10］李憲：新莽末潁川許昌（今河南省許昌市東）人。曾爲廬江屬令，新莽亡後，據郡自守，自稱淮南王。東漢建武三年（27）又自立爲天子，置公卿百官，有衆十餘萬。光武帝派揚武將軍馬成等伐之，終被其部下所殺。

［11］袁術：東漢汝南汝陽（今河南省商水縣西北）人，字公路，袁紹從弟。歷任河南尹、虎賁中郎將等職。董卓之亂後，割據南陽。後爲袁紹、曹操打敗，退據揚州，自稱揚州刺史、徐州牧。建安二年（197）稱帝，後被迫去帝號。

［12］稱制下邑：中華本在“下邑”標專名綫。吴金華等先生認爲，“下邑”不是具體地名，而是泛稱，不應標專名綫。國都以外的城邑叫做“下邑”，如《左傳·莊公二十八年》：“冬，築郿。”杜預注：“郿，魯下邑。”孔穎達疏：“國都爲上，邑爲下，故云魯下邑。”（參見吴金華、吴新江《〈晋書〉辨疑》，《古籍整理研究學刊》2000年第4期）

［13］彦雲：即王淩。　仲恭：即毌丘儉。　公休：諸葛誕，三國時琅邪陽都（今山東省沂南縣南）人，字公休。歷任曹魏滎陽令、御史中丞、尚書、揚州刺史、鎮東將軍、鎮南將軍、征東大將軍等職。後起兵反司馬昭，兵敗被殺。

［14］或怙前功：怙，宋本作“怗”。

［15］祖約：字士少，本書卷一〇〇有傳。

其下篇曰：

昔高祖之誅黥布也，撮三策之要，馳赦過之書，乘人主之威以除逆節之虜。然猶決戰陳都，暴尸横野，僅乃克之，害亦深矣！長安之謀，雖兵未交於山東，禍未遍於天下，而馳説之士與闔境之人幽囚誅放者，亦已衆矣。光武連兵於肥舒，魏祖馳馬於蘄苦，[1]而廬九之間流溺兵凶者十而七八焉。[2]夫王淩面縛，[3]得之於矿石；[4]仲恭接刃，成之於後覺也。而高祖以之宵征，[5]世宗以之發疾，[6]豈不勤哉！文皇挾萬乘之威，[7]杖伊周之權，[8]内舉京畿之衆，外徵四海之鋭，雲合雨集，推鋒以臨淮浦，而誕欽晏然，[9]方嬰城自固，憑軾以觀王師。於是築長圍，起棼櫓，高壁連塹，負戈擊柝以守之。自夏及春，而後始知亡焉。然則屠城之禍，其可極言乎？約之出奔，淮左爲墟，悲夫！

[1]蘄：縣名，治所在今安徽省宿州市。　苦：縣名，治所在今河南省鹿邑縣東。曹操曾與袁術、橋蕤戰於蘄、苦二縣。

[2]兵凶：凶，殿本作“去”。

[3]王淩：原本、殿本作“王陵”，宋本作“王淩”，據宋本改。

[4]矿石：耿介堅毅的氣質。

[5]高祖：即司馬懿。

[6]世宗：即司馬師。

[7]文皇：即司馬昭。

[8]伊周：伊尹、周公。伊尹是輔佐商湯及其後代外丙、仲壬、太甲的賢臣。周公是輔佐周武王、成王的重臣。

[9]誕欽：諸葛誕和文欽。文欽，三國時譙郡（治今安徽省亳州市）人，字仲若。歷任曹魏牙門將、廬江太守、揚州刺史等職。後與毌丘儉起兵反對司馬師，兵敗投降孫吳，任孫吴鎮北大將軍。

信哉魯哀之言，[1]夫生乎深宫，長於膏粱，憂懼不切於身，榮辱不交於前，則其仁義之本淺矣。奉以南面之尊，藉以列城之富，宅以制險之居，養以衆强之盛，而無德以臨之，無制以節之，則厭溢樂禍之心生矣。夫以昏主御奸臣，利甲資堅城，僞令行於封内，邪惠結於人心，乘間幸濟之説日交於側，猾詐錮砦之群各馳於前，見利如歸，安在其不爲亂乎！況乘舊寵，挾前功，畏逼懼亡，以謀圖身之舉者，望其俯首就羈，不亦迂哉！《易》稱“履霜堅冰，馴致之道”，蓋言漸也。嗚呼！斯所以亂臣賊子亡國覆家累世而不絶者歟！

[1]魯哀之言：《説苑·敬慎》：“魯哀侯棄國而走齊。齊侯曰：‘君何年之少而棄國之蚤？’魯哀侯曰：‘臣始爲太子之時，人多諫臣，臣受而不用也；人多愛臣，臣愛而不近也。是則内無聞而外無輔也。是猶秋蓬惡於根本而美於枝葉，秋風一起，根且拔矣。’”

昔先王之宰天下也，選於有德，訪之三吏，正其分位，明其等級，晝之封疆，宣之政令，上下有序，無僭差之嫌，四人安業，[1]無并兼之國。三載考陟，功罪不得逃其迹，九伐時修，刑賞無所謬其實。令之有漸，軌之有度，寵之有節，權不外授，威不下黷，所以杜其萌際，重其名器，深根固本，傳之百世。雖時有盛衰，弱者無所懼其亡；道有興廢，强者不得資其弊。夫如是，將使天子從風，穆然軌道，慶自一人，惠流萬國，安有向時之患哉！

[1]四人：指士、農、工、商四民。

壽陽平，以功封聞喜縣侯，除永世令。[1]温薨，征西將軍桓豁引爲參軍，[2]領華容令。[3]太元中，拜著作郎，專掌國史，領本州大中正。[4]孝武帝嘗會於西堂，[5]滔豫坐，還，下車先呼子系之謂曰："百人高會，天子先問伏滔在坐不，此故未易得。爲人作父如此，定何如也？"遷游擊將軍，[6]著作如故。卒官。

[1]永世：縣名，治所在今江蘇省溧陽市天目湖鎮。

[2]征西將軍：官名，東漢永元年間置，地位與雜號將軍、偏將軍、裨將軍等同。建安年間與征東、征南、征北將軍合稱四征將軍，地位提高。三品，加持節都督者二品。　桓豁：字朗子，本書卷七四有傳。

[3]華容：縣名，治所在今湖北省潛江市南。

[4]大中正：州一級評定士人品第的官員。

[5]西堂：太極殿西堂。《景定建康志》卷二一《城闕志·古宫殿》："太極殿，建康宫内正殿也。晋初造以十二間，象十二月。至梁武帝改製十三間，象閏焉。高八丈，長二十七丈，廣十丈，内外並以錦石爲砌次。東有太極東堂七間，西有太極西堂七間。"

[6]游擊將軍：官名，禁軍將領，與驍騎將軍分領命中虎賁，掌宿衛之任。隸屬中領軍（領軍將軍）。四品。

子系之，亦有文才，歷黄門郎、侍中、尚書、光禄大夫。[1]

[1]黄門郎：中華本校勘記云："各本於'黄門郎'下有'侍郎'二字，宋本無。"今注按：百衲本原本"黄門郎"下無"侍郎"二字，查宋本雖無"侍郎"二字，却有兩字空白。　尚書：官名，東漢尚書臺六曹各置尚書，秩六百石。魏晋出爲朝官，分掌尚書省諸曹，品秩提高。三品。　光禄大夫：官名，三公等大臣告老回家即拜此職，或作爲在朝顯職的加官。三品，開府位從公者一品。

羅含

羅含，字君章，桂陽耒陽人也。[1]曾祖彦，臨海太守。[2]父綏，滎陽太守。[3]含幼孤，爲叔母朱氏所養。少有志尚，嘗晝卧，夢一鳥文彩異常，飛入口中，因驚起説之。[4]朱氏曰："鳥有文彩，汝後必有文章。"自此後藻思日新。弱冠，州三辟，不就。含父嘗宰新淦，[5]新淦人楊羨後爲含州將，引含爲主簿，[6]含傲然不顧，羨招致不已，辭不獲而就焉。[7]及羨去職，含送之到縣。新淦人以含舊宰之子，咸致賂遺，含難違而受之。及歸，悉封置而去。由是遠近推服焉。[8]

[1]耒陽：縣名，治所在今湖南省耒陽市。

[2]臨海：郡名，三國吴置，治所在臨海縣（今浙江省臨海市），尋移置章安縣（今浙江省臨海市東南）。

[3]滎陽：郡名，治所在滎陽縣（今河南省滎陽市東北）。

[4]因驚起説之：驚起，宋本、殿本乙作"起驚"。

[5]新淦：縣名，治所在今江西省樟樹市。

[6]主簿：官名，開府屬官，典領文書籍簿、省録衆事，職權甚重。

[7]辭不獲："辭不獲"後疑脱"已"字。本書卷八六《張祚傳》："今中原喪亂，華裔無主，群后僉以九州之望無所依歸，神祇岳瀆罔所憑係，逼孤攝行大統，以一四海之心。辭不獲已，勉從群議。"本書卷五四《陸機傳》："機釋戎服，著白帢，與秀相見，神色自若，謂秀曰：'自吴朝傾覆，吾兄弟宗族蒙國重恩，入侍帷幄，出剖符竹。成都命吾以重任，辭不獲已。今日受誅，豈非命也！'"可見"辭不獲已"是當時習用語。

[8]推服：服，宋本作"伏"。

後爲郡功曹，[1]刺史庾亮以爲部江夏從事。[2]太守謝尚與含爲方外之好，[3]乃稱曰："羅君章可謂湘中之琳琅。"尋轉州主簿。後桓温臨州，又補征西參軍。[4]温嘗使含詣尚，有所檢劾。含至，不問郡事，與尚累日酣飲而還。[5]温問所劾事，含曰："公謂尚何如人？"温曰："勝我也。"含曰："豈有勝公而行非邪！故一無所問。"温奇其意而不責焉。轉州别駕。以廨舍喧擾，於城西池小洲上立茅屋，伐木爲材，[6]織葦爲席而居，布衣蔬食，晏如也。温嘗與寮屬讌會，含後至。温問衆坐曰："此何如人？"或曰："可謂荆楚之材。"温曰："此自江左之秀，[7]豈惟荆楚而已。"徵爲尚書郎。温雅重其才，又表轉征西户曹參軍。[8]俄遷宜都太守。[9]及温封南郡公，引爲郎中令。[10]尋徵正員郎，[11]累遷散騎常侍、侍中，仍轉廷尉、長沙相。[12]年老致仕，[13]加中散大夫，[14]門施行馬。[15]初，含在官舍，有一白雀栖集堂宇，[16]及致仕還家，階庭忽蘭菊叢生，以爲德行之感焉。年七十七卒，所著文章行於世。

[1]郡功曹：官名，府郡屬吏，執掌人事，參與郡政務。功曹，亦稱功曹史，晋朝不開府將軍、太子二傅、特進、郡縣皆置的屬官，掌吏員賞罰任免事宜。

[2]庾亮：字元規，本書卷七三有傳。

[3]方外之好：不拘於世俗禮法的好友。方外，世俗禮法之外。

[4]征西參軍：官名，征西將軍府屬官。參軍，亦作參軍事，謂參謀軍事。兩晋公府、軍府皆置。

[5]酣飲而還：酣，宋本作“醉”。

[6]伐木爲材：中華本校勘記：“《通志》一七五‘材’作‘床’，與《類聚》六一引《羅含別傳》合。”

[7]江左：江東。因自北方視之，江東在左，江西在右，故稱。

[8]征西户曹參軍：官名，征西將軍府户曹參軍。户曹參軍，又作户曹參軍事。户曹長官。西晋始置於公府、將軍府，主户曹事。

[9]宜都：郡名，治所在夷陵縣（今湖北省宜昌市東南長江北岸）。

[10]郎中令：官名，王國公候屬官，魏晋爲王國中的三卿之一。六品。

[11]正員郎：官名，編制以内的散騎侍郎，與員外散騎侍郎相對而言。五品。

[12]長沙相：宋本無“相”字。

[13]年老致仕：仕，宋本作“事”。

[14]中散大夫：官名，西漢平帝置，東漢隸屬光禄勛，與光禄、太中、諫議大夫及議郎等皆掌顧問應對。魏晋南北朝沿置，多養老疾，無職事。七品。

[15]行馬：古代官署前攔阻人馬通行的木架。俗稱“鹿角”，亦稱“梐枑”。

[16]白雀：白，殿本作“百”。

顧愷之

顧愷之，字長康，晋陵無錫人也。[1]父悦之，尚書左丞。[2]愷之博學有才氣，嘗爲《箏賦》，成，謂人曰：“吾賦之比嵇康琴，[3]不賞者必以後出相遺，深識者亦當以高奇見貴。”

[1]晋陵：郡名，治所在京口（今江蘇省鎮江市）。　無錫：縣名，治所在今江蘇省無錫市。

[2]尚書左丞：官名，尚書省佐官，位次尚書，居尚書右丞上。與右丞共掌尚書都省庶務，率諸都令史監督稽核諸尚書曹、郎曹政務。左丞又掌督録近道文書章奏，監察糾彈尚書令、僕射、尚書等文武百官，號稱“監司”，權勢甚重。六品。

[3]吾賦之比嵇康琴：比，宋本作“此”。

桓温引爲大司馬參軍，甚見親昵。温薨後，愷之拜温墓，賦詩云：“山崩溟海竭，魚鳥將何依！”或問之曰：“卿憑重桓公乃爾，哭狀其可見乎？”答曰：“聲如震雷破山，淚如傾河注海。”

愷之好諧謔，人多愛狎之。後爲殷仲堪參軍，[1]亦深被眷接。仲堪在荆州，[2]愷之嘗因假還，仲堪特以布帆借之，至破冢，[3]遭風大敗。愷之與仲堪箋曰：“地名破冢。真破冢而出。行人安穩，布帆無恙。”還至荆州，人問以會稽山川之狀。愷之云：“千巖競秀，萬壑争流。

草木蒙籠，若雲興霞蔚。”桓玄時與愷之同在仲堪坐，[4]共作了語。愷之先曰：“火燒平原無遺燎。”玄曰：“白布纏根樹旒旐。”[5]仲堪曰：“投魚深泉放飛鳥。”復作危語。玄曰：“矛頭淅米劍頭炊。”[6]仲堪曰：“百歲老翁攀枯枝。”有一參軍云：“盲人騎瞎馬臨深池。”[7]仲堪眇目，[8]驚曰：“此太逼人！”因罷。愷之每食甘蔗，恒自尾至本。人或怪之。云：“漸入佳境。”

[1]殷仲堪：本書卷八四有傳。

[2]荆州：三國時曹魏治所在新野縣（今河南省新野縣），孫吴治所在江陵縣（今湖北省江陵縣），西晋統一後治所在江陵縣（今湖北省江陵縣）。

[3]破冢：地名，在今湖北省江陵縣東南長江東岸。

[4]桓玄：字敬道，本書卷九九有傳。

[5]白布纏根樹旒旐：中華本校勘記：“《斠注》：《世説·排調》‘根’作‘棺’，‘樹’作‘豎’。”

[6]淅米：淘米。淅，原本、殿本作“折”，宋本作“淅”，據宋本改。

[7]盲人騎瞎馬臨深池：中華本校勘記：“《册府》八三四及《世説排調》‘臨’上並有‘夜半’二字。”

[8]眇目：瞎眼。

尤善丹青，圖寫特妙，謝安深重之，以爲有蒼生以來未之有也。愷之每畫人成，或數年不點目精。人問其故，答曰：“四體妍蚩，[1]本無闕少於妙處，[2]傳神寫照，正在阿堵中。”嘗悦一鄰女，挑之弗從，乃圖其形於壁，以棘針釘其心，[3]女遂患心痛。愷之因致其情，女從之，遂密去針而愈。愷之每重嵇康四言詩，因爲之圖，恒云："手揮五絃易，目送歸鴻難。"每寫起人形，妙絶於時，嘗圖裴楷象，[4]頰上加三毛，觀者覺神明殊勝。又爲謝鯤象，[5]在石巖裏，云："此子宜置丘壑中。"欲圖殷仲堪，仲堪有目病，固辭。愷之曰："明府正爲眼耳，若明點瞳子，飛白拂上，使如輕雲之蔽月，[6]豈不美乎！"仲堪乃從之。愷之嘗以一厨畫糊題其前，寄桓玄，皆其深所珍惜者。玄乃發其厨後，竊取畫，而緘閉如舊以還之，[7]紿云未開。愷之見封題如初，但失其畫，直云妙畫通靈，變化而去，亦猶人之登仙，了無怪色。

[1]妍蚩：美好和醜惡。

[2]本無闕少於妙處：中華本校勘記："《御覽》七五〇作'本無關於妙處'，與《世説·巧藝》合。"

[3]以棘針釘其心：針，殿本作"鍼"。下文"去針而愈"同。

[4]裴楷：字叔則，本書卷三五有傳。

[5]謝鯤：字幼輿，本書卷四九有傳。

[6]蔽月：月，殿本作"日"。

[7]緘閉如舊：閉，殿本作"開"。

愷之矜伐過實，少年因相稱譽以爲戲弄。又爲吟咏，[1]自謂得先賢風制。或請其作洛生咏，[2]答曰："何至作老婢聲！"義熙初，爲散騎常侍，與謝瞻連省，[3]夜於月下長咏，瞻每遥贊之，[4]愷之彌自力忘倦。瞻將眠，令人代己，愷之不覺有異，遂申旦而止。[5]尤信小術，以爲求之必得。桓玄嘗以一柳葉紿之曰："此蟬所翳葉也，取以自蔽，人不見己。”愷之喜，引葉自蔽，玄就溺焉，愷之信其不見己也，甚以珍之。

［1］又爲吟咏：爲，宋本作“好”。

［2］洛生咏：指洛下書生的諷咏聲，音色重濁。東晋士大夫多中原舊族，故盛行“洛生咏”。南朝宋劉義慶《世説新語·雅量》：“（謝安）望階趨席，方作洛生咏，諷‘浩浩洪流’。”劉孝標注引南朝宋明帝《文章志》：“安能作洛下書生咏，而少有鼻疾，語音濁。後名流多學其咏，弗能及，手掩鼻而吟焉。”

［3］謝瞻：南朝宋陳郡陽夏（今河南省太康縣）人，字宣遠、通遠。謝晦兄。初爲晋安西將軍參軍。義熙中爲劉裕相國從事中郎。劉宋建立後任豫章太守。善爲文章，辭采堪與謝混、謝靈運比肩。

［4］遥贊之：宋本無“之”字。

［5］申旦而止：旦，宋本作“且”。

初，愷之在桓温府，常云：“愷之體中癡黠各半，合而論之，正得平耳。”故俗傳愷之有三絶：才絶，畫絶，癡絶。年六十二，卒於官，所著文集及《啓矇記》行於世。

郭澄之

郭澄之，字仲静，太原陽曲人也。[1]少有才思，機敏兼人。調補尚書郎，出爲南康相。[2]值盧循作逆，[3]流離僅得還都。劉裕引爲相國參軍。[4]從裕北伐，既克長安，[5]裕意更欲西伐，集寮屬議之，多不同。次問澄之，澄之不答，西向誦王粲詩曰：“南登霸陵岸，[6]回首望長安。”裕便意定，謂澄之曰：“當與卿共登霸陵岸耳。”

因還。澄之位至裕相國從事中郎，封南豐侯，卒於官，所著文集行於世。

[1]太原：郡名，治所在晋陽縣（今山西省太原市西南）。陽曲：縣名，治所在今山西省陽曲縣東北。

[2]南康：郡名，西晋治所在雩都縣（今江西省于都縣東北），東晋永和五年（349）移治贛縣（今江西省贛州市西南）。

[3]盧循：字于先，小名元龍，本書卷一〇〇有傳。

[4]劉裕：字德輿，小名寄奴，彭城（今江蘇省徐州市）人，南朝宋開國皇帝。世居京口，初爲東晋冠軍司馬，後被劉牢之任爲參軍。歷任鎮軍將軍、都督十六州諸軍事，官至相國，受封宋王。元熙二年（420）代晋稱帝。卒謚武皇帝，廟號高祖。

[5]長安：縣名，治所在今陝西省西安市西北。

[6]霸陵：西漢文帝陵墓，位於今陝西省西安市東北。

史臣曰：夫賞好生於情，剛柔本於性，情之所適，發乎咏歌，而感召無象，風律殊製。至於應貞宴射之文，極形言之美，華林群藻罕或疇之。子安幼標明敏，[1]少蓄清思，懷天地之寥廓，賦辭人之所遺，特構新情，豈常均之所企！[2]太冲含豪歷載，以賦《三都》，士安見而稱善，平原睹而韜翰，匪惟高步當年，故以騰華終古。鄒湛之持論，棗據之緣情，實南陽之人傑，蓋潁川之時秀。[3]季雅摛屬遒邁，夙備成德，稱爲泉岱之珍，固其然矣。彦伯未能混迹光塵，而屈乎卑位，《釋時》宏論，亦足見其志耳。季鷹縱誕一時，不邀名爵，《黄花》之什，濬發神府。仲初之文，風流可尚，擢秀士林，《揚都》之美，[4]尤重時彦。曹毗沉研秘籍，踠足下僚，[5]綺靡降神之歌，朗暢《對儒》之論。李充之《學箴》，信清壯也。袁宏《東征》《名臣》之作，抑潘陸之亞。[6]玄度學藝優贍，筆削擅奇，降帝問於西堂，故其榮觀也。君章耀湘中之寶，挺荊楚之材，夢鳥發乎精誠，豈獨日者之蛟鳳！長康矜能過實，譚諧取容，而才多逸氣，故有三絶之目。仲静機思通敏，延譽清流，德輿西伐之計，取定於微指者矣。

[1]幼標明敏：標，宋本作“摽”。

[2]常均：常韵，尋常之韵。

[3]潁川：潁，原本、宋本作“穎”，殿本作“潁”，據殿本改。

[4]《揚都》之美：揚，原本、宋本、殿本作“陽”，據中華本校勘記改。

[5]下僚：僚，宋本、殿本作“寮”。

[6]潘陸之亞：僅次於潘岳和陸機。

贊曰：爻象垂法，宫徵流音。美哉群彦，揚蕤翰林。俱諧振玉，各擅鏘金。子安、太冲，遒文綺爛。袁、庾、充、愷，縟藻霞焕。架彼辭人，共超清貫。[1]

[1]清貫：清貴的官職。指侍从文翰之官。

晋書　卷九三

列傳第六十三

外戚

羊琇　王恂 弟虔　愷　楊文宗　羊玄之　虞豫 子胤　庾琛　杜乂　褚裒　何準 子澄　王濛 子修　王遐　王藴 子爽　褚爽[1]

詳觀往誥，[2]逖聽前聞，[3]階緣外戚以致顯榮者，其所由來尚矣。而多至禍敗，鮮克令終者，何哉？豈不由禄以恩升，位非德舉；識慚明哲，材謝經通；假椒房之寵靈，[4]總軍國之樞要，或威權震主，或勢力傾朝；居安而不慮危，務進而不知退；驕奢既至，釁隙隨之者乎！是以吕霍之家誅夷於西漢，[5]梁鄧之族剿絶於東都，[6]其餘干紀亂常、害時蠹政者，不可勝載。至若樊靡卿之父子，[7]竇廣國之弟兄，[8]陰興之守約戒奢，[9]史丹之掩惡揚善，[10]斯並后族之所美者也。由此觀之，干時縱溢者必以凶終，守道謙沖者永保貞吉，古人所謂禍福無門，惟人所召，此非其效歟！

[1]原本卷首目録“虞豫”衍作“虞豫元”；未列“何準”下附傳人名“子澄”；將“王藴”附於其父“王濛”後，不符正文叙事順序，且無“子爽”。今據原本總目録、正文及中華本目録改正、調整、增補。王修之“修”，宋本、殿本作“脩”，本卷下文此人名同。

[2]往誥：往昔的告誡。

[3]逖聽前聞：恭聽前聞。

[4]椒房：漢代指皇后、妃子所住的宫殿。後代指后、妃。

[5]吕：吕氏，西漢吕后家族。劉邦去世後，太后吕雉臨朝稱制，立兄子吕臺、吕産、吕禄、吕臺子吕通四人爲王，封諸吕六人爲列侯。吕雉死後，諸吕圖謀叛亂，後被平定。　霍：霍氏，西漢霍光家族。霍光是西漢河東平陽（今山西省臨汾市西南）人，字子孟，霍去病異母弟。爲武帝所親信，武帝臨終，任其爲大司馬大將軍，封博陸侯，與金日磾等人輔佐少主。昭帝繼位後，誅除上官桀，先立後廢昌邑王劉賀，專擅朝政前後長達二十年。在其當政期間，大力提拔任用自己家族的親信。霍光死後，霍氏家族謀廢宣帝，立霍光的兒子霍禹。會事泄露，霍氏家族有的自殺，有的被斬首，與霍氏相連坐誅滅者數千家。

[6]梁鄧：梁氏和鄧氏。梁氏，東漢梁商家族。梁商任大將軍，梁商女梁妠爲順帝皇后，冲帝皇太后，冲帝死後與兄梁冀立質帝，又殺質帝立桓帝。梁妠妹妹梁瑩，桓帝皇后。梁氏姊妹兄梁冀任大將軍。後桓帝與中常侍單超等共謀誅滅梁氏。鄧氏，桓帝鄧皇后，和熹皇后鄧綏從兄子鄧香之女。永興中選入宫，延熹二年（159）立爲皇后。大封鄧氏，封鄧統襲封昆陽侯，位侍中；封鄧統從兄鄧會襲安陽侯，爲虎賁中郎將；又封鄧統弟鄧秉爲淯陽侯。宗族皆列校、郎將。延熹八年，鄧后被廢，送暴室，以憂死。從父河南尹鄧

萬世及鄧會皆下獄死。鄧統等亦繫暴室，免官爵，歸本郡，財物没入縣官。　東都：指東漢。因其定都長安東邊的洛陽，故稱。

［7］樊靡卿：樊宏，字靡卿，南陽湖陽（今河南省唐河縣）人，光武帝劉秀即位，“拜光禄大夫，位特進，次三公。建武五年，封長羅侯。十三年，封弟丹爲射陽侯，兄子尋玄鄉侯，族兄忠更父侯。十五年，定封宏壽張侯。十八年，帝南祠章陵，過湖陽，祠重墓，追爵謚爲壽張敬侯，立廟於湖陽。車駕每南巡，常幸其墓，賞賜大會。宏爲人謙柔畏慎，不求苟進。常戒其子曰：‘富貴盈溢，未有能終者。吾非不喜榮埶也，天道惡滿而好謙，前世貴戚皆明戒也。保身全己，豈不樂哉！’每當朝會，輒迎期先到，俯伏待事，時至乃起”。語見《後漢書》卷三《樊宏傳》。

［8］竇廣國：西漢信都觀津（今河北省武邑縣東南）人，字少君，文帝竇皇后弟。幼時家貧，被人略賣。後至長安，與竇皇后相認。竇皇后厚賜田宅金錢。大臣周勃等以吕氏之亂爲戒，爲之選有節行的長者爲師傅加以教化，因此，稱爲退讓君子，不敢以富貴驕人。

［9］陰興：東漢初南陽新野（今河南省新野縣）人，字君陵。光烈陰皇后之弟。好結交賓客，凡有用之才雖不相好，猶稱其長而薦達之；華而少實者但私之以財，終不爲言。歷任黄門侍郎、期門僕射、侍中、衛尉等職。常以外戚家苦不知謙退爲誡，屢辭高爵顯位。

［10］史丹：西漢魯國（今山東省曲阜市）人，後徙杜陵（今陝西省西安市東南），字君仲。武帝衛太子妃之孫。宣帝時任太子中庶子，元帝時任駙馬都尉、侍中。成帝時歷任長樂衛尉、右將軍、給事中、左將軍、光禄大夫等職。元帝弟中山哀王去世，太子吊喪不哀。元帝大怒，説：“安有人不慈仁而可奉宗廟爲民父母者乎！”史丹主動承擔責任説：“臣誠見陛下哀痛中山王，至以感損。向者太子當進見，臣竊戒屬毋涕泣，感傷陛下。罪乃在臣，當死。”元帝以爲然，意乃解。語見《漢書》卷八二《史丹傳》。

逮于晋難，始自宫掖。楊駿藉武帝之寵私，[1]叨竊非據，[2]賈謐乘惠皇之蒙昧，[3]成此厲階，遂使悼后遇雲林之灾，[4]愍懷濫湖城之酷。[5]天人道盡，喪亂弘多，宗廟以之顛覆，黎庶於焉殄瘁。《詩》云："赫赫宗周，褒姒滅之。"[6]其此之謂也。爰及江左，[7]未改覆車。庾亮世族羽儀，[8]王恭高門領袖，[9]既而職兼出納，任切股肱。孝伯竟以亡身，元規幾於敗國，豈不哀哉！若褚季野之畏避朝權，王叔仁之固求出鎮，用能全身遠害，有可稱焉。賈充、楊駿、庾亮、王獻之、王恭等已入列傳，[10]其餘即叙其成敗，以爲《外戚篇》云。

[1]楊駿：字文長，本書卷四〇有傳。

[2]叨竊非據：不當而得到的非分位置。

[3]賈謐：字長深，本書卷四〇有傳。　乘惠皇之蒙昧：乘，宋本作"承"。

[4]悼后：武悼楊皇后楊芷，字季蘭，本書卷三一有傳。悼，原本作"悍"，宋本、殿本作"悼"，據宋本、殿本及其本傳改。　雲林之灾：雲林，漢宫館名。《漢書》卷九七《外戚傳上・孝宣霍皇后》："霍后立五年，廢處昭臺宫，後十二歲，徙雲林館，乃自殺。"

[5]愍懷：愍懷太子司馬遹，字熙祖，本書卷五三有傳。　湖城之酷：西漢武帝衛太子死後，漢武帝憐太子無辜，乃作思子宫，爲歸來望思之臺於湖。顔師古注："其臺在今湖城縣之西，閿鄉之東，基趾猶存。"

[6]"赫赫宗周"句：語出《詩・小雅・正月》。

[7]江左：江東。因自北方視之，江東在左，江西在右，故稱。

[8]庾亮：字元規，本書卷七三有傳。

[9]王恭：字孝伯，本書卷八四有傳。

[10]賈充：字公閭，本書卷四〇有傳。　王獻之：字子敬，本書卷八〇有傳。

羊琇

羊琇，字稚舒，景獻皇后之從父弟也。[1]父耽，官至太常。[2]兄瑾，尚書右僕射。[3]琇少舉郡計，[4]參鎮西鍾會軍事，[5]從平蜀。及會謀反，琇正言苦諫，還，賜爵關内侯。

[1]景獻皇后：司馬師夫人，本書卷三一有傳。

[2]太常：官名，漢代稱奉常，本掌禮樂宗廟、社稷祭祀，魏晋時此職掌歸尚書裁定，太常成爲閑職。三品。

[3]尚書右僕射：官名，尚書令副手，掌拆閱封緘奏章文書、參議政事、諫諍駁議、監察百官。位在左僕射之下。三品。

[4]郡計：郡計吏，即上計吏，地方政府派赴中央呈遞計簿的官員。

[5]鎮西：官名，即鎮西將軍。與鎮東、鎮南、鎮北將軍合稱四鎮將軍。多爲持節都督，出鎮方面。曹魏二品。晋改三品，加持節都督者二品。　鍾會：三國時潁川長社（今河南省長葛市東）人，字士季。鍾繇之子。歷任秘書郎、尚書郎、中書侍郎、黄門侍郎、司隸校尉。破蜀後因與姜維謀叛，失敗被殺。

琇涉學有智算，少與武帝通門，[1]甚相親狎，每接筵同席，嘗謂帝曰："若富貴見用，任領護各十年。"[2]帝戲而許之。初，帝未立爲太子，而聲論不及弟攸，[3]文帝素意重攸，恒有代宗之議。[4]琇密爲武帝畫策，甚有匡救。又觀察文帝爲政損益，揆度應所顧問之事，皆令武帝默而識之。其後文帝與武帝論當世之務及人間可否，武帝答無不允，由是儲位遂定。及帝爲撫軍，命琇參軍事。帝即王位後，擢琇爲左衛將軍，[5]封甘露亭侯。帝踐阼，累遷中護軍，[6]加散騎常侍。[7]琇在職十三年，典禁兵，豫機密，寵遇甚厚。

[1]通門：同師受學。

[2]領護：領軍將軍和護軍將軍。領軍將軍，官名，三國曹丕置，職掌同於中領軍，但任職者資位重於中領軍，簡稱領軍。爲禁衛軍最高統帥，常由皇帝親信或宗室擔任。兩晋沿置。三品。護軍將軍，官名，東漢建安十二年（207）曹操改丞相府護軍爲中護軍，資重者可遷護軍將軍，典武官選舉，與中領軍同掌禁軍。曹魏時四品，西晋時三品。　各十年：十，原本作“千”，宋本、殿本作“十”，據宋本、殿本改。

[3]攸：司馬攸，字大猷，本書卷三八有傳。

[4]代宗之議：即司馬昭欲傳位給司馬攸的打算。事見本書卷三《武帝紀》。

[5]左衛將軍：官名，三國魏咸熙二年（265），司馬炎即晋王位，分中衛將軍爲左、右衛將軍。掌佽飛虎賁及前驅、由基、强弩三部司馬，屬下還有虎賁、羽林、上騎、異力、命中共五部督，負責宫禁侍衛。西晋屬中軍將軍，後屬領軍將軍。爲禁衛軍主要統帥之一，權任很重。四品。

[6]中護軍：官名，掌武官選舉，與中領軍同掌禁軍。曹魏四品，晋三品。

[7]散騎常侍：官名，三國魏文帝黄初年間置，侍從皇帝左右，諫諍得失，顧問應對，與侍中等共平尚書奏事。也用作宰相、諸公等加官，入宫議政。三品。

初，杜預拜鎮南將軍，[1]朝士畢賀，皆連榻而坐。琇與裴楷後至，[2]曰："杜元凱乃復以連榻而坐客邪？"遂不坐而去。

[1]杜預：字元凱，本書卷三四有傳。　鎮南將軍：官名，與鎮東、鎮西、鎮北將軍合稱四鎮將軍。多爲持節都督，出鎮方面。曹魏二品。晋改三品，加持節都督者二品。

[2]裴楷：字叔則，本書卷三五有傳。

琇性豪侈，費用無復齊限，而屑炭和作獸形以温酒，洛下豪貴咸競效之。又喜游讌，以夜續晝，中外五親無男女之别，時人譏之。然黨慕勝己，其所推奉，便盡心無二。[1]窮窘之徒，特能振恤。選用多以得意者居先，不盡銓次之理。[2]將士有冒官位者，爲其致節，不惜軀命。然放恣犯法，每爲有司所貸。其後司隸校尉劉毅劾之，[3]應至重刑，武帝以舊恩，直免官而已。尋以侯白衣領護軍。頃之，復職。

[1]盡心無二：二，宋本作"貳"。

[2]銓次：選官的次序。

[3]司隸校尉：官名，三國魏時先治弘農，後治河南，轄司州所屬河南、河東、河内、弘農、平陽五郡。掌監察京師，糾察京都百官。西晋沿置。三品。　劉毅：字仲雄，本書卷四五有傳。

及齊王攸出鎮也，琇以切諫忤旨，左遷太僕。[1]既失寵憤怨，遂發病，以疾篤求退。拜特進，[2]加散騎常侍，還第，卒。帝手詔曰："琇與朕有先后之親，少小之恩，歷位外内，忠允茂著。不幸早薨，朕甚悼之。其追贈輔國大將軍、開府儀同三司，[3]賜東園秘器、朝服一襲、錢三十萬、布百匹。"[4]謚曰威。

[1]左遷：降職。　太僕：官名，掌皇帝車馬、田獵、兵器及全國牧業。三品。

[2]特進：官名，三國兩晋時表示有特殊地位，或用作安置閑退大臣。二品。

[3]輔國大將軍：官名，高級統率。禄與特進同，二品。若開府則位與公同，進爲一品。　開府儀同三司：官名，三國魏始置。爲大臣加號，意謂與太尉、司徒、司空三司待遇相同，許開設府署，任命僚屬。

[4]東園秘器：東園所造棺材。《漢書》卷九三《佞幸·董賢傳》："及至東園秘器，珠襦玉柙，豫以賜賢，無不備具。"顔師古注引《漢舊儀》："東園秘器作棺梓，素木長二丈，崇廣四尺。"東園，官署名。秦漢置。掌管陵墓内器物、葬具的製造與供應，屬少府。

王恂

王恂，字良夫，文明皇后之弟也。[1]父肅，[2]魏蘭陵侯。恂文義通博，在朝忠正，累遷河南尹，[3]建立二學，[4]崇明《五經》。鬲令袁毅嘗餽以駿馬，[5]恂不受。及毅敗，受貨者皆被廢黜焉。

[1]文明皇后：司馬昭夫人王元姬，本書卷三一有傳。

[2]肅：王肅，三國魏東海郯（今山東省郯城縣北）人，字子雍。著名經學家，司馬昭岳父。歷任散騎黄門侍郎、散騎常侍、領

秘書監、崇文觀祭酒、廣平太守等職。

[3]河南尹：官名，京都洛陽所在河南郡長官，主管京都事務。三品。

[4]二學：國子學和太學。國子學，中央立最高儒學學府，隸屬太常，設國子祭酒、博士、助教。收納貴族子弟。太學，古代設於京城的最高學府，主要從事儒學教育。

[5]鬲：縣名，治所在今山東省平原縣北。

魏氏給公卿已下租牛客户數各有差，自後小人憚役，多樂爲之，貴勢之門動有百數。又太原諸部亦以匈奴胡人爲田客，多者數千。武帝踐位，詔禁募客，恂明峻其防，所部莫敢犯者。咸寧四年卒，贈車騎將軍。[1]恂弟虔、愷。

[1]車騎將軍：官名，魏晋南北朝時位次於驃騎將軍，在諸名號將軍之上，多作爲軍府名號，以加授大臣及重要州郡長官。二品，開府位從公者一品。

虔，字恭祖。以功幹見稱，累遷衛尉，[1]封安壽亭侯，拜平東將軍、假節、監青州諸軍事。[2]徵爲光禄勛，[3]轉尚書，[4]卒。子士文嗣，歷右衛將軍、南中郎將，[5]鎮許昌，[6]爲劉聰所害。[7]

[1]衛尉：官名，掌宫廷禁衛，兼管武庫、冶鑄，領江北冶令三十九員、南北東西諸督冶掾。三品。

[2]平東將軍：官名，與平北、平南、平西將軍合稱四平將軍，權任很重，多持節都督或監某一地區的軍事，有時亦作爲刺史等地

方官員兼理軍務的加官。三品，加持節都督者二品。　假節：假以節杖。指大臣臨時持節出巡，爲權臣掌軍、秉政的地位象徵和政治待遇。　監青州諸軍事：青州地區軍事行政長官，位低於都督。

[3]光禄勛：官名，侍從皇帝左右，掌宫廷宿衛。西晋時兼掌原屬少府的一部分宫廷供御事務。三品。

[4]尚書：官名，東漢尚書臺六曹各置尚書，秩六百石。魏晋出爲朝官，分掌尚書省諸曹，品秩提高。三品。

[5]右衛將軍：官名，三國魏咸熙二年（265），司馬炎即晋王位，分中衛將軍爲左、右衛將軍。掌佽飛虎賁及前驅、由基、强弩三部司馬，屬下還有虎賁、羽林、上騎、異力、命中共五部督，負責宫禁侍衛。西晋屬中軍將軍，後屬領軍將軍。爲禁衛軍主要統帥之一，權任很重。四品。　南中郎將：官名，與東、西、北中郎將並稱四中郎將，統兵征戰，權職甚重。四品。

[6]許昌：縣名，治所在許昌城（今河南省許昌市東）。

[7]劉聰：字玄明，一名載，本書卷一〇二有載記。

愷，字君夫。少有才力，歷位清顯，雖無細行，有在公之稱。以討楊駿勛，封山都縣公，邑千八百户。遷龍驤將軍，[1]領驍騎將軍，[2]加散騎常侍，尋坐事免官。起爲射聲校尉，[3]久之，轉後將軍。[4]愷既世族國戚，性復豪侈，用赤石脂泥壁。石崇與愷將爲鴆毒之事，[5]司隸校尉傅祗劾之，[6]有司皆論正重罪，詔特原之。由是衆人僉畏愷，故敢肆其意，所欲之事無所顧憚焉。[7]及卒，謚曰醜。

[1]龍驤將軍：官名，高級軍事將領。三品。

[2]領：以地位較高的官員兼理較低的職務。　驍騎將軍：官

名，三國魏爲内軍將領，統營兵。兩晋與領軍、護軍、左右衛、游擊諸將軍合稱六軍，擔當宿衛之任，是護衛宫廷的主要將領。四品。

[3]射聲校尉：官名，統宿衛兵，魏晋時隸屬中領軍。四品。

[4]後將軍：官名，漢代爲重號將軍，與前、左、右將軍並爲上卿。魏晋時常設，權位漸低，僅爲武官名號，略高於一般雜號將軍。三品。

[5]石崇：字季倫，本書卷三三有傳。

[6]傅祗：字子莊，本書卷四七有傳。傅，原本作“博”，宋本、殿本作“傅”，據其本傳及宋本、殿本改。

[7]所欲之事：事，宋本作“士”。

楊文宗

楊文宗，武元皇后父也。[1]其先事漢，四世爲三公。文宗爲魏通事郎，[2]襲封蓩亭侯。早卒，以后父，追贈車騎將軍，謚曰穆。

[1]武元皇后：晋武帝皇后楊艷，字瓊芝，本書卷三一有傳。武元，殿本乙作“元武”。

[2]通事郎：官名，中書省屬官，掌呈奏。黄門郎簽署檔後由通事郎書名，呈皇帝省讀、批准。亦省稱中書郎，西晋改爲中書侍郎，東晋初曾改回此稱，不久仍改爲中書侍郎。五品。

羊玄之

羊玄之，惠皇后父，[1]尚書右僕射瑾之子也。玄之初爲尚書郎，[2]以后父，拜光禄大夫、特進、散騎常侍，[3]更封興晋侯。遷尚書右僕射，加侍中，[4]進爵爲公。成都王穎之攻長沙王乂也，[5]以討玄之爲名，遂憂懼而卒。追贈車騎將軍、開府儀同三司。

[1]惠皇后：晉惠帝皇后羊獻容，本書卷三一有傳。

[2]尚書郎：官名。東漢之制，取孝廉中之有才能者入尚書臺，在皇帝左右處理政務，初入臺稱守尚書郎中，滿一年稱尚書郎，滿三年稱侍郎。魏晉以後尚書各曹有侍郎、郎中等官，綜理職務，通稱爲尚書郎。六品。

[3]光禄大夫：官名，三公等大臣告老回家即拜此職，或作爲在朝顯職的加官。三品，開府位從公者一品。宋本無“夫”字。

[4]侍中：官名，東漢建安中與給事黄門侍郎出入禁中，省尚書事。曹魏時爲門下之侍中省長官。常侍衛皇帝左右，掌顧問應對、諫諍糾察、平議奏事、駁奏異議等，權力甚重。三品。

[5]成都王穎：司馬穎，字章度，本書卷五九有傳。　長沙王乂：司馬乂，字士度，本書卷五九有傳。

虞豫

虞豫，元敬皇后父也。[1]少有美稱，州郡禮辟，並不就。拜南陽王文學。[2]早卒。明帝即位，追贈散騎常侍、驃騎大將軍、開府儀同三司、平山縣侯。[3]子胤嗣。

[1]元敬皇后：晉元帝皇后虞孟母，本書卷三二有傳。

[2]南陽王：司馬模，字元表，本書卷三七有傳。　文學：官名，魏晉太子、諸王及世子均置，掌各級教育文事。

[3]驃騎大將軍：官名，魏晉制度，驃騎將軍爲重號將軍，僅次於大將軍，高於諸名號將軍，本不需加“大”字。然兩晉時將軍名號越授越濫，遂又增置此號，居諸名號將軍之首。多加於權臣元老，以示尊崇。開府置僚屬，不領兵。二品，開府位從公者一品。

胤，敬后弟也。初拜散騎常侍，遷步兵校尉。[1]太寧末，追贈豫官，以胤襲侯爵，轉右衛將軍。與南頓王宗俱爲明帝所昵，[2]並典禁兵。及帝不豫，[3]宗以陰謀發覺，事連胤，帝隱忍不問，徙胤爲宗正卿，[4]加散騎常侍。咸和二年，宗伏誅，左遷胤爲桂陽太守，[5]秩中二千石。頻徙琅邪、廬陵太守。[6]咸康元年卒，追贈衛將軍，[7]加散騎常侍。子洪襲爵。

[1]步兵校尉：官名，西漢時隸屬北軍中候，東漢時爲北軍五校尉之一，魏晋時隸屬中領軍，領宿衛營兵。四品。

[2]南頓王宗：司馬宗，字延祚，本書卷五九有傳。

[3]不豫：帝王有病的諱稱。

[4]宗正卿：官名，對宗正的尊稱，又稱大宗正。掌皇族事物。曹魏時多以皇族擔任，兩晋有時兼以外姓。三品。

[5]桂陽：郡名，治所在郴縣（今湖南省郴州市）。陽，宋本作“楊”。

[6]琅邪：封國名，治所在今山東省臨沂市。　廬陵：郡名，治所在石陽縣（今江西省吉水縣東北）。

[7]衛將軍：官名，魏晋時位在名號將軍之上，多爲軍府名號，加給大臣、重要州郡長官。二品，開府位從公者一品。

庾琛

庾琛，字子美，明穆皇后父也。[1]兄袞，在《孝友傳》。琛永嘉初爲建威將軍，[2]過江，爲會稽太守，[3]徵爲丞相軍諮祭酒。[4]卒官，以后父追贈左將軍，[5]妻毌丘氏追封鄉君，子亮陳先志不受。咸和中，成帝又下詔追贈琛驃騎將軍、儀同三司，[6]亮又辭焉。亮在列傳。

[1]明穆皇后：東晋明帝皇后庾文君，本書卷三二有傳。

[2]建威將軍：官名，領兵征戰，曹魏、孫吴、西晋皆置。四品。

[3]會稽：郡名，治所在山陰縣（今浙江省紹興市）。

[4]丞相軍諮祭酒：官名，丞相府屬官。参謀軍事，位在軍府諸僚佐之上。

[5]左將軍：官名，漢代爲重號將軍，與前、後、右將軍並爲上卿。魏晋時爲常設官職，權位較兩漢漸低，僅爲武官名號，略高於一般雜號將軍，不典禁兵。三品。

[6]驃騎將軍：官名，西漢時爲重號將軍，東漢以後，居諸名號將軍之首，僅作爲軍府名號加授大臣或重要州郡長官。二品，開府位從公者一品。

杜乂

杜乂，字弘理，[1]成恭皇后父，[2]鎮南將軍預孫，尚書左丞錫之子也。[3]性純和，美姿容，有盛名於江左。王羲之見而目之曰："膚若凝脂，眼如點漆，此神仙人也。"桓彝亦曰：[4]"衛玠神清，[5]杜乂形清。"襲封當陽侯，辟公府掾，爲丹陽丞。[6]早卒，無男，生后而乂終，妻裴氏嫠居養后，以禮自防，甚有德音。咸康初，追贈金紫光禄大夫，[7]謚曰穆。封裴氏爲高安鄉君，邑五百户。至孝武帝時，崇進爲廣德縣君。裴氏壽考，[8]百姓號曰杜姥。初，司徒蔡謨甚器重乂，[9]嘗言於朝曰："恨諸君不見杜乂也。"其爲名流所重如此。

[1]杜乂，字弘理：中華本校勘記："《世説》賞譽、品藻、容止諸篇及注'弘理'皆作'弘治'，《魏志·杜畿傳》注引《晋諸

公贊》同。蓋本字‘弘治’，唐人避諱改‘治’爲‘理’。”

［2］成恭皇后：東晋成帝皇后杜陵，本書卷三二有傳。

［3］尚書左丞：官名，尚書省佐官，位次尚書，居尚書右丞上。與右丞共掌尚書都省庶務，率諸都令史監督稽核諸尚書曹、郎曹政務。左丞又掌督録近道文書章奏，監察糾彈尚書令、僕射、尚書等文武百官，號稱“監司”，權勢甚重。六品。

［4］桓彝：字茂倫，本書卷七四有傳。

［5］衛玠：字叔寶，本書卷三六有傳。

［6］丹陽丞：官名，即丹楊丞，一作丹楊尹丞，丹楊尹屬官。七品。

［7］金紫光禄大夫：官名，對光禄大夫加金章紫綬。禄賜、班位、車服、佩玉等皆與特進同。二品。

［8］壽考：年高，長壽。《詩·大雅·棫樸》：“周王壽考，遐不作人。”鄭玄箋：“文王是時九十餘矣，故云壽考。”

［9］司徒：官名，西漢哀帝元壽二年（前1）改丞相爲大司徒，東漢光武帝時改名爲司徒，東漢末又改爲丞相。三國魏恢復三公制，改丞相爲司徒，管理民政。兩晋沿制，爲八公之一，在太尉之下、司空之上。與丞相通職，一般不並置，爲名譽宰相。一品。蔡謨：字道明，本書卷七七有傳。

褚裒

褚裒，字季野，康獻皇后父也。[1]祖䂮，有局量，以幹用稱。嘗爲縣吏，事有不合，令欲鞭之，䂮曰：“物各有所施，榱椽之材不合以爲藩落也，[2]願明府垂察。”乃捨之。家貧，辭吏。年垂五十，鎮南將軍羊祜與䂮有舊，[3]言於武帝，始被升用，官至安東將軍。[4]父洽，武昌太守。[5]

[1]康獻皇后：褚蒜子，本書卷三二有傳。

[2]榱椽：架屋承瓦的木頭。方的叫榱，圓的叫椽。亦喻擔負重任的人物。　藩落：籬笆。

[3]羊祜：字叔子，本書卷三四有傳。

[4]安東將軍：官名，東漢建安年間置，與安西、安南、安北將軍合稱四安將軍，爲出鎮某一地區的軍事長官，或作爲刺史等兼理軍務的加官，權任頗重。三品，加持節都督者二品。

[5]武昌：郡名，治所在武昌縣（今湖北省鄂州市鄂城區）。

裒少有簡貴之風，與京兆杜乂俱有盛名，[1]冠于中興。[2]譙國桓彝見而目之曰：[3]"季野有皮裏春秋。"[4]言其外無臧否，[5]而内有所褒貶也。謝安亦雅重之，[6]恒云："裒雖不言，而四時之氣亦備矣。"

[1]京兆：郡名，治所在長安縣（今陝西省西安市西北）。

[2]中興：指東晋。

[3]譙國：郡國名，曹魏置，治所在譙縣（今安徽省亳州市）。

[4]春秋：宋本作"陽秋"。

[5]臧否：品評，褒貶。

[6]謝安：字安石，本書卷七九有傳。

初辟西陽王掾、吴王文學。[1]蘇峻之構逆也，[2]車騎將軍郗鑒以裒爲參軍。[3]峻平，以功封都鄉亭侯，稍遷司徒從事中郎，[4]除給事黄門侍郎。[5]康帝爲琅琊王時，[6]將納妃，妙選素望，詔娉裒女爲妃，於是出爲豫章太守。[7]及康帝即位，徵拜侍中，遷尚書。以后父，苦求外出，除建威將軍、江州刺史，[8]鎮半洲。[9]在官清約，雖居方伯，恒使私童樵采。頃之，徵爲衛將軍，領中書令。[10]裒以中書銓管詔命，不宜以姻戚居之，固讓，詔以爲左將軍、兖州刺史、都督兖州徐州之琅琊諸軍事、假節，[11]鎮金城，[12]又領琅邪内史。[13]

[1]西陽王：司馬羕，字延年，本書卷五九有傳。　吴王：康帝司馬岳，本書卷七有紀。

[2]蘇峻：字子高，本書卷一〇〇有傳。

[3]郗鑒：字道徽，本書卷六七有傳。郗，原本、殿本作"郄"，宋本作"郗"，據其本傳及宋本改。本卷下文此人名同。　參軍：官名，亦作參軍事，謂參謀軍事。兩晋公府、軍府皆置。

[4]從事中郎：官名，東漢時爲大將軍屬官，地位較高。魏晋時爲將軍府或公府屬官。六品。此爲司徒府從事中郎。

[5]給事黄門侍郎：官名，魏晋時爲侍中省或門下省次官。與侍中俱掌門下衆事，職掌略同，地位隨皇帝旨意或侍中地位而定。五品。宋本無"事"字。

[6]琅琊王時：琊，宋本、殿本作"邪"。本卷下文"琅琊諸軍事"同。

[7]豫章：郡名，治所在南昌縣（今江西省南昌市）。

[8]江州：治所在南昌縣（今江西省南昌市）。

[9]半洲：原本作"平洲"，宋本、殿本作"半洲"，據宋本、殿本、中華本校勘記改。

[10]中書令：官名，掌收納尚書奏事、傳達皇帝詔旨。三國魏文帝初年分秘書置中書省，設中書監和中書令，職權甚重。三品。

[11]兖州：三國魏治所在廩丘縣（今山東省鄆城縣西北），晋惠帝末，兖州闔境淪没於石勒。東晋元帝僑置兖州，治京口（今江蘇省鎮江市）。　都督兖州徐州之琅琊諸軍事：兖州及徐州轄下琅琊郡最高軍事行政長官。

[12]金城：地名，在今江蘇省南京市栖霞區。

[13]内史：官名，西晋武帝太康十年（289）改諸王國相爲内史，掌管民政。五品。周家禄《晋書校勘記》認爲："晋制，以郡爲國，内史治民事，若郡太守。國除爲郡，復稱太守。然二名往往混淆，史家亦互稱之。"

初，裒總角詣庾亮，[1]亮使郭璞筮之。[2]卦成，璞駭然，亮曰："有不祥乎？"璞曰："此非人臣卦，不知此年少何以乃表斯祥？二十年外，吾言方驗。"及此二十九年而康獻皇太后臨朝，有司以裒皇太后父，議加不臣之禮，拜侍中、衛將軍、録尚書事，[3]持節、都督、刺史如故。裒以近戚，懼獲譏嫌，上疏固請居藩，曰："臣以虚鄙，才不周用，過蒙國恩，累忝非據。無勞受寵，負愧實深，豈可復加殊特之命，顯號重疊！臣有何勛可以克堪？何顔可以冒進？委身聖世，豈復遺力！實懼顛墜，所誤者大。今王略未振，萬機至殷，[4]陛下宜委誠宰輔，一遵先帝任賢之道，虚己受成，坦平心於天下，無宜内示私親之舉，[5]朝野失望，所損豈少！"於是改授都督徐兖青揚州之晋陵吴國諸軍事、衛將軍、徐兖二州刺史、假節，[6]鎮京口。[7]

[1]總角：童年。

[2]郭璞：字景純，本書卷七二有傳。

[3]録尚書事：官名，初爲職銜名，重臣加此名義始得總知國事，綜理政務，成爲真宰相。魏晋多以公卿權重者居之，總領尚書省政務，凡重號將軍、刺史皆得命曹授用，位在三公之上。

[4]萬機：機，殿本作"幾"。

［5］無宜内示私親之舉：無宜，原本作“無疑”，宋本、殿本作“無宜”，據宋本、殿本、中華本校勘記改。

［6］都督徐兖青揚州之晋陵吴國諸軍事：徐、兖、青三州及揚州轄下晋陵、吴國兩郡國最高軍事行政長官。揚，宋本作“楊”。本卷下文此地名同。　徐：徐州，治所在彭城縣（今江蘇省徐州市）。

［7］京口：地名，即今江蘇省鎮江市。

永和初，復徵裒，將以爲揚州、録尚書事。[1]吏部尚書劉遐説裒曰：[2]“會稽王令德，[3]國之周公也，足下宜以大政付之。”裒長史王胡之亦勸焉，[4]於是固辭歸藩，朝野咸嘆服之。[5]進號征北大將軍、開府儀同三司，固辭開府。裒又以政道在於得才，宜委賢任能，升敬舊齒，乃薦前光禄大夫顧和、侍中殷浩。[6]疏奏，即以和爲尚書令，[7]浩爲揚州刺史。

［1］揚州：三國魏、吴各置揚州，魏治所在壽春縣（今安徽省壽縣），吴治所在建業縣（今江蘇省南京市）。西晋統一後復合，治所在建鄴縣（今江蘇省南京市）。

［2］吏部尚書：官名，三國魏時爲尚書省吏部曹長官，位居列曹尚書之上。三品。　劉遐：字正長，本書卷八一有傳。

［3］會稽王：即簡文帝司馬昱，本書卷九有紀。

［4］長史：官名，掌顧問參謀，爲所在官署掾屬之長。魏晋南北朝時王府、公府、軍府、邊郡均置。八至六品。

［5］朝野咸嘆服之：嘆，原本作“歡”，即嘆異體字“歎”之形訛。宋本、殿本作“歎”，據宋本、殿本改。

［6］顧和：字君孝，本書卷八三有傳。　殷浩：字深源，本書卷七七有傳。

[7]尚書令：官名，秦漢時爲尚書署長官。秩位雖低，權力甚重。魏晋時沿置，爲尚書省長官，綜理全國政務，參議大政，爲高級政務長官。三品。

及石季龍死，[1]裒上表請伐之，即日戒嚴，直指泗口。[2]朝議以裒事任貴重，不宜深入，可先遣偏師。裒重陳前所遣前鋒督護王頤之等徑造彭城，[3]示以威信，後遣督護麋嶷進軍下邳，[4]賊即奔潰，嶷率所領據其城池，今宜速發，以成聲勢，於是除征討大都督青揚徐兗豫五州諸軍事。[5]裒率衆三萬徑進彭城，河朔士庶歸降者日以千計，裒撫納之，甚得其歡心。先遣督護徐龕伐沛，[6]獲僞相支重，郡中二千餘人歸降。魯郡山有五百餘家，[7]亦建義請援，裒遣龕領鋭卒三千迎之。龕違裒節度，軍次代陂，[8]爲石遵將李菟所敗，[9]死傷太半，[10]龕執節不撓，爲賊所害。裒以《春秋》責帥，授任失所，威略虧損，上疏自貶，以征北將軍行事，[11]求留鎮廣陵。[12]詔以偏帥之責，不應引咎，逋寇未殄，方鎮任重，不宜貶降，使還鎮京口，解征討都督。

[1]石季龍：即石虎，字季龍，本書卷一〇六有載記。

[2]泗口：古泗水入淮河之口，位於今江蘇省淮安市淮陰區西南。

[3]前鋒督護：統率前鋒的主將，地位高於諸州所置的一般都護。　彭城：縣名，治所在今江蘇省徐州市。

[4]督護：官名，州郡及出鎮方面將軍府皆設，掌兵事。兩晋時常統軍征伐，衹督一軍。　麋嶷：嶷，宋本作“凝”。本段下文“嶷”，宋本又作“擬”。　下邳：縣名，治所在今江蘇省睢寧縣古

邳鎮東。

[5]征討大都督青揚徐兗豫五州諸軍事：官名，征討大都督兼都督青揚徐兗豫五州最高軍事行政長官。征討大都督，掌統率外出征伐之軍，名位在征討都督之上。

[6]徐龕：中華本校勘記："《考異》：太山太守徐龕先已爲石勒所殺，當從《穆紀》作'王龕'。按：《通鑑》九八亦作'王龕'。《校文》：此'徐'字疑本'王'之訛。"

[7]魯郡：治所在魯縣（今山東省曲阜市東古城）。

[8]代陂：代，宋本作"伐"。本卷下文"代陂之役也"同。

[9]石遵將李菟：中華本校勘記："周校：《穆紀》及《載記》作'李農'。按：《通鑑》九八亦作'李農'。"

[10]太半：太，殿本作"大"。

[11]以征北將軍行事：以征北將軍身份行使權力。征北將軍，官名，與征東、征西、征南將軍合稱四征將軍。三國魏蜀吴兩晋皆置，出鎮方面，地位顯要。三品，加持節都督者二品。

[12]廣陵：郡名，治所在廣陵縣（今江蘇省揚州市西北蜀岡上）。

時石季龍新死，其國大亂，遺户二十萬口渡河，將歸順，乞師救援。會裒已旋，威勢不接，莫能自拔，皆爲慕容儁及苻健之衆所掠，[1]死亡咸盡。裒以遠圖不就，憂慨發病。[2]及至京口，聞哭聲甚衆，裒問："何哭之多？"左右曰："代陂之役也。"裒益慚恨。永和五年卒，年四十七，遠近嗟悼，吏士哀慕之。贈侍中、太傅，[3]本官如故，謚曰元穆。子歆，字幼安，以學行知名，歷散騎常侍、秘書監。[4]

[1]慕容雋：字元真，本書卷一〇九有載記。　苻健：字建業，本書卷一一二有載記。苻，原本、宋本作“符”，殿本作“苻”，據其載記及殿本改。

[2]發病：宋本無“病”字。

[3]太傅：官名，晋爲八公之一。位上公，太宰之下、太保之上。一品。

[4]秘書監：官名，秘書省長官，掌管藝文圖籍、課試署吏，統著作局，掌國史修撰並管理中外三閣圖書。三品。

何準

何準，字幼道，穆章皇后父也。[1]高尚寡欲，弱冠知名，[2]州府交辟，並不就。兄充爲驃騎將軍，勸其令仕，準曰：“第五之名何減驃騎？”[3]準兄弟中第五，[4]故有此言。充居宰輔之重，權傾一時，而準散帶衡門，不及人事，唯誦佛經、修營塔廟而已。徵拜散騎郎，[5]不起。年四十七卒。升平元年，追贈金紫光禄大夫，封晋興縣侯。子惔以父素行高潔，[6]表讓不受。三子：放、惔、澄。

[1]穆章皇后：東晋穆帝皇后何法倪，本書卷三二有傳。

[2]弱冠：指男子二十歲時。《禮記·曲禮上》：“二十曰弱，冠。”年少爲弱，待至二十，即爲成年，舉行冠禮。

[3]何減驃騎：宋本無“減”字。

[4]兄弟：弟，宋本作“第”。

[5]散騎郎：官名，即散騎侍郎，三國魏置。隸屬散騎省，侍從皇帝左右，顧問應對，諫諍拾遺，與散騎常侍、侍中等共平尚書奏事。五品。

［6］高潔：潔，殿本作“絜”。

放繼充。

惔官至南康太守，[1]早卒。惔子元度，西陽太守。[2]次叔度，太常卿、尚書。

［1］南康：郡名，西晋治所在雩都縣（今江西省于都縣東北），東晋永和五年（349）移治贛縣（今江西省贛州市西南）。

［2］西陽：郡名，治所在西陽縣（今湖北省黄岡市黄州區東）。

澄，字季玄，起家秘書郎，[1]轉丞，[2]清正有器望，累遷秘書監、太常、中護軍。孝武帝深愛之，以爲冠軍將軍、吴國内史。[3]太元末，琅琊王出居外第，[4]妙選師傅，徵拜尚書，領琅琊王師。[5]安帝即位，遷尚書左僕射，[6]典選、王師如故。時澄脚疾，固讓，特聽不朝，坐家視事。又領本州大中正。[7]及桓玄執政，[8]以疾奏免，卒于家。安帝反正，追贈金紫光禄大夫。長子藉，[9]早卒。次子融，元熙中，爲大司農。[10]

［1］秘書郎：官名，秘書令屬官，掌管文書機要，亦掌整理典籍、考核舊文。六品。

［2］丞：官名，此爲秘書丞，秘書監次官。負責典籍圖書的管理和整理，爲清要之官，多由士族高門擔任。六品。

［3］冠軍將軍：官名，曹魏、孫吴、西晋皆置。西晋時領營兵。三品。宋本無“冠軍”二字。　吴國：郡國名，治所在吴縣（今江蘇省蘇州市）。

［4］琅琊王：琊，宋本作“邪”。

[5]琅琊王師：琊，原本、宋本作“邪”，殿本作“琊”，據上文及殿本改。

[6]尚書左僕射：官名，尚書省次官，輔助尚書令執行政務，參議大政，諫諍得失，監察糾彈百官。有時尚書省不置令，祗設左右僕射，此時左僕射居右僕射之上。三品。

[7]大中正：州一級評定士人品第的官員。

[8]桓玄：字敬道，本書卷九九有傳。

[9]長子藉：藉，宋本、殿本作“籍”。

[10]大司農：官名，掌管全國財政和各地的屯田。三品。

王濛

王濛，字仲祖，哀靖皇后父也。[1]曾祖黯，歷位尚書。祖佑，北軍中候。[2]父訥，[3]新淦令。[4]濛少時放縱不羈，不爲鄉曲所齒，晚節始克己勵行，有風流美譽，虚己應物，恕而後行，莫不敬愛焉。事諸母甚謹，奉禄資産常推厚居薄，喜愠不形於色，不修小潔，[5]而以清約見稱。善隸書。美姿容，嘗覽鏡自照，稱其父字曰：“王文開生如此兒邪!”居貧，帽敗，自入市買之，嫗悦其貌，遺以新帽，時人以爲達。與沛國劉惔齊名友善，[6]惔常稱濛性至通，而自然有節，濛每云：“劉君知我，勝我自知。”時人以惔方荀奉倩，[7]濛比袁曜卿，[8]凡稱風流者，舉濛、惔爲宗焉。

[1]哀靖皇后：東晋哀帝皇后王穆之，本書卷三二有傳。

[2]北軍中候：官名，掌監屯騎校尉、越騎校尉、步兵校尉、長水校尉、射聲校尉所領北軍五營。魏晋時增設禁軍兵力，由地位更高的中領軍統轄，北軍五營作用漸輕，北軍中候置省無常，常與

中領軍並置。五品。

[3]父納：納，宋本、殿本作“訥”。

[4]新淦：縣名，治所在今江西省樟樹市。

[5]不修小潔：潔，殿本作“絜”。

[6]沛國：三國魏治所在沛縣（今江蘇省沛縣），西晋時治所在相縣（今安徽省濉溪縣西北）。　劉惔：字真長，本書卷七五有傳。　友善：友，宋本作“及”。

[7]荀奉倩：荀粲，三國魏潁川潁陰（今河南省許昌市）人，字奉倩。玄學家，與傅嘏齊名於世，主張“言不盡意”。

[8]袁曜卿：袁涣，東漢末陳郡扶樂（今河南省太康縣西北）人，字曜卿，漢司徒袁滂子。劉備舉爲茂才。後避地江淮，爲袁術所辟用，後被吕布拘留。吕布敗後歸曹操。任郎中令，行御史大夫事。

司徒王導辟爲掾。[1]導復引匡術弟孝，濛致箋於導曰：“開國承家，小人勿用。杖德義以尹天下，方將澄清彝倫，[2]崇重名器。夫軍國殊用，文武異容，豈可令涇渭混流，虧清穆之風，以允答具瞻，[3]儀形海内！”導不答。後出補長山令，[4]復爲司徒左西屬。[5]濛以此職有譴則應受杖，固辭。詔爲停罰，猶不就。徙中書郎。[6]

[1]王導：字茂弘，本書卷六五有傳。

[2]彝倫：人倫，倫常。

[3]以允答具瞻：中華本校勘記：“《通志》一六五、《册府》七二三‘以’上皆有‘何’字。”具瞻，《詩·小雅·節南山》：“赫赫師尹，民具爾瞻。”毛亨傳：“具，俱；瞻，視。”

[4]長山：縣名，治所在今浙江省金華市。

[5]司徒左西屬：官名，司徒府僚屬，參掌左西曹。七品。

[6]中書郎：官名，隸屬中書令。掌草擬詔書、外出執行重要使命等。亦作爲中書通事郎、中書侍郎的省稱。五品。

簡文帝之爲會稽王也，嘗與孫綽商略諸風流人，[1]綽言曰："劉惔清蔚簡令，王濛温潤恬和，桓温高爽邁出，[2]謝尚清易令達，[3]而濛性和暢，能言理，辭簡而有會。"及簡文帝輔政，益貴幸之，與劉惔號爲入室之賓。轉司徒左長史。[4]晚求爲東陽，[5]不許。及濛病，乃恨不用之。濛聞之曰："人言會稽王癡，竟癡也！"疾漸篤，於燈下轉麈尾視之，嘆曰："如此人曾不得四十也！"年三十九卒。臨殯，劉惔以犀杷麈尾置棺中，[6]因慟絶久之。謝安亦常稱美濛云："王長史語甚不多，可謂有令音。"有二子：修、藴。

[1]嘗與孫綽商略諸風流人：宋本無"綽商略諸風流人"七字。孫綽，字興公，本書卷五六有傳。

[2]桓温：字元子，本書卷九八有傳。

[3]謝尚：字仁祖，本書卷七九有傳。

[4]司徒左長史：官名，司徒長史爲司徒府掾屬之長，佐司徒總管府内諸曹。分左、右，左高於右。六品。

[5]東陽：郡名，治所在長山縣（今浙江省金華市）。

[6]犀杷麈尾：杷，宋本作"把"。

修，字敬仁，小字苟子。[1]明秀有美稱，善隸書，號曰流奕清舉。[2]年十二，作《賢全論》。濛以示劉惔曰："敬仁此論，便足以參微言。"起家著作郎、琅琊王文學，[3]轉中軍司馬，[4]未拜而卒，年二十四。臨終，嘆曰：“無愧古人，年與之齊矣。”

[1]荀子：荀，原本、宋本、殿本作“荀”，據中華本校勘記改。

[2]流奕清舉：奕，宋本作“弈”。

[3]著作郎：官名，三國時爲著作局長官，隸屬中書省。西晋時著作局别自置省，長官仍爲著作郎，改隸屬秘書省。西晋後亦稱大著作郎、大著作、著作，掌國史及起居注的修撰。兩晋南北朝時爲清要之官，多由有名望的文學之士擔任，也用司空、侍中、尚書等官典領。職閑位重，南朝時多爲貴族起家官。六品。　琅琊王：東晋康帝司馬岳，本書卷七有紀。琊，原本、宋本作“邪”，殿本作“琊”，據上文及殿本改。

[4]中軍司馬：官名，中軍將軍府高級幕僚。掌參讚軍務、管理府内武職，位僅次於長史。七品。

王遐

王遐，字桓子，簡順皇后父，[1]驃騎將軍述之從叔也。[2]少以華族，仕至光禄勛。寧康初，追贈特進、光禄大大，加散騎常侍，謚曰靖。

[1]簡順皇后：簡文帝皇后王簡姬，本書卷三二有傳。中華本校勘記：“周校：‘簡’下脱‘文’字。”

[2]述：王述，字懷祖，本書卷七五有傳。

長子恪，領軍將軍。[1]恪子欣之，豫章太守，秩中二千石。欣之弟歡之，廣州刺史。[2]遐少子臻，崇德衛尉。[3]

[1]領軍將軍：宋本作“領將軍”。

[2]廣州：治所在番禺縣（今廣東省廣州市）。

[3]崇德衛尉：官名，崇德宫衛尉。褚太后崇德宫三卿之一，掌太后宫禁，位略同於九卿之衛尉。

王藴

王藴，字叔仁，孝武定皇后父，[1]司徒左長史濛之子也。起家佐著作郎，[2]累遷尚書吏部郎。[3]性平和，不抑寒素，每一官缺，求者十輩，藴無所是非。時簡文帝爲會稽王，輔政，藴輒連狀白之，曰：“某人有地，[4]某人有才。”務存進達，各隨其方，故不得者無怨焉。補吴興太守，[5]甚有德政。屬郡荒人饑，輒開倉贍恤。主簿執諫，[6]請先列表上待報，藴曰：“今百姓嗷然，路有饑饉，若表上須報，[7]何以救將死之命乎！專輒之愆，罪在太守，且行仁義而敗，無所恨也。”於是大振貸之，賴藴全者十七八焉。朝廷以違科免藴官，士庶詣闕訟之，詔特左降晋陵太守。[8]復有惠化，百姓歌之。

[1]孝武定皇后：孝武帝皇后王法慧，本書卷三二有傳。

[2]佐著作郎：官名，三國時隸屬中書省，西晋改隸屬秘書省，協助著作郎修撰國史及起居注，整理秘書省所藏典籍。七品。

[3]尚書吏部郎：官名，尚書省吏部曹長官通稱。亦稱郎中，資深者可轉侍郎。屬吏部尚書，主管官吏選任、銓叙、調動事務，對五品以下官吏之任免有建議權。六品。

[4]某人有地：宋本無此四字。

[5]吴興：郡名，治所在烏程縣（今浙江省湖州市南）。

[6]主簿：官名，開府屬官，典領文書籍簿、省録衆事，職權

甚重。

[7]若表上須報：須，宋本作“頃”。

[8]晉陵：郡名，治所在京口（今江蘇省鎮江市）。

定后立，以后父遷光禄大夫，領五兵尚書、本州大中正，[1]封建昌縣侯。藴以恩澤賜爵，非三代令典，固辭不受。朝廷敦勸，終不肯拜，乃授都督京口諸軍事、左將軍、徐州刺史、假節，[2]復固讓。謝安謂藴曰：“卿居后父之重，不應妄自菲薄，以虧時遇，宜依褚公故事，但令在貴權於事不事耳。可暫臨此任，以紓國姻之重。”於是乃受命，鎮于京口。頃之，徵拜尚書左僕射，將軍如故，遷丹楊尹，[3]即本軍號加散騎常侍。藴以姻戚，不欲在内，苦求外出，復以爲都督浙江東五郡、鎮軍將軍、會稽内史，[4]常侍如故。

[1]五兵尚書：官名，屬尚書省。三國魏始置，掌軍事樞務，主管全國軍事行政，領中兵、外兵、騎兵、别兵、都兵五郎曹。西晉初不置，武帝太康年間復置，分中兵、外兵爲左右，共領七郎曹，仍稱五兵。三品。

[2]都督京口諸軍事：京口地區最高軍事行政長官。

[3]丹楊尹：官名，東晉京城所在郡府長官，掌京城行政諸務並詔獄，亦稱“京尹”。三品。楊，原本、殿本作“陽”，宋本作“楊”，據宋本改。

[4]都督浙江東五郡：即都督浙江東五郡諸軍事，浙江東五郡最高軍事行政長官。　鎮軍將軍：官名，三國時始置，西晉罷又復置。位在鎮軍大將軍下，與中軍將軍、撫軍將軍並爲三名號將軍，位比四鎮將軍。三品。宋本作“鎮將軍”。

蘊素嗜酒，末年尤甚。及在會稽，略少醒日，[1]然猶以和簡爲百姓所悦。時王悦來拜墓，[2]蘊子恭往省之，素相善，遂留十餘日方還。蘊問其故，恭曰："與阿太語，[3]蟬連不得歸。"[4]蘊曰："恐阿太非爾之友。"阿太，悦小字也。後竟乖初好，時以爲知人。太元九年卒，年五十五，追贈左光禄大夫、開府儀同三司。

[1]略少醒日：宋本無"略"字。
[2]王悦：字長豫，本書卷六五有傳。　拜墓：祭掃墳墓。
[3]阿太：太，殿本作"大"。下文兩處"阿太"同。
[4]蟬連：難以分離。

長子華，早卒。次恭，[1]在列傳。

[1]恭：王恭，字孝伯，本書卷八四有傳。

恭弟爽，字季明，强正有志力，歷給事黄門侍郎、侍中。孝武帝崩，王國寶夜欲開門入爲遺詔，[1]爽距之，曰："大行晏駕，[2]皇太子未至，敢入者斬！"乃止。爽嘗與會稽王道子飲，[3]道子醉呼爽爲小子，爽曰："亡祖長史與簡文皇帝爲布衣之交，亡姑、亡姊伉儷二宫，何小子之有！"及國寶執權，免爽官。後兄恭再起事，並以爽爲寧朔將軍，[4]參預軍事。恭敗，被誅。

[1]王國寶：王坦之第三子，本書卷七五有傳。
[2]大行晏駕：皇帝死亡。大，宋本作"太"。

[3]會稽王道子：司馬道子，字道子，本書卷六四有傳。

[4]寧朔將軍：官名，西晋時多駐幽州，爲幽州地區軍政長官，兼管烏丸事務。東晋時僅爲名號。四品。

褚爽

褚爽，字弘茂，小字期生，恭思皇后父也。[1]祖裒，父歆。爽少有令稱，謝安甚重之，嘗曰："若期生不佳，我不復論士矣。"爲義興太守，[2]早卒，以后父，追贈金紫光禄大夫。爽子秀之、炎之、喻之，義熙中，並歷大官。

[1]恭思皇后：恭帝皇后褚靈媛，本書卷三二有傳。

[2]義興：郡名，治所在陽羨縣（今江蘇省宜興市）。

史臣曰：羊琇託肺腑之親，處多聞之益，遭逢潛躍之際，[1]預參經始之謀，故得繾綣恩私，便蕃任遇。憑寵靈而逞欲，恃勢位而驕陵，屢犯憲章，頻干國紀，幸逢寬政，得免刑書。王愷地即渭陽，[2]家承世禄，曾弗聞於恭儉，但崇縱於奢淫，競爽於季倫，争先於武子，既塵清論，有斁王猷，[3]雖復議行易名，未足懲惡勸善。弘理儀形外朗，季野神鑒内融，仲祖温潤風流，幼道清虚寡欲，皆擅名江表，見重當時，豈惟后族之英華，[4]抑亦搢紳之令望者也。[5]

[1]潛躍之際：皇帝未登基之時。

[2]渭陽：《詩・秦風・渭陽》："我送舅氏，曰至渭陽。"朱熹

集傳："舅氏，秦康公之舅，晋公子重耳也。出亡在外，穆公召而納之。時康公爲太子，送之渭陽而作此詩。"後因以"渭陽"爲表示甥舅情誼之典。

[3]有斁王猷：敗壞王道。

[4]豈惟：惟，宋本作"唯"。

[5]搢紳：搢，殿本作"縉"。

贊曰：託屬丹掖，承輝紫宸。地既權寵，任惟執鈞。[1]約乃寡失，驕則陵人。覆車遺戒，諒足書紳。

[1]執鈞：執掌重權。

晋書　卷九四

列傳第六十四

隱逸

孫登　董京　夏統　朱冲　范粲 子喬　魯勝　董養　霍原　郭琦　伍朝　魯褒　氾騰　任旭　郭文　龔壯　孟陋　韓績　譙秀　翟湯 子莊　郭翻　辛謐　劉驎之　索襲　楊軻　公孫鳳　公孫永　張忠　石坦　宋纖　郭荷　郭瑀　祈嘉　瞿硎先生　謝敷　戴逵　龔玄之 弟子元嘉[1]　陶淡　陶潛

若夫穹昊垂景，少微以驪其次；[2]《文》《繫》探幽，貞遁以成其象。[3]故有避於言色，其道聞乎孔公；驕乎富貴，厥義詳於孫子。是以處柔伊存，有生之恒性；在盈斯害，惟神之常道。古先智士體其若兹，介焉超俗，浩然養素，藏聲江海之上，卷迹囂氛之表，漱流而激其清，[4]寢巢而韜其耀，良晝以符其志，[5]絶機以虚其心。玉輝冰潔，川渟岳峙，[6]修至樂之道，固無疆之休，長往邈而不追，安排窅而無悶，[7]修身自保，悔吝弗生，詩人《考槃》之歌，[8]抑在兹矣。至於體天作制之後，訟息刑清之時，尚乃仄席幽貞以康神化，[9]徵聘之禮賁於巖穴，玉帛之贄委於窐衡，[10]故《月令》曰“季春之月聘名士，禮賢者”，斯之謂歟！

[1]石坦：宋本、殿本目録均作“石垣”。本卷下文此人名同。原本總目録、卷首目録均無“弟子元嘉”，據正文及中華本目録補。中華本目録作“元壽”，今據原文作“元嘉”。

[2]少微：星座名。共四星，在太微垣西南。《史記》卷二七《天官書》：“廷藩西有隋星五，曰少微，士大夫。”張守節正義：“少微四星，在太微西，南北列：第一星，處士也；第二星，議士也；第三星，博士也；第四星，士大夫也。”　躔其次：星辰在運行軌道上的位次。

[3]貞遁：《易·遁》：“遁，亨，小利貞。”後以“貞遁”指潔身退隱。

[4]漱流：形容隱居生活。《三國志》卷四〇《蜀書·彭羕傳》：“伏見處士綿竹秦宓，膺山甫之德，履雋生之直，枕石漱流，吟咏緼袍，偃息於仁義之途，恬惔於浩然之域。”

[5]良畫：張良畫計。劉邦晚年曾打算廢太子劉盈另立太子。張良獻計請出著名的隱士“商山四皓”爲劉盈師傅。劉邦認爲太子羽翼已豐，便作罷。

[6]川渟：渟，水聚集不流；水深。原本作“亭”，宋本、殿本作“渟”，據宋本、殿本改。

[7]窅：深遠。　無悶：没有苦惱。

[8]《考槃》：指隱居。《詩·衛風·考槃序》：“考槃，刺莊公也。不能繼先公之業，使賢者退而窮處。”

[9]仄席幽貞：謂虚位以待隱士出山。仄，宋本、殿本作

“側”。

[10]窒衡：窒竇和衡門。指貧士所住的簡陋房屋。窒竇，圭形的門旁小孔；衡門，門上横木。

自典午運開，[1]旁求隱逸，譙元彦之杜絶人事，江思悛之嘯咏林藪，[2]峻其貞白之軌，成其出塵之迹，雖不應其嘉招，亦足激其貪競。今美其高尚之德，綴集于篇。

[1]典午：典爲司，午爲馬。指司馬氏。

[2]江思悛：江惇，本書卷五六有傳。

孫登

孫登，字公和，汲郡共人也。[1]無家屬，於郡北山爲土窟居之，夏則編草爲裳，冬則被髪自覆。好讀《易》，撫一弦琴，見者皆親樂之。性無恚怒，人或投諸水中，欲觀其怒，登既出，便大笑。時時游人間，所經家或設衣食者，一無所辭，去皆捨棄。[2]嘗住宜陽山，[3]有作炭人見之，知非常人，與語，登亦不應。

[1]汲郡：西晋始置，治所在汲縣（今河南省衛輝市西南）。共：縣名，治所在今河南省輝縣市。

[2]一無所辭，去皆捨棄：原本、宋本、殿本“辭”前衍“受”字，據中華本校勘記删。

[3]嘗住：住，宋本作“任”，殿本作“往”。 宜陽：縣名，治所在今江西省宜春市。

文帝聞之，使阮籍往觀，[1]既見，與語，亦不應。嵇康又從之游三年，[2]問其所圖，終不答，康每嘆息。將别，謂曰："先生竟無言乎？"登乃曰："子識火乎？火生而有光，而不用其光，果在於用光。人生而有才，而不用其才，而果在於用才。故用光在乎得薪，所以保其耀；用才在乎識真，所以全其年。今子才多識寡，難乎免於今之世矣！子無求乎？"康不能用，果遭非命，乃作《幽憤詩》曰：[3]"昔慚柳下，[4]今愧孫登。"或謂登以魏晋去就，易生嫌疑，故或嘿者也。[5]竟不知所終。

[1]阮籍：字嗣宗，本書卷四九有傳。

[2]嵇康：字叔夜，本書卷四九有傳。嵇，殿本作"稽"。

[3]乃作：乃，宋本、殿本作"仍"。

[4]柳下：柳下惠，春秋魯大夫展獲，字季，又字禽，曾爲士師官，食邑柳下，謚惠，故稱其爲展禽、柳下季、柳士師、柳下惠等。以柳下惠之名最爲著稱。

[5]嘿（mò）：同"默"。

董京

董京，字威輦，不知何郡人也。初與隴西計吏俱至洛陽，[1]被髮而行，逍遥吟咏，常宿白社中。時乞於市，得殘碎繒絮，[2]結以自覆，全帛佳綿則不肯受。或見推排罵辱，曾無怒色。

[1]初與隴西計吏俱至洛陽：與，原本作"爲"，宋本、殿本作"與"，據宋本、殿本、中華本校勘記改。隴西，郡名，治所原在狄道縣（今甘肅省臨洮縣），曹魏時徙治襄武縣（今甘肅省隴西

縣東南）。計吏，即上計吏，地方政府派赴中央呈遞計簿的官員。

［2］繒絜：繒，殿本作“繪”。

孫楚時爲著作郎，[1]數就社中與語，遂載與俱歸，京不肯坐。楚乃貽之書，勸以今堯舜之世，胡爲懷道迷邦。京答之以詩曰：“周道斁兮頌聲没，夏政衰兮五常汩。[2]便便君子，顧望而逝，洋洋乎滿目，而作者七。豈不樂天地之化也？哀哉乎！時之不可與，對之以獨處。無娱我以爲歡，[3]清流可飲，至道可餐，何爲栖栖，自使疲單？魚懸獸檻，鄙夫知之。夫古之至人，[4]藏器於靈，緼袍不能令暖，軒冕不能令榮；動如川之流，静如川之渟。鸚鵡能言，泗濱浮磬，衆人所玩，豈合物情！玄鳥紆幕，而不被害，鶡隼遠巢，咸以欲死。眄彼梁魚，[5]逡巡倒尾，沉吟不决，忽焉失水。嗟乎！魚鳥相與，[6]萬世而不悟；以我觀之，乃明其故。焉知不有達人，深穆其度，亦將闚我，顰蹙而去。[7]萬物皆賤，惟人爲貴，動以九州爲狹，静以環堵爲大。”[8]

［1］孫楚：字子荆，本書卷五六有傳。　著作郎：官名，三國時爲著作局長官，隸屬中書省。西晋時著作局别自置省，長官仍爲著作郎，改隸屬秘書省。西晋後亦稱大著作郎、大著作、著作，掌國史及起居注的修撰。兩晋南北朝時爲清要之官，多由有名望的文學之士擔任，也用司空、侍中、尚書等官典領。職閑位重，南朝時多爲貴族起家官。六品。

［2］五常：常，宋本作“帝”。

［3］娱我：娱，宋本作“誤”。

［4］夫古之至人：宋本無“夫”字。

［5］盻：宋本、殿本作“眄”。

［6］相與：相處，相交往。

［7］翾躚而去：翾，原本、宋本作“卑”，殿本作“翾”，據殿本改。

［8］環堵：環，宋本作“圜”。

後數年，遁去，莫知所之，於其所寢處惟有一石竹子及詩二篇。其一曰：“乾道剛簡，坤體敦密，茫茫太素，是則是述。末世流奔，以文代質，悠悠世目，[1]孰知其實！逝將去此至虛，[2]歸我自然之室。”又曰：“孔子不遇，時彼感麟。[3]麟乎麟！胡不遁世以存真?”

［1］悠悠世目：衆多的世人之目。

［2］至虛：至無。道家認爲至無是萬物本源。

［3］感麟：孔子有感於麒麟被捕獲。《春秋公羊傳·哀公十四年》：“十有四年，春，西狩獲麟。”公羊壽傳：“有以告者曰：‘有麕而角者。’孔子曰：‘孰爲來哉？孰爲來哉?’反袂拭面，涕沾袍。”

夏統

夏統，字仲御，會稽永興人也。[1]幼孤貧，養親以孝聞，睦於兄弟，每采梠求食，星行夜歸，或至海邊，拘蟻蠘以資養。[2]雅善談論。宗族勸之仕，謂之曰：“卿清亮質直，可作郡綱紀，[3]與府朝接，自當顯至，如何甘辛苦於山林，畢性命於海濱也！”統勃然作色曰：[4]“諸君待我乃至此乎！使統屬太平之時，當與元凱評議出處；[5]遇濁代，念與屈生同污共泥；[6]若污隆之間，自當耦耕沮溺，[7]豈有辱身曲意於郡府之間乎！聞君之談，不覺寒毛盡戴，白汗四布，[8]顔如渥丹，心熱如炭，舌縮口張，兩耳壁塞也。”言者大慚。統自此遂不與宗族相見。

[1]會稽：郡名，治所在山陰縣（今浙江省紹興市）。　永興：縣名，治所在今浙江省杭州市蕭山區。

[2]蟏蟱：蛤蚌一類的動物。

[3]綱紀：公府及州郡主簿。

[4]勃然作色：勃，宋本作“悖”，殿本作“浡”。

[5]元凱：即八元、八愷。八元，上古傳説中的八个才子。《左傳·文公十八年》：“高辛氏有才子八人：伯奮、仲堪、叔獻、季仲、伯虎、仲熊、叔豹、季貍，忠肅共懿，宣慈惠和，天下之民謂之‘八元’。”八愷，《左傳·文公十八年》：“昔高陽氏有才子八人：蒼舒、隤敳、檮戭、大臨、尨降、庭堅、仲容、叔達，齊聖廣淵，明允篤誠，天下之民謂之‘八愷’。”泛指賢臣、才士。

[6]屈生：屈原，戰國時楚人，名平，字原。又名正則，字靈均。楚國貴族，任左徒、三閭大夫。爲人正道直行，對内主張明法度，任賢能；對外主張聯齊抗秦。因上官大夫讒言，被楚懷王疏遠。後被流放江南，因國都失守，無力回天，投汨羅江而死。　同污共泥：共，宋本作“居”。

[7]耦耕沮溺：事見《論語·微子》：“長沮、桀溺耦而耕，孔子過之，使子路問津焉。”

[8]白汗四布：汗，宋本、殿本作“汙”；布，宋本作“巾”，殿本作“匝”。

會母疾，統侍醫藥，宗親因得見之。其從父敬寧祠先人，迎女巫章丹、陳珠二人，並有國色，莊服甚麗，善歌儛，又能隱形匿影。甲夜之初，撞鐘擊鼓，間以絲竹，丹、珠乃拔刀破舌，[1]吞刀吐火，雲霧杳冥，流光電發。統諸從兄弟欲往觀之，難統，[2]於是共紿之曰：“從父間疾病得瘳，大小以爲喜慶，欲因其祭祀，並往賀之，卿可俱行乎？”統從之。入門，忽見丹、珠在中庭，輕步佪儛，靈談鬼笑，飛觸挑拌，[3]酬酢翩翻。統驚愕而走，不由門，破藩直出。歸責諸人曰：“昔淫亂之俗興，衛文公爲之悲惋；[4]蝃蝀之氣見，[5]君子尚不敢指；季桓納齊女，[6]仲尼載馳而退；子路見夏南，[7]憤恚而忼愾。吾常恨不得頓叔向之頭，[8]陷華父之眼。[9]奈何諸君迎此妖物，夜與游戲，放傲逸之情，縱奢淫之行，亂男女之禮，破貞高之節，何也？”遂隱床上，被髪而卧，不復言。衆親踧踖，[10]即退遣丹、珠，各各分散。

[1]珠：宋本作“朱”。

[2]難統：擔心夏統從中作難。

[3]挑拌：拌，殿本作“柈”。

[4]衛文公：春秋時衛國國君，昭伯頑之子，戴公申之弟。名辟彊，後改名燬。公元前659至前635年在位。在位期間能輕賦平罪，與百姓同苦，深得百姓之心。

[5]蝃蝀：霓虹的别名。

[6]季桓納齊女：事見《論語·微子》：“齊人歸女樂，季桓子受之，三日不朝，孔子行。”

[7]子路見夏南：中華本校勘記：“顧炎武《日知録》：‘夏’當作‘衛’。”

[8]叔向：春秋時晋國大夫，羊舌氏，名肸，又稱叔肸。因食邑於楊，又稱楊肸。晋悼公時任太子傅。太子即位，是爲晋平公，

叔向仍爲傅。

[9]華父：即華父督，春秋時宋國人，官太宰。宋殤公十年（前710），爲奪大司馬孔父嘉之妻，殺害孔父嘉。後又殺殤公，立莊公。宋湣公十年（前682）被大夫南宫萬所殺。

[10]踟躇：徘徊不安。

後其母病篤，乃詣洛市藥。會三月上巳，[1]洛中王公已下並至浮橋，士女駢填，車服燭路。統時在船中曝所市藥，諸貴人車乘來者如雲，統並不之顧。太尉賈充怪而問之，[2]統初不應，重問，乃徐答曰："會稽夏仲御也。"充使問其土地風俗，統曰："其人循循，猶有大禹之遺風，太伯之義讓，[3]嚴遵之抗志，[4]黄公之高節。"[5]又問："卿居海濱，頗能隨水戲乎？"答曰："可。"統乃操柂正櫓，折旋中流，初作鯔鳩躍，[6]後作鯆鮃引，[7]飛鷁首，[8]掇獸尾，奮長梢而船直逝者三焉。於是風波振駭，雲霧杳冥，俄而白魚跳入船者有八九。觀者皆悚遽，充心尤異之，[9]乃更就船與語，其應如響，欲使之仕，即俯而不答。充又謂曰："昔堯亦歌，舜亦歌，子與人歌而善，必反而後和之，明先聖前哲無不盡歌。卿頗能作卿土地間曲乎？"統曰："先公惟寓稽山，朝會萬國，授化鄙邦，崩殂而葬。恩澤雲布，聖化猶存，百姓感咏，遂作《慕歌》。又孝女曹娥，年甫十四，貞順之德過越梁宋，其父墮江不得尸，娥仰天哀號，中流悲嘆，便投水而死，父子喪尸，後乃俱出，國人哀其孝義，爲歌《河女》之章。伍子胥諫吴王，[10]言不納用，見戮投海，國人痛其忠烈，爲作《小海唱》。今欲歌之。”衆人僉曰：“善。”統於是以足叩船，引聲喉囀，清激慷慨，大風應至，含水嗽天，[11]雲雨響集，叱咤讙呼，雷電晝冥，集氣長嘯，沙塵烟起。王公已下皆恐，[12]止之乃已。諸人顧相謂曰：“若不游洛水，安見是人！聽《慕歌》之聲，便仿佛見大禹之容。聞《河女》之音，不覺涕淚交流，即謂伯姬高行在目前也。聆《小海》之唱，謂子胥、屈平立吾左右矣。”充欲耀以文武鹵簿，[13]覬其來觀，因而謝之，遂命建朱旗，舉幡校，分羽騎爲隊，軍伍肅然。須臾，[14]鼓吹亂作，胡葭長鳴，車乘紛錯，縱横馳道，又使妓女之徒服袿襹，[15]炫金翠，繞其船三匝。[16]統危坐如故，若無所聞。充等各散曰：“此吴兒是木人石心也。”統歸會稽，竟不知所終。

[1]上巳：舊時節日名。漢以前以農曆三月上旬巳日爲“上巳”；魏晋以後，定爲三月三日，不必取巳日。

[2]太尉：官名，曹操爲丞相後，太尉府屬官歸相府，晋時太尉雖爲八公之一、三公之首，實爲名譽宰相，多爲大臣加官。一品。　賈充：字公閭，本書卷四〇有傳。

[3]太伯：即吴太伯，他和弟弟仲雍皆周太王之子，季歷之兄也。周太王欲立季歷以及姬昌，於是太伯、仲雍二人乃奔荆蠻，文身斷髮，示不可用，以避季歷。荆蠻義之，從而歸之千餘家，立爲吴太伯。

[4]嚴遵：即嚴君平，西漢隱士，卜筮於成都市，裁日閲數人，得百錢足自養，則閉肆下簾而授《老子》。

[5]黄公：商山四皓之一的夏黄公。

[6]鯔鮣：魚名。即鯀魚，又名黑鯀、黑鯔。鮣，原本作

"鴝"，宋本、殿本作"鵃"，據宋本、殿本改。

[7]鯆䱍：海鰩魚的別名。古代對鰩、魟、鱝類魚的通稱。

[8]鷁首：船頭。古代畫鷁鳥於船頭，故稱。

[9]充心尤異之：心，宋本作"之"。

[10]伍子胥：即伍胥，春秋時人，名員，字子胥，楚國大夫伍奢之次子，伍尚之弟。楚平王七年（前522）因費無忌迫害而出走吴國，助闔閭奪取王位，被任爲行人。屢立戰功，封於申，又稱申胥。吴王夫差時，因勸諫而被疏遠，最後自殺而死。

[11]含水嗽天：嗽，宋本作"漱"。

[12]王公已下：已，宋本作"以"。

[13]鹵簿：帝王扈從的儀仗隊。簿，宋本作"薄"。

[14]須臾：須，宋本作"湏"。

[15]袿襹：古代婦女的上等長袍。王褒《九懷・尊嘉》："修餘兮袿衣，騎霓兮南上。"《漢書》卷九八《元後傳》"又獨衣絳緣諸于"顔師古注："諸于，大掖衣，即袿衣之類也。"

[16]三匝：匝，宋本作"帀"。

朱冲

朱冲，字巨容，南安人也。[1]少有至行，閑静寡欲，好學而貧，常以耕藝爲事。鄰人失犢，認冲犢以歸，後得犢於林下，[2]大慚，以犢還冲，冲竟不受。有牛犯其禾稼，[3]冲屢持芻送牛而無恨色。主愧之，乃不復爲暴。

[1]南安：郡名，治所在獂道縣（今甘肅省隴西縣東南）。

[2]林下：林，宋本作"冰"。

[3]有牛犯其禾稼：有牛，宋本作"狗"。

咸寧四年，詔補博士，[1]冲稱疾不應。尋又詔曰：

“東宫官屬亦宜得履蹈至行、敦悦典籍者，其以冲爲太子右庶子。”[2]冲每聞徵書至，輒逃入深山，時人以爲梁管之流。[3]冲居近夷俗，羌戎奉之若君，冲亦以禮讓爲訓，邑里化之，路不拾遺，村無凶人，毒蟲猛獸皆不爲害。卒以壽終。[4]

[1]博士：學官，國子博士、太學博士或太常博士泛稱，教授儒學。六品。

[2]太子右庶子：官名，太子典書坊長官，掌侍從、獻納、啓奏。五品。

[3]梁管：梁鴻和管寧。梁鴻，東漢扶風平陵（今陝西省咸陽市西北）人，字伯鸞。家貧好學。娶同縣女孟光爲妻。東出關，過京師，作《五噫之歌》曰：“陟彼北芒兮，噫！顧覽帝京兮，噫！宫室崔嵬兮，噫！人之劬勞兮，噫！遼遼未央兮，噫！”肅宗聞而非之，求鴻不得。乃易姓運期，名燿，字俟光，與妻子居齊魯之間。有頃又去，適吴。管寧，三國時北海朱虚（今山東省臨朐縣東南）人，字幼安。早年游學四方，後避亂遼東三十餘年。曹魏建立後，文帝徵之爲太中大夫，明帝時任其爲光禄勛，皆固辭不受。

[4]卒以壽終：宋本無此四字。

范粲

范粲，字承明，陳留外黄人，[1]漢萊蕪長丹之孫也。[2]粲高亮貞正，有丹風，而博涉强記，學皆可師，遠近請益者甚衆，性不矜莊，而見之皆肅如也。魏時州府交辟，皆無所就。久之，乃應命爲治中，[3]轉别駕，[4]辟太尉掾、尚書郎，[5]出爲征西司馬，[6]所歷職皆有聲稱。

［1］陳留：郡國名，治所在小黄縣（今河南省開封市東）。外黄：縣名，治所在今河南省民權縣西北。

［2］漢萊蕪長丹之孫也：中華本校勘記："《後漢書·獨行傳》'丹'作'冉'，注云，一作'丹'。"萊蕪，縣名，治所在今山東省淄博市南。丹，范丹，東漢陳留外黄（今河南省民權縣西北）人，一作范冉，字史雲。少爲縣小吏，後隱遁，受業於樊英，又就馬融通經。桓帝時任命爲萊蕪長，遭母憂，不到官。後辟太尉府，以狷急不能從俗，常佩韋於朝。議者欲以爲侍御史，因遁身逃命於梁沛之間，徒行敝服，賣卜於市。黨錮之禍起，又遭禁錮十餘年。及黨禁解，爲三府所辟，乃應司空命。又辟太尉府，以疾不行。後卒於家。

［3］治中：官名，治中從事史、治中從事的省稱。州之佐吏，掌選署及文書案卷。魏晋之世，身份雖低，職權極重。

［4］别駕：官名，别駕從事、别駕從事史省稱。州部佐官，因從刺史行部，别乘傳車，故稱。位居州吏之右。六品。

［5］太尉掾：官名，太尉府屬官。　尚書郎：官名。東漢之制，取孝廉中之有才能者入尚書臺，在皇帝左右處理政務，初入臺稱守尚書郎中，滿一年稱尚書郎，滿三年稱侍郎。魏晋以後尚書各曹有侍郎、郎中等官，綜理職務，通稱爲尚書郎。六品。

［6］征西司馬：官名，征西將軍府高級幕僚。掌參讚軍務、管理府内武職，位僅次於長史。七品。

及宣帝輔政，遷武威太守。[1]到郡，選良吏，立學校，勸農桑。[2]是時戎夷頗侵疆埸，粲明設防備，敵不敢犯，西域流通，[3]無烽燧之警。又郡壤富實，珍玩充積，粲檢制之，息其華侈。以母老罷官。[4]郡既接近寇戎，粲以重鎮輒去職，朝廷尤之，左遷樂涫令。[5]

[1]武威：郡名，治所在姑臧縣（今甘肅省武威市）。

[2]勸農桑：勸，宋本作“觀”。

[3]西域：古代對玉門關以西地區的總稱。狹義西域指葱嶺以東、玉門關以西地區，廣義則指通過狹義西域所能到達的地區。

[4]以母老罷官：宋本無“母”字。

[5]左遷：降職。　樂涫：縣名，治所在今甘肅省酒泉市東南。

頃之，轉太宰從事中郎。[1]遭母憂，以至孝稱。服闋，[2]復爲太宰中郎。齊王芳被廢，[3]遷于金墉城，[4]粲素服拜送，哀慟左右。時景帝輔政，召群官會議，粲又不到，朝廷以其時望，優容之。粲又稱疾，闔門不出。於是特詔爲侍中，[5]持節使于雍州。[6]粲因陽狂不言，寢所乘車，足不履地。子孫恒侍左右，至有婚宧大事，輒密諮焉。合者則色無變，不合則眠寢不安，妻子以此知其旨。

[1]太宰：官名，即太師，因避司馬師名諱而改名太宰。八公之一，居上公之首，爲宰相之任。一品。　從事中郎：官名，東漢時爲大將軍屬官，地位較高。魏晋時爲將軍府或公府屬官。六品。此爲太宰府從事中郎。

[2]服闋：守喪期滿除去孝服。

[3]齊王芳：即曹芳，明帝養子，青龍三年（235）封齊王。正始元年（240）即帝位，嘉平六年（254）被廢。

[4]金墉城：三國魏明帝時築。位於今河南省洛陽市東北漢魏洛陽故址西北角。三面開門，南曰乾光門，東曰含春門，北曰遲門。城内又置西宫，西晋改爲永昌宫。魏晋時被廢的皇帝及后妃都安置於此。城小而固，爲攻占戍守要地。

[5]侍中：官名，東漢建安中與給事黄門侍郎出入禁中，省尚書事。曹魏時爲門下之侍中省長官，常侍衛皇帝左右，掌顧問應對、諫諍糾察、平議奏事、駁奏異議等，權力甚重。三品。

[6]雍州：治所在姑臧縣（今甘肅省武威市）。東漢建安十八年（213）移治長安縣（今陝西省西安市西北）。

武帝踐阼，泰始中，粲同郡孫和時爲太子中庶子，[1]表薦粲，稱其操行高潔，[2]久嬰疾病，可使郡縣輿致京師，加以聖恩，賜其醫藥，若遂瘳除，必有益於政。乃詔郡縣給醫藥，又以二千石禄養病，歲以爲常，加賜帛百匹。子喬以父疾篤，辭不敢受，詔不許。以太康六年卒，時年八十四，不言三十六載，終於所寢之車。長子喬。

[1]太子中庶子：官名，太子侍從，掌侍從、奏事、諫議等。五品。

[2]高潔：潔，殿本作“絜”。

喬，字伯孫。年二歲時，祖馨臨終，撫喬首曰：“恨不見汝成人！”因以所用硯與之。至五歲，祖母以告喬，喬便執硯涕泣。九歲請學，在同輩之中，言無媟辭。[1]弱冠，[2]受業於樂安蔣國明。[3]濟陰劉公榮有知人之鑒，[4]見喬，深相器重。友人劉彦秋夙有聲譽，嘗謂人曰：“范伯孫體應純和，理思周密，吾每欲錯其一事而終不能。”光禄大夫李銓嘗論揚雄才學優於劉向，[5]喬以爲向定一代之書，正群籍之篇，使雄當之，故非所長，遂著《劉楊優劣論》，文多不載。

[1]媟辭：輕薄或淫穢的言語。

[2]弱冠：指男子二十歲時。《禮記·曲禮上》："二十曰弱，冠。"年少爲弱，待至二十，即爲成年，舉行冠禮。

[3]樂安：郡名，治所在高苑縣（今山東省鄒平市長山鎮）。

[4]濟陰：郡名，西漢建元年間改濟陰國爲郡，治所在定陶縣（今山東省菏澤市定陶區）。　劉公榮：劉昶，西晉沛國（今江蘇省沛縣）人，字公榮，曾任兗州刺史。西晉名士劉公榮者唯劉昶字公榮。疑爲此人，但籍貫不符。

[5]光禄大夫：官名，三公等大臣告老回家即拜此職，或作爲在朝顯職的加官。三品，開府位從公者一品。　揚雄：西漢蜀郡成都（今四川省成都市）人，字子雲。成帝時任侍郎、給事黄門。古代文學家，善辭賦。揚，宋本、殿本作"楊"。　劉向：字子政，西漢沛郡豐（今江蘇省豐縣）人，楚元王四世孫。曾任諫大夫、散騎、宗正、給事中光禄大夫等職。撰有《五經通義》《洪範五行傳》等，均已佚。另撰有《列女傳》《説苑》《新序》等存世。

喬好學不倦。父粲陽狂不言，喬與二弟並棄學業，絶人事，侍疾家庭，至粲没，足不出邑里。司隸校尉劉毅嘗抗論於朝廷曰：[1]"使范武威疾若不篤，是爲伯夷、叔齊復存於今。[2]如其信篤，[3]益是聖主所宜哀矜。其子久侍父疾，名德著茂，不加叙用，深爲朝廷惜遺賢之譏也。"元康中，詔求廉讓冲退履道寒素者，不計資，以參選叙。尚書郎王琨乃薦喬曰："喬稟德真粹，立操高潔，[4]儒學精深，含章内奥，安貧樂道，栖志窮巷，簞瓢咏業，長而彌堅，誠當今之寒素，著厲俗之清彦。"

時張華領司徒，[5]天下所舉凡十七人，於喬特發優論。又吏部郎郗隆亦思求海内幽遁之士，[6]喬供養衡門，[7]至于白首，於是除樂安令。辭疾不拜。喬凡一舉孝廉，[8]八薦公府，再舉清白異行，[9]又舉寒素，[10]一無所就。

[1]司隸校尉：官名，三國魏時先治弘農，後治河南，轄司州所屬河南、河東、河内、弘農、平陽五郡。掌監察京師，糾察京都百官。西晋沿置。三品。　劉毅：字仲雄，本書卷四五有傳。

[2]伯夷：商末時孤竹國君之子，與其兄互相謙讓繼承君位的權力，結果一起跑到周國。後因反對武王伐商，隱居首陽山，不食周粟餓死。　叔齊：伯夷弟，與伯夷一起餓死於首陽山。

[3]如其信篤：信，原本、殿本作“疾”，宋本作“信”，據宋本改。

[4]立操高潔：潔，殿本作“絜”。

[5]張華：字茂先，本書卷三六有傳。　領：以地位較高的官員兼理較低的職務。　司徒：官名，西漢哀帝元壽二年（前1）改丞相爲大司徒，東漢光武帝時改名爲司徒，東漢末又改爲丞相。三國魏恢復三公制，改丞相爲司徒，管理民政。兩晋沿制，爲八公之一，在太尉之下、司空之上。與丞相通職，一般不並置，爲名譽宰相。一品。

[6]吏部郎：官名，尚書省吏部曹長官通稱。亦稱郎中，資深者可轉侍郎。屬吏部尚書，主管官吏選任、銓叙、調動事務，對五品以下官吏之任免有建議權。六品。　郗隆：字弘始，本書卷六七有傳。郗，原本、殿本作“郄”，宋本作“郗”，據其本傳及宋本改。

[7]衡門：隱居的地方。

[8]孝廉：漢代選拔人才的科目。

[9]清白異行：漢晋選拔人才的科目。

[10]寒素：漢晋選拔士人的科目名。晋葛洪《抱樸子·審舉》："故時人語曰：舉秀才，不知書；察孝廉，父别居；寒素清白濁如泥，高第良將怯如鷄。"

初，喬邑人臘夕盗斫其樹，[1]人有告者，喬陽不聞，邑人愧而歸之。喬往喻曰："卿節日取柴，欲與父母相歡娱耳，何以愧爲！"其通物善導，皆此類也。外黄令高頵嘆曰："諸士大夫未有不及私者，而范伯孫恂恂率道，名諱未嘗經於官曹，士之貴異，於今而見。大道廢而有仁義，信矣！"其行身不穢，爲物所嘆服如此。以元康八年卒，年七十八。

[1]臘：臘日，古時臘祭之日。農曆十二月初八。南朝梁宗懔《荆楚歲時記》："十二月八日爲臘日。"

魯勝

魯勝，字叔時，代郡人也。[1]少有才操，爲佐著作郎。[2]元康初，遷建康令。[3]到官，著《正天論》云："以冬至之後立晷測影，準度日月星。臣按日月裁徑百里，無千里；星十里，不百里。"遂表上求下群公卿士考論。"若臣言合理，當得改先代之失，而正天地之紀。[4]如無據驗，甘即刑戮，以彰虚妄之罪。"事遂不報。嘗歲日望氣，知將來多故，便稱疾去官。中書令張華遣子勸其更仕，再徵博士，舉中書郎，[5]皆不就。

[1]代郡：治所在代縣（今河北省蔚縣東北）。

［2］佐著作郎：官名，三國時隸中書省，西晋改隸秘書省，協助著作郎修撰國史及起居注，整理秘書省藏書。七品。

［3］建康：縣名，西晋建興元年（313）改建鄴縣名爲建康縣，治所在今江蘇省南京市。

［4］而正天地之紀：正，宋本作“政”。

［5］中書郎：官名，隸屬中書令。掌草擬詔書、外出執行重要使命等。亦作爲中書通事郎、中書侍郎的省稱。五品。

其著述爲世所稱，遭亂遺失，惟注《墨辯》，存其叙曰：

名者，所以别同異、明是非，道義之門、政化之準繩也。[1]孔子曰：“必也正名，名不正則事不成。”墨子著書，作《辯經》以立名本，惠施、公孫龍祖述其學，[2]以正刑名顯於世。[3]孟子非墨子，其辯言正辭則與墨同。荀卿、莊周等皆非毁名家，[4]而不能易其論。[5]

［1］準繩：宋本無“繩”字。

［2］惠施：戰國時宋人，或稱惠子。任魏惠王相，因反對魏國聯合秦國、韓國攻打齊國、楚國，而被迫離開魏國。經楚赴宋，與莊子交往甚密。曾提出十個辯説命題，屬當時名辯思潮的“合同異”派。其事迹《戰國策》中有載，思想《莊子》中有載。　公孫龍：戰國時趙國人，姓公孫，名龍，字子秉。反對兼併戰争，曾説服燕昭王息兵，批評趙國攻齊，爲趙國反對秦國攻魏辯解。在“堅白同異”辯論中反對施惠，主張“離堅白”“白馬非馬”等。其學説對先秦邏輯學的發展有推動作用。著有《公孫龍子》一書。

［3］以正刑名：刑，宋本作“别”。

[4]荀卿：戰國末趙國人，名况，字卿。漢人避宣帝諱，亦稱孫卿。思想家，現存《荀子》一書傳世。　莊周：即莊子。

[5]易其論：論，宋本作“議”；宋本、殿本“論”下有“也”字。

名必有形，[1]察形莫如别色，[2]故有堅白之辯。[3]名必有分明，分明莫如有無，故有無序之辯。是有不是，可有不可，是名兩可。同而有異，異而有同，是之謂辯同異。至同無不同，至異無不異，是謂辯同辯異。同異生是非，是非生吉凶，取辯於一物而原極天下之污隆，名之至也。

[1]名必有形：宋本無“名”字。

[2]察形莫如别色：原本無“形”字，殿本有，據殿本、中華本校勘記補。“察形莫”宋本作“容其”。

[3]堅白之辯：戰國時有關石頭與其屬性關係的不同觀點的争論。公孫龍主張“離堅白”，即“堅”“白”是脱离“石”而獨立存在。施惠主張“堅”“白”與“石頭”二者同一，没有差别。

自鄧析至秦時名家者，[1]世有篇籍，率頗難知，後學莫復傳習，於今五百餘歲，遂亡絶。《墨辯》有上下《經》，《經》各有《説》，凡四篇，與其書衆篇連第，故獨存。今引説就經，各附其章，疑者闕之。又采諸衆雜集爲《刑》《名》二篇，[2]略解指歸，以俟君子。其或興微繼絶者，亦有樂乎此也！

[1]鄧析：春秋時鄭國大夫，與子産同時。善口辯，多次非難子産的政治主張。

[2]爲《刑》《名》二篇：中華本校勘記："孫詒讓《墨子閒詁·附録》：'刑'當作'形'。"

董養

董養，字仲道，陳留浚儀人也。[1]泰始初，到洛下，不干禄求榮。及楊后廢，養因游太學，升堂嘆曰："建斯堂也，將何爲乎？每覽國家赦書，謀反大逆皆赦，至於殺祖父母、父母不赦者，以爲王法所不容也。奈何公卿處議，文飾禮典，以至此乎！天人之理既滅，[2]大亂作矣。"因著《無化論》以非之。[3]

[1]浚儀：縣名，治所在今河南省開封市。

[2]天人之理：天，殿本作"夫"。

[3]因著《無化論》以非之：中華本校勘記："《御覽》五九五引作'元化論'。謝鯤有《元化論序》，見《世説·賞譽》注。蓋'元'訛爲'无'，又轉訛爲'無'。"

永嘉中，洛城東北步廣里中地陷，有二鵝出焉，其蒼者飛去，白者不能飛。養聞嘆曰："昔周時所盟會狄泉，[1]即此地也。今有二鵝，蒼者胡象，白者國家之象，其可盡言乎！"顧謂謝鯤、阮孚曰：[2]"《易》稱知幾其神乎，[3]君等可深藏矣。"乃與妻荷擔入蜀，[4]莫知所終。

[1]狄泉：一名翟泉，位於今河南省洛陽市東郊白馬寺東。

[2]謝鯤：字幼輿，本書卷四九有傳。　阮孚：字遥集，本書

卷四九有傳。

[3]《易》稱知幾其神乎：幾，宋本作“機”。

[4]荷擔入蜀：擔，原本、宋本、殿本作“檐”，據中華本改。

霍原

霍原，字休明，燕國廣陽人也。[1]少有志力，叔父坐法當死，原入獄訟之，楚毒備加，終免叔父。年十八，觀太學行禮，因留習之。貴游子弟聞而重之，欲與相見，以其名微，不欲晝往，乃夜共造焉。父友同郡劉岱將舉之，未果而病篤，臨終，敕其子沉曰：[2]“霍原慕道清虚，方成奇器，汝後必薦之。”後歸鄉里。高陽許猛素服其名，[3]會爲幽州刺史，[4]將詣之，主簿當車諫不可出界，猛嘆恨而止。

[1]燕國：郡國名，治所在薊縣（今北京市西南）。　廣陽：縣名，治所在今北京市西南良鄉東北。

[2]沉：劉沉，字道真，本書卷八九有傳。原本作“沈”，宋本、殿本作“沉”，今據其本傳及宋本、殿本統作“沉”。本卷下文此人名同。

[3]高陽：郡名，東漢桓帝置，治所在高陽縣（今河北省高陽縣東舊城），西晋移治博陸縣（今河北省蠡縣南）。　許猛：西晋人，任幽州刺史，“二十四友”之一。

[4]幽州：治所在薊縣（今北京市西南）。

原山居積年，門徒百數，燕王月致羊酒。及劉沉爲國大中正，[1]元康中，進原爲二品，司徒不過，[2]沉乃上表理之。詔下司徒參論，中書監張華令陳準奏爲上品，[3]詔可。元康末，原與王褒等俱以賢良徵，[4]累下州郡，以禮發遣，皆不到。後王浚稱制謀僭，[5]使人問之，原不答，浚心銜之。又有遼東囚徒三百餘人，依山爲賊，意欲劫原爲主事，亦未行。時有謡曰：“天子在何許？近在豆田中。”浚以豆爲霍，收原斬之，懸其首。諸生悲哭，夜竊尸共埋殯之。遠近駭愕，莫不冤痛之。

[1]大中正：州一級評定士人品第的官員。

[2]司徒不過：司徒不予通過。

[3]中書監：官名，中書省長官之一。三國魏文帝初年分秘書置中書省，長官爲中書監、中書令。掌收納奏章、草擬詔令。平常不分高下，入朝時監略高於令。三品。　陳準：西晋人，歷任太尉、光禄大夫、中書令、録尚書事等職，封廣陵公。

[4]王褒：中華本校勘記：“周校：‘褒’當作‘裒’。”

[5]王浚：字彭祖，本書卷三九有傳。　稱制：秦始皇滅六國後以命爲“制”，令爲“詔”。此指王浚謀即皇帝位。

郭琦

郭琦，字公偉，太原晋陽人也。[1]少方直，有雅量，博學，善五行，作《天文志》《五行傳》，注《穀梁》《京氏易》百卷。鄉人王游等皆就琦學。武帝欲以琦爲佐著作郎，問琦族人尚書郭彰。彰素疾琦，答云：“不識。”帝曰：“若如卿言，烏丸家兒能事卿，[2]即堪爲郎矣。”遂決意用之。及趙王倫篡位，[3]又欲用琦，琦曰：“我已爲武帝吏，不容復爲今世吏。”終身處於家。

[1]太原：郡名，治所在晋陽縣（今山西省太原市西南）。

[2]烏丸：一作烏桓，古族名，東胡的一支。

[3]趙王倫：司馬倫，字子彝，本書卷五九有傳。

伍朝

伍朝，字世明，武陵漢壽人也。[1]少有雅操，閑居樂道，不修世事。性好學，以博士徵，不就。刺史劉弘薦朝爲零陵太守，[2]主者以非選例，不聽。尚書郎胡濟奏曰："臣以爲當今資喪亂之餘運，承百王之遺弊，進趨者乘國故以僥倖，守道者懷蘊櫝以終身，[3]故令敦褒之化虧，退讓之風薄。按朝游心物外，不屑時務，守静衡門，志道日新，年過耳順而所尚無虧，誠江南之奇才，丘園之逸老也。不加飾進，何以勸善！且白衣爲郡，前漢有舊，宜聽光顯，以獎風尚。"奏可，[4]而朝不就，終于家。

[1]武陵：郡名，治所在臨沅縣（今湖南省常德市）。　漢壽：縣名，治所在今湖南省常德市東北。

[2]劉弘：字和季，本書卷六六有傳。　零陵：郡名，西漢置，治所在零陵縣（今廣西壯族自治區全州縣西南），東漢至晋治所在泉陵縣（今湖南省永州市）。

[3]懷蘊櫝：把才能藏在身上。指懷才不遇。蘊，才能。

[4]奏可：奏，宋本作"事"。

魯褒

魯褒，字元道，南陽人也。[1]好學多聞，以貧素自立。元康之後，綱紀大壞，褒傷時之貪鄙，乃隱姓名，而著《錢神論》以刺之。其略曰：

錢之爲體，有乾坤之象，内則其方，外則其圓。其積如山，其流如川。動静有時，行藏有節，市井便易，不患耗折。難折象壽，不匱象道，故能長久，爲世神寶。親之如兄，字曰“孔方”，失之則貧弱，得之則富昌。無翼而飛，無足而走，解嚴毅之顔，[2]開難發之口。錢多者處前，錢少者居後。處前者爲君長，在後者爲臣僕。君長者豐衍而有餘，臣僕者窮竭而不足。《詩》云：“哿矣富人，哀此煢獨。”[3]

[1]南陽：郡名，治所在宛縣（今河南省南陽市）。

[2]解嚴毅之顔：丢掉嚴肅剛毅的表情。

[3]哿（gě）矣富人，哀此煢獨：語出《詩·小雅·正月》。哿，歡樂。

錢之爲言泉也，無遠不往，無幽不至。京邑衣冠，疲勞講肆，[1]厭聞清談，對之睡寐，見我家兄，莫不驚視。錢之所祐，吉無不利，何必讀書，然後富貴！昔吕公欣悦於空版，[2]漢祖克之於嬴二，[3]文君解布裳而被錦綉，相如乘高蓋而解犢鼻，[4]官尊名顯，皆錢所致。空版至虚，而況有實；嬴二雖少，以致親密。由此論之，謂爲神物。無德而尊，無勢而熱，排金門而入紫闥。危可使安，死可使活，貴可使賤，生可使殺。是故忿争非錢不勝，幽滯非錢不拔，怨仇非錢不解，令問非錢不發。

[1]講肆：講學。肆，殿本作“肄”。

[2]吕公欣悦於空版：吕公，即西漢吕后的父親。因避仇而安家於沛縣。沛縣中豪桀聽説吕公是縣令的重客，皆前來祝賀吕公安家於沛縣。吕公規定，前來祝賀者，“進不滿千錢，坐之堂下”。劉邦時爲亭長，假稱進萬錢，實際上一錢都没有。吕公大驚，起身迎劉邦入門。他見劉邦狀貌不凡，因重敬之，引入坐。事見《史記》卷八《高祖本紀》。

[3]漢祖克之於嬴二：西漢建立後，劉邦封賞功臣。悉封蕭何父子兄弟十餘人，皆有食邑。因爲劉邦在咸陽服役時，蕭何送給劉邦錢比别人多二百，所以更增封蕭何二千户。事見《史記》卷五三《蕭相國世家》。嬴二，多送二百。嬴，原本、宋本、殿本作“羸”，據下文及中華本改。

[4]“文君解布裳而被錦綉”句：西漢司馬相如與臨邛令一起到富人卓王孫家中做客，因鼓琴一曲被卓王孫女兒卓文君看中。二人互通殷勤，後私奔至成都。司馬相如家貧，家居徒四壁立。卓王孫大怒曰：“女至不材，我不忍殺，不分一錢也。”後來司馬相如與卓文君一起回到臨邛，買一酒舍酤酒，卓文君當爐，司馬相如身自着犢鼻褌，與保庸雜作，滌器於市中。卓王孫聞而耻之，分予文君僮百人，錢百萬，及其嫁時衣被財物。文君乃與相如歸成都，買田宅，爲富人。事見《史記》卷一一七《司馬相如列傳》。犢鼻，即犢鼻褌，古代雜役所穿圍裙，狀若犢鼻，故稱。

洛中朱衣，當途之士，[1]愛我家兄，皆無已已。執我之手，抱我終始，不計優劣，不論年紀，賓客輻輳，[2]門常如市。諺曰：“錢無耳，可使鬼。”凡今之人，惟錢而已。故曰軍無財，士不來；軍無賞，士不往。仕無中人，不如歸田。雖有中人，而無家兄，不異無翼而欲飛，[3]無足而欲行。

蓋疾時者共傳其文。

[1]當途之士：途，宋本作“塗”。

[2]輻輳：輳，宋本作“湊”。

[3]無翼：無，殿本作“藏”。

褒不仕，莫知其所終。

氾騰

氾騰，字無忌，敦煌人也。[1]舉孝廉，除郎中。[2]屬天下兵亂，去官還家。太守張閟造之，閉門不見，禮遺一無所受。嘆曰：“生於亂世，貴而能貧，乃可以免。”散家財五十萬，以施宗族，柴門灌園，琴書自適。張軌徵之爲府司馬，[3]騰曰：“門一杜，其可開乎！”固辭。病兩月餘而卒。[4]

[1]敦煌：郡名，西漢武帝置，治所在敦煌縣（今甘肅省敦煌市西）。

[2]郎中：官名，尚書省郎曹長官。位次尚書、左右丞，分曹執行政務。與“尚書郎”互稱。六品。

[3]張軌：字士彦，本書卷八六有傳。　徵之：徵，宋本作“敢”。　府司馬：官名，即太府司馬。府署高級幕僚，掌參讚軍務、管理府内武職，位僅次於長史。太府，都督府别稱。爲十六國前凉、西凉、南凉等國最高權力機構。設長史、司馬、主簿、參軍等官署。

[4]兩月餘：宋本無“兩”字。

任旭

任旭，字次龍，臨海章安人也。[1]父訪，吴南海太守。[2]旭幼孤弱，兒童時勤於學。及長，立操清修，不染流俗，鄉曲推而愛之。郡將蔣秀嘉其名，請爲功曹。[3]秀居官貪穢，每不奉法，旭正色苦諫。秀既不納，旭謝去，閉門講習，養志而已。久之，秀坐事被收，旭狼狽營送，秀慨然嘆曰："任功曹真人也。吾違其讜言，以至於此，復何言哉！"尋察孝廉，除郎中，州郡仍舉爲郡中正，固辭，歸家。

[1]臨海：郡名，三國吴置，治所在臨海縣（今浙江省臨海市），尋移置章安縣（今浙江省臨海市東南張安鎮）。　章安：縣名，治所在今浙江省臨海市東南張安鎮。

[2]南海：郡名，治所在番禺縣（今廣東省廣州市）。

[3]功曹：官名，即功曹史。郡縣屬官，執掌人事，參與郡縣政務。兩晋時，不開府將軍、太子二傅、特進、郡縣皆置。

永康初，惠帝博求清節雋異之士，[1]太守仇馥薦旭清貞潔素，[2]學識通博，詔下州郡以禮發遣。旭以朝廷多故，志尚隱遁，辭疾不行。尋天下大亂，陳敏作逆，[3]江東名豪並見羈縶，[4]惟旭與賀循守死不回。[5]敏卒不能屈。

[1]雋異：雋，宋本作"儁"。

[2]潔素：潔，殿本作"絜"。

[3]陳敏：字令通，本書卷一〇〇有傳。

[4]江東：亦稱江左，因自北方視之，江東在左，江西在右，

故稱。

[5]賀循：字彦先，本書卷六八有傳。

元帝初鎮江東，聞其名，召爲參軍，手書與旭，欲使必到，旭固辭以疾。後帝進位鎮東大將軍，[1]復召之；及爲左丞相，[2]辟爲祭酒，[3]並不就。中興建，公車徵，會遭母憂。于時司空王導啓立學校，[4]選天下明經之士，旭與會稽虞喜俱以隱學被召。[5]事未行，會有王敦之難，[6]尋而帝崩，事遂寢。

[1]鎮東大將軍：官名，三國魏置，執掌與鎮東將軍同，唯資歷深者得任此職。二品，開府位從公者一品。

[2]左丞相：官名，此爲臨時分置，地位高於右丞相。

[3]祭酒：官名，此爲丞相府祭酒，丞相府屬官。參謀軍事，位在軍府諸僚佐之上。

[4]司空：官名，魏晋南北朝爲名譽宰相，多爲大臣加官。晋八公之一，位在三公之末。一品。　王導：字茂弘，本書卷六五有傳。

[5]虞喜：字仲寧，本書卷九一有傳。

[6]王敦：字處仲，本書卷九八有傳。

明帝即位，又徵拜給事中，[1]旭稱疾篤，經年不到，尚書以稽留除名，僕射荀崧議以爲不可。[2]太寧末，明帝復下詔備禮徵旭，始下而帝崩。咸和二年卒，太守馮懷上疏謂宜贈九列，[3]值蘇峻作亂，[4]事竟不行。

[1]給事中：官名，爲加官，所加爲三公、將軍、中書監令、

博士、郎等。常侍從皇帝左右，諫諍糾彈，爲中朝要職。五品。

[2]僕射：官名，即尚書僕射。秦漢爲尚書令副貳，東漢建安四年（199）分置左、右，爲尚書省次官。三品。　荀崧：字景猷，本書卷七五有傳。

[3]馮懷：東晋人，歷任太常、護軍將軍、黄門侍郎、侍中等職。　九列：九卿。

[4]蘇峻：字子高，本書卷一〇〇有傳。

子琚，位至大宗正，[1]終于家。

[1]大宗正：官名，宗正别稱，亦稱宗正卿。掌皇族事物。曹魏時多以皇族擔任，兩晋有時兼以外姓。三品。大，宋本作“太”。

郭文

郭文，字文舉，河内軹人也。[1]少愛山水，尚嘉遁。年十三，每游山林，彌旬忘反。父母終，服畢，不娶，辭家游名山，歷華陰之崖，以觀石室之石函。洛陽陷，乃步擔入吴興餘杭大辟山中窮谷無人之地，[2]倚木於樹，苫覆其上而居焉，[3]亦無壁障。時猛獸爲暴，入屋害人，而文獨宿十餘年，卒無患害。恒着鹿裘葛巾，[4]不飲酒食肉，區種菽麥，采竹葉木實，貿鹽以自供。人或酬下價者，亦即與之。後人識文，不復賤酬。食有餘穀，輒恤窮匱。人有致遺，取其粗者，示不逆而已。有猛獸殺大麀鹿於菴側，[5]文以語人，人取賣之，[6]分錢與文。文曰：“我若須此，自當賣之。所以相語，正以不須故也。”聞者皆嗟嘆之。嘗有猛獸忽張口向文，文視其口中有横骨，乃以手探去之，猛獸明旦致一鹿於其室前。

獵者時往寄宿，夜文爲擔手汲水而無倦色。[7]

[1]河内：郡名，治所在野王縣（今河南省沁陽市）。河，宋本作“何”。　軹：縣名，治所在今河南省濟源市南軹城鎮。

[2]吴興：郡名，治所在烏程縣（今浙江省湖州市南）。　餘杭：縣名，治所在今浙江省杭州市餘杭區西南餘杭鎮南苕溪南岸。　大辟：辟，殿本作“滌”。

[3]苫覆其上：苫，宋本作“苦”。

[4]恒着：着，宋本、殿本作“著”。

[5]麅鹿：麅，宋本作“麈”。

[6]賣之：之，宋本作“人”。

[7]夜文爲擔手汲水而無倦色：宋本、殿本作“文夜爲擔水而無倦色”，中華本從之，文字出入較大。

餘杭令顧颺與葛洪共造之，[1]而携與俱歸。颺以文山行或須皮衣，[2]贈以韋袴褶一具，[3]文不納，辭歸山中。颺追遣使者置衣室中而去，文亦無言，韋衣乃至爛于户内，竟不服用。

[1]葛洪：字稚川，本書卷七二有傳。

[2]須：宋本作“湏”。

[3]袴褶：服裝名。以褶爲上衣，褲爲下衣，故稱。名起於漢末，始爲騎服。盛行於南北朝，亦作常服和朝服。

王導聞其名，遣人迎之，文不肯就船車，荷擔徒行。既至，導置之西園，園中果木成林，又有鳥獸麋鹿，因以居文焉。[1]於是朝士咸共觀之，文頽然踑踞，傍若無人。温嶠嘗問文曰：[2]“人皆有六親相娱，先生棄之何樂？”文曰：“本行學道，不謂遭世亂，欲歸無路，是以來也。”又問曰：“饑而思食，壯而思室，自然之性，先生安獨無情乎？”文曰：“情由憶生，[3]不憶故無情。”又問曰：“先生獨處窮山，若疾病遭命，則爲烏鳥所食，顧不酷乎？”文曰：“藏埋者亦爲螻蟻所食，復何異乎！”又問曰：“猛獸害人，人之所畏，而先生獨不畏邪？”文曰：“人無害獸之心，則獸亦不害人。”又問曰：“苟世不寧，[4]身不得安。今將用先生以濟時，若何？”文曰：“山草之人，安能佐世！”導嘗衆賓共集，絲竹並奏，試使呼之。文瞪眸不轉，跨躡華堂如行林野。于時坐者咸有鈎深味遠之言，文常稱不達來語。天機鏗宏，莫有闚其門者。温嶠嘗稱曰：“文有賢人之性，而無賢人之才，柳下、梁踦之亞乎！”[5]永昌中，大疫，文病亦殆。王導遺藥，文曰：“命在天，不在藥也。夭壽長短，時也。”

[1]因以居文焉：因，宋本作“固”。

[2]温嶠：字太真，本書卷六七有傳。

[3]情由憶生：情，原本、殿本作“思”，宋本作“情”，據宋本改。

[4]苟世不寧：如果世道不安寧。苟，如果。

[5]梁踦：古代的高士。

居導園七年，未嘗出入。一旦忽求還山，導不聽。後逃歸臨安，[1]結廬舍於山中。臨安令萬寵迎至縣中。[2]

及蘇峻反，破餘杭，而臨安獨全，人皆異之，以爲知幾。[3] 自後不復語，但舉手指麾，以宣其意。病甚，求還山，欲枕石安尸，不令人殯葬，寵不聽。不食二十餘日，亦不瘦。寵問曰："先生復可得幾日？" 文三舉手，果以十五日終。寵葬之於所居之處而祭哭之，葛洪、庾闡並爲作傳，[4] 贊頌其美云。

[1] 臨安：縣名，治所在今浙江省杭州市臨安區。

[2] 迎至：至，宋本作"置"。

[3] 知幾：幾，宋本、殿本作"機"。

[4] 庾闡：字仲初，本書卷九二有傳。

龔壯

龔壯，字子瑋，巴西人也。[1] 潔己自守，[2] 與鄉人譙秀齊名。父叔爲李特所害，[3] 壯積年不除喪，力弱不能復仇。及李壽戍漢中，[4] 與李期有嫌，[5] 期，特孫也，壯欲假壽以報，乃説壽曰："節下若能并有西土，稱藩於晋，人必樂從。且捨小就大，以危易安，莫大之策也。" 壽然之，遂率衆討期，果克之。壽猶襲僞號，欲官之，壯誓不仕，賂遺一無所取。會天久雨，百姓饑墊，壯上書説壽以歸順，允天心，應人望，永爲國藩，福流子孫。壽省書内愧，秘而不宣。乃遣使入胡，壯又諫之，壽又不納。壯謂百行之本莫大忠孝，既假壽殺期，私仇以雪，又欲使其歸朝，以明臣節。壽既不從，壯遂稱聾，又云手不制物，終身不復至成都，惟研考經典，譚思文章，[6] 至李勢時卒。[7]

[1]巴西：郡名，治所在閬中縣（今四川省閬中市）。

[2]潔己：潔，殿本作“絜”。

[3]李特：字玄休，本書卷一二〇有載記。

[4]李壽：字武考，本書卷一二一有載記。　漢中：郡名，治所在南鄭縣（今陝西省漢中市）。

[5]李期：字世運，本書卷一二一有載記。

[6]譚思文章：中華本校勘記：“周校：覃思之覃不從言旁。按：《御覽》五〇三引王隱《晋書》作‘覃’。”

[7]李勢：字子仁，本書卷一二一有載記。

初，壯每嘆中夏多經學，而巴蜀鄙陋，兼遭李氏之難，無復學徒，乃著《邁德論》，文多不載。

孟陋

孟陋，字少孤，武昌人也。[1]吴司空宗之曾孫也。[2]兄嘉，[3]桓温征西長史。[4]陋少而貞立，清操絶倫，布衣蔬食，以文籍自娱。口不及世事，未曾交游，時或弋釣，孤興獨往，[5]雖家人亦不知其所之也。喪母，毁瘠殆於滅性，不飲酒食肉十有餘年。親族迭謂之曰：“少孤！誰無父母？誰有父母！聖人制禮，令賢者俯就，不肖企及。若使毁性無嗣，更爲不孝也。”陋感此言，然後從吉。由是名著海内。

[1]武昌：郡名，治所在武昌縣（今湖北省鄂州市鄂城區）。

[2]宗：孟宗，三國孫吴人，任光禄勛、右御史大夫等職。

[3]嘉：孟嘉，字萬年，本書卷九八有傳。

[4]桓温：字元子，本書卷九八有傳。　征西長史：官名，征

西將軍府長史。掌顧問參謀，爲所在官署掾屬之長。七品。

[5]獨往：往，宋本、殿本作“歸”。

簡文帝輔政，命爲參軍，稱疾不起。桓温躬往造焉。或謂温曰：“孟陋高行，學爲儒宗，宜引在府，以和鼎味。”[1]温嘆曰：“會稽王尚不能屈，非敢擬議也。”[2]陋聞之曰：“桓公正當以我不往故耳。億兆之人，無官者十居其九，豈皆高士哉！我疾病不堪恭相王之命，非敢爲高也。”由是名稱益重。博學多通，長於《三禮》。注《論語》，行於世。卒以壽終。

[1]和鼎味：幫助治理國家。鼎味，喻國政。典出《尚書·説命下》，武丁曾對傅説説：“來汝説，台小子舊學于甘盤，既乃遁于荒野，入宅於河。自河徂亳，暨厥終罔顯。爾惟訓於朕志。若作酒醴，爾惟麴糵，若作和羹，爾惟鹽梅。”意思是：你當輔佐我實現夙志。如果我作美酒，你就是曲糵；我要作羹湯，你就是鹽梅。武丁把治國比作羹湯，把用人比成鹽梅。

[2]非敢擬議：不敢接受這個建議。

韓績

韓績，字興齊，廣陵人也。[1]其先避亂，居于吴之嘉興。[2]父建，仕吴至大鴻臚。[3]績少好文學，以潛退爲操，布衣蔬食，不交當世，由是東土並宗敬焉。司徒王導聞其名，辟以爲掾，不就。咸康末，會稽内史孔愉上疏薦之，[4]詔以安車、束帛徵之。[5]尚書令諸葛恢奏績名望猶輕，[6]未宜備禮，於是召拜博士。稱老病不起，卒於家。

[1]廣陵：三國時治淮陰縣（今江蘇省淮安市淮陰區西南甘羅城），東晋移治廣陵縣（今江蘇省揚州市西北蜀岡上）。

[2]嘉興：縣名，治所在今浙江省嘉興市南。

[3]大鴻臚：官名，九卿之一，掌賓客迎送接待、贊襄引導朝會百官等。晋三品。

[4]内史：官名，西晋武帝太康十年（289）改諸王國相爲内史，掌管民政。五品。周家禄《晋書校勘記》認爲："晋制，以郡爲國，内史治民事，若郡太守。國除爲郡，復稱太守。然二名往往混淆，史家亦互稱之。" 孔愉：字敬康，本書卷七八有傳。

[5]安車：可以坐乘的車，供老年或貴婦用。

[6]尚書令：官名，秦漢時爲尚書署長官。秩位雖低，權力甚重。魏晋時沿置，爲尚書省長官，綜理全國政務，參議大政，爲高級政務長官。三品。 諸葛恢：字道明，本書卷七七有傳。

于時高密劉鰤字長魚、城陽邴郁字弘文，[1]並有高名。鰤幼不慕俗，長而希古，篤學厲行，化流邦邑。郁，魏徵士原之曾孫，[2]少有原風，敕身謹潔，[3]口不妄説，耳不妄聽，端拱恂恂，舉動有禮。咸康中，成帝博求異行之士，鰤、郁並被公卿薦舉，於是依績及翟湯等例，以博士徵之。郁辭以疾，鰤隨使者到京師，自陳年老，不拜。各以壽終。

[1]高密：郡國名，治所在高密縣（今山東省高密市西南）。 城陽：郡國名，西漢文帝改城陽郡置，治所在莒縣（今山東省莒縣）。

[2]徵士：不接受朝廷徵聘的隱士。 原：邴原，東漢末北海朱虚（今山東省臨朐縣東南）人，字根矩。與華歆、管寧游學四方，時人稱之爲一龍，邴原爲龍腹。先避亂於遼東，後回鄉講學，

與鄭玄並爲時所稱。後任曹操司空掾、丞相征事、五官將長史等職。

[3]謹潔：潔，殿本作“絜”。

譙秀

譙秀，字元彥，巴西人也。祖周，以儒學著稱，顯名蜀朝。秀少而静默，不交於世，知天下將亂，預絶人事，雖内外宗親，不與相見。郡察孝廉，州舉秀才，皆不就。及李雄據蜀，[1]略有巴西，雄叔父驤、驤子壽皆慕秀名，[2]具束帛、安車徵之，皆不應。常冠皮弁，弊衣，躬耕山藪，龔壯常嘆服焉。桓温滅蜀，上疏薦之，朝廷以秀年在篤老，兼道遠，故不徵，遣使敕所在四時存問。尋而范賁、蕭敬相繼作亂，秀避難宕渠，[3]鄉里宗族依憑之者以百數。秀年出八十，衆人欲代之負擔，秀曰：“各有老弱，當先營護。吾氣力猶足自堪，豈以垂朽之年累諸君也！”年九十餘卒。

[1]李雄：字仲儁，本書卷一二一有載記。

[2]驤：李驤，十六國時略陽臨渭（今甘肅省天水市東北渭河北岸）人，原籍巴西宕渠（今四川省渠縣東北），字玄龍，李特幼弟。本書卷一二〇、一二一及《華陽國志》有詳載。

[3]宕渠：郡名，劉備分巴西郡置，治所在宕渠縣（今四川省渠縣東北）。

翟湯

翟湯，字道深，[1]尋陽人。[2]篤行純素，仁讓廉潔，[3]不屑世事，耕而後食，人有饋贈，雖釜庾一無所受。[4]永嘉末，寇害相繼，聞湯名德，皆不敢犯，鄉人賴之。

[1]翟湯，字道深：中華本校勘記："《斠注》：《世説·栖逸》及注引《晋陽秋》，又《御覽》八一七引《中興書》'深'作'淵'。按：《御覽》四二五引《中興書》亦作'淵'。'深'乃唐人避諱改。"

[2]尋陽：郡名，治所在尋陽縣（今湖北省黄梅縣西南）。

[3]仁讓廉潔：潔，殿本作"絜"。

[4]釜庾：釜和庾，均古量器名。釜，《左傳·昭公三年》："齊舊四量，豆、區、釜、鍾。四升爲豆，各自其四，以登於釜。"杜預注："四豆爲區，區斗六升。四區爲釜，釜六斗四升。"庾，《左傳·昭公二十六年》："粟五千庾。"杜預注："庾，十六斗，凡八千斛。"引申指數量不多。

司徒王導辟，不就，隱于縣界南山。始安太守干寶與湯通家，[1]遣船餉之，敕吏云："翟公廉讓，卿致書訖，便委船還。"湯無人反致，乃貨易絹物，因寄還寶。寶本以爲惠，而更煩之，益愧嘆焉。咸康中，征西大將軍庾亮上疏薦之，[2]成帝徵爲國子博士，[3]湯不起。建元初，安西將軍庾翼北征石季龍，[4]大發僮客以充戎役，敕有司特蠲湯所調。湯悉推僕使委之鄉吏，吏奉旨一無所受，湯依所調限，放免其僕，使令編户爲百姓。康帝復以散騎常侍徵湯，固辭老疾，不至。年七十三，卒於家。

[1]始安：郡名，治所在始安縣（今廣西壯族自治區桂林市）。

干寶：字令升，本書卷八二有傳。　通家：世交。

［2］征西大將軍：官名，屬將軍名號，多授予統兵出鎮在外、都督數州諸軍事者。位在征西將軍之上。二品，開府位從公者一品。　庾亮：字元規，本書卷七三有傳。

［3］國子博士：學官，教授儒學。六品。

［4］安西將軍：官名，東漢建安年間置，與安東、安南、安北將軍合稱四安將軍，爲出鎮某一地區的軍事長官，或作爲刺史等兼理軍務的加官，權任頗重。三品，加持節都督者二品。　庾翼：字稚恭，本書卷七三有傳。　石季龍：即石虎，字季龍，本書卷一〇六有載記。

子莊，字祖休。少以孝友著名，遵湯之操，不交人物，耕而後食，語不及俗，惟以弋釣爲事。及長，不復獵。或問："漁獵同是害生之事，而先生止去其一，何哉?"莊曰："獵自我，釣自物，未能頓盡，故先節其甚者。且夫貪餌吞鈎，豈我哉!"時人以爲知言。晚節亦不復釣，端居篳門，歠菽飲水。[1]州府禮命，及公車徵，並不就。年五十六，卒。子矯亦有高操，屢辭辟命。矯子法賜，孝武帝以散騎郎徵，[2]亦不至。世有隱行云。

［1］歠菽飲水：喝豆粥飲白水。喻生活清苦。

［2］散騎郎：官名，即散騎侍郎，三國魏置。隸屬散騎省，侍從皇帝左右，顧問應對，諫諍拾遺，與散騎常侍、侍中等共平尚書奏事。五品。

郭翻

郭翻，字長翔，武昌人也。伯父訥，廣州刺史。[1]

父察，安城太守。[2]翻少有志操，辭州郡辟及賢良之舉。家于臨川，[3]不交世事，惟以漁釣射獵爲娱。[4]居貧無業，欲墾荒田，先立表題，經年無主，然後乃作。稻將熟，有認之者，悉推與之。縣令聞而詰之，以稻還翻，翻遂不受。[5]嘗以車獵，去家百餘里，道中逢病人，以車送之，徒步而歸。其漁獵所得，或從買者，便與之而不取直，亦不告姓名。由是士庶咸敬貴焉。

[1]廣州：治所在番禺縣（今廣東省廣州市）。

[2]安城：郡名，治所在平都縣（今江西省安福縣東南）。城，殿本作“成”。

[3]臨川：郡名，治所在臨汝縣（今江西省撫州市臨川區西）。

[4]爲娱：爲，宋本作“之”。

[5]翻遂不受：宋本無“翻”字。

與翟湯俱爲庾亮所薦，公車博士徵，不就。咸康末，乘小船暫歸武昌省墳墓，安西將軍庾翼以帝舅之重，躬往造翻，欲强起之。翻曰：“人性各有所短，焉可强逼！”翼又以其船小狹，欲引就大船。翻曰：“使君不以鄙賤而辱臨之，此固野人之舟也。”翼俯屈入其船中，終日而去。

嘗墜刀於水，路人有爲取者，因與之。路人不取，固辭，翻曰：“爾向不取，[1]我豈能得！”路人曰：“我若取此，將爲天地鬼神所責矣。”翻知其終不受，復沉刀於水。路人悵焉，乃復沉没取之。翻於是不逆其意，乃以十倍刀價與之。其廉不受惠，皆此類也。卒于家。

[1]爾向不取：如果你剛才不撈取。

辛謐

辛謐，字叔重，隴西狄道人也。[1]父怡，幽州刺史，世稱冠族。謐少有志尚，博學善屬文，工草隸書，爲時楷法。性恬静，不妄交游。召拜太子舍人、諸王文學，[2]累徵不起。永嘉末，以謐兼散騎常侍，慰撫關中。[3]謐以洛陽將敗，故應之。及長安陷没于劉聰，[4]聰拜太中大夫，[5]固辭不受。又歷石勒、季龍之世，[6]並不應辟命。雖處喪亂之中，頽然高邁，視榮利蔑如也。

[1]狄道：縣名，治所在今甘肅省臨洮縣。

[2]太子舍人：官名，掌行書令、表啓等。初隸太子太傅、太子少傅，後隸太子詹事。七品。　文學：官名，魏晋太子、諸王及世子均置，掌各級教育文事。

[3]關中：地區名，函谷關以西秦國故地，包括今河南省靈寶市以西及陝西省、甘肅省東部和四川省部分地區。

[4]長安：縣名，治所在今陝西省西安市西北。　劉聰：字玄明，一名載，本書卷一〇二有載記。

[5]太中大夫：官名，侍從皇帝左右，掌顧問應對、参謀議政、奉詔出使。多由寵臣貴戚出任。七品。太，原本作“大”，宋本、殿本作“太”，據宋本、殿本改。

[6]石勒：字世龍，本書卷一〇四有載記。

及冉閔僭號，[1]復備禮徵爲太常，[2]謐遺閔書曰：“昔許由辭堯，[3]以天下讓之，全其清高之節。伯夷去國，子推逃賞，[4]皆顯史牒，傳之無窮。此往而不反者也。然賢人君子雖居廟堂之上，無異於山林之中，斯窮理盡性之妙，豈有識之者邪！是故不嬰於禍難者，非爲避之，但冥心至趣而與吉會耳。諡聞物極則變，冬夏是也；致高則危，累棊是也。君王功以成矣，而久處之，非所以顧萬全遠危亡之禍也。宜因兹大捷，歸身本朝，必有許由、伯夷之廉，享松喬之壽，[5]永爲世輔，豈不美哉！”因不食而卒。

[1]冉閔：字永曾，本書卷一〇七有載記。

[2]太常：官名，漢代稱奉常，本掌禮樂宗廟、社稷祭祀，魏晋時此職掌歸尚書裁定，太常成爲閑職。三品。

[3]許由：古代著名隱士，隱於沛澤。堯聞其賢，欲讓之以天下，許由不受而逃於潁水之陽箕山之下。

[4]子推：介子推，一作介之推，春秋時晋國人。早年隨晋文公出亡，傳説曾割自己大腿肉爲晋文公充飢。文公回國繼位後，遍賞隨從出亡之臣而不及介子推。介子推乃攜母出走，隱居在綿山。

[5]松喬：赤松子和王喬，神話傳説中的兩個仙人。

劉驎之

劉驎之，字子驥，南陽人，光禄大夫耽之族也。[1]驎之少尚質素，虚退寡欲，不修儀操，人莫之知。好游山澤，志存遁逸。嘗采藥至衡山，[2]深入忘反，見有一澗水，水南有二石囷，一囷閉，一囷開，水深廣不得過。欲還，失道，遇伐弓人，問徑，僅得還家。或説囷中皆仙靈方藥諸雜物，驎之欲更尋索，終不復知處也。

[1]耽：劉耽，歷任吏部郎、兼太保、校尉司馬等職。

［2］衡山：位於今湖南省中部，五岳之一。

車騎將軍桓冲聞其名，[1]請爲長史，驎之固辭不受。冲嘗到其家，驎之於樹條桑，使者致命，驎之曰："使君既枉駕光臨，宜先詣家君。"[2]冲聞大愧，於是乃造其父。父命驎之，然後方還，拂短褐與冲言話，父使驎之於内自持濁酒蔬菜供賓，冲敕人代驎之斟酌，父辭曰："若使從者，非野人之意也。"冲慨然，至昏乃退。

［1］車騎將軍：官名，魏晋南北朝時位次於驃騎將軍，在諸名號將軍之上，多作爲軍府名號，以加授大臣及重要州郡長官。二品，開府位從公者一品。　桓冲：字幼子，本書卷七四有傳。

［2］家君：對自己父親的尊稱。

驎之雖冠冕之族，信義著於群小，[1]凡廝伍之家婚娶葬送，無不躬自造焉。居于陽岐，[2]在官道之側，[3]人物來往，莫不投之。驎之躬自供給，士君子頗以勞累，更憚過焉。凡人致贈，一無所受。去驎之家百餘里，有一孤姥，病將死，嘆息謂人曰："誰當埋我，惟有劉長史耳！何由令知？"[4]驎之先聞其有患，故往候之，值其命終，乃身爲營棺殯送之。其仁愛隱惻若此。卒以壽終。

［1］群小：望族以外的庶民。

［2］陽岐：即陽岐山，又名東岳山，位於今湖北省石首市西。

［3］官道：大路。

［4］何由令知：通過什麽途徑讓他知道。

索襲

索襲，字偉祖，敦煌人也。虚靖好學，不應州郡之命，舉孝廉、賢良方正，[1]皆以疾辭。游思於陰陽之術，著天文地理十餘篇，[2]多所啓發。不與當世交通，或獨語獨笑，或長嘆涕泣，或請問不言。

[1]賢良方正：漢晋舉薦選拔人才的科目，始於西漢文帝時。
[2]天文地理：理，殿本作“里”。

張茂時，[1]敦煌太守陰澹奇而造焉，[2]經日忘反，出而嘆曰："索先生碩德名儒，真可以諮大義。"澹欲行鄉射之禮，[3]請襲爲三老，[4]曰："今四表輯寧，將行鄉射之禮，先生年耆望重，道冠一時，養老之義，實繫儒賢。既樹非梧桐，而希鸞鳳降翼；器謝曹公，[5]而冀蓋公枉駕，[6]誠非所謂也。然夫子至聖，有召赴焉；孟軻大德，無聘不至，蓋欲弘闡大猷，[7]敷明道化故也。今之相屈，遵道崇教，非有爵位，意者或可然乎！"會病卒，時年七十九。澹素服會葬，贈錢二萬。澹曰："世人之所有餘者，富貴也；目之所好者，五色也；耳之所玩者，五音也。[8]而先生棄衆人之所收，收衆人之所棄，味無味於慌惚之際，兼重玄於衆妙之内。宅不彌畝而志忽九州，形居塵俗而栖心天外，雖黔婁之高遠，[9]莊生之不願，[10]蔑以過也。"乃謚曰玄居先生。

[1]張茂：字成遜，本書卷八六有傳。
[2]造：到，登門。

［3］鄉射之禮：古代射箭飲酒的禮儀。州長春秋季節在州的學校中以禮會民習射，或是鄉大夫於三年大比貢士之後，鄉大夫、鄉老與鄉人習射。《周禮·地官·鄉大夫》："退而以鄉射之禮五物詢衆庶。"孫詒讓正義："退，謂王受賢能之書，事畢，鄉大夫與鄉老則退，各就其鄉學之庠而與鄉人習射，是爲鄉射之禮。"

［4］三老：古代掌教化之官。鄉、縣、郡均曾先後設置。《禮記·禮運》："故宗祝在廟，三公在朝，三老在學。"

［5］器謝曹公：器量遜於曹參。曹公，曹參，秦末泗水沛（今江蘇省沛縣）人，早年爲獄掾。秦末隨劉邦起兵，屢建戰功。先後任假左丞相、左丞相。西漢建立後任齊相國。蕭何死後繼之爲漢相。

［6］蓋公：西漢初人，善治黄老言。曹參使人厚幣請之。既見蓋公，蓋公爲言治道貴清静而民自定，推此類具言之。曹參於是避正堂，讓蓋公居住。

［7］弘闡大猷：弘揚闡發治國大道。

［8］五音也：宋本無"也"字。

［9］黔婁：春秋時魯國人。一説爲春秋時齊國人。隱士，不肯出仕，家貧，死時衾不蔽体。

［10］莊生之不願：莊子不願意當官。《莊子·秋水》記載：莊子釣於濮水，楚王使大夫二人往先焉，曰："願以竟内累矣！"莊子持竿不顧，曰："吾聞楚有神龜，死已三千歲矣。王巾笥而藏之廟堂之上。此龜者，寧其死爲留骨而貴乎，寧其生而曳尾於塗中乎？"二大夫曰："寧生而曳尾塗中。"莊子曰："往矣，吾將曳尾於塗中。"

楊軻

楊軻，天水人也。[1]少好《易》，長而不娶，學業精微，養徒數百，常食粗飲水，衣褐緼袍，人不堪其憂，而軻悠然自得，疏賓異客，[2]音旨未曾交也。[3]雖受業門徒，非入室弟子，莫得親言。欲所論授，須旁無雜人，[4]授入室弟子，令遞相宣授。

[1]天水：郡名，東漢、三國魏治所在冀縣（今甘肅省甘谷縣東南），西晋治所在上邽縣（今甘肅省天水市）。

[2]異客：客，宋本作“家”。

[3]音旨未曾交：没有言辭旨意的交流。

[4]須旁無雜人：須，宋本作“湏”。

劉曜僭號，[1]徵拜太常，軻固辭不起，曜亦敬而不逼，遂隱于隴山。[2]曜後爲石勒所擒，秦人東徙，軻留長安。及石季龍嗣僞位，備玄纁束帛、安車徵之，軻以疾辭。迫之，乃發。[3]既見季龍，不拜，與語，不言，命舍之于永昌乙第。[4]其有司以軻倨傲，請從大不敬論，季龍不從，下書任軻所尚。

[1]劉曜：字永明，本書卷一〇三有載記。

[2]隴山：又名隴阪、隴首、隴頭、隴坻，位於今陝西省隴縣、寶鷄市與甘肅省清水縣、張家川回族自治縣之間。

[3]乃發：乃，宋本作“及”。

[4]永昌乙第：金墉城的乙等府第。惠帝時金墉城改名永昌城。

軻在永昌，季龍每有饋餼，[1]輒口授弟子，使爲表謝，其文甚美，覽者嘆有深致。季龍欲觀其真趣，乃密令美女夜以動之，軻蕭然不顧。又使人將其弟子盡行，遣魁壯羯士衣甲持刀，臨之以兵，并竊其所賜衣服而去，軻視而不言，了無懼色。常卧土床，覆以布被，裸寢其中，下無茵褥。潁川荀鋪，[2]好奇之士也，造而談經，軻瞑目不答，鋪發軻被，露其形，大笑之。軻神體頽然，無驚怒之狀。于時咸以爲焦先之徒，[3]未有能量其深淺也。

[1]饋饟：贈送的食物。

[2]潁川：郡名，治所在許昌縣（今河南省許昌市東）。

[3]焦先：東漢末河東（今山西省夏縣西北）人，字孝然。中平末避地揚州，建安初西還關中隱居大陽（今山西省平陸縣西南）。自作蝸牛廬，飢則出爲客作，飽食而已，不取其值。冬夏恒不着衣，卧不設席，以身親土。呻吟獨語，少與人言，以隱士異節聞世。時人稱之“狂癡”。

後上疏陳鄉思，求還，季龍送以安車蒲輪，蠲十户供之。自歸秦州，[1]仍教授不絶。其後秦人西奔凉州，[2]軻弟子以牛負之，爲戍軍追擒，并爲所害。

[1]秦州：治所在冀縣（今甘肅省甘谷縣東）。

[2]凉州：東漢治所在隴縣（今甘肅省張家川回族自治縣），三國魏移治姑臧縣（今甘肅省武威市）。

公孫鳳

公孫鳳，字子鸞，上谷人也。[1]隱于昌黎之九城山谷，[2]冬衣單布，寢土床，[3]夏則并食于器，停令臭敗，然後食之。彈琴吟咏，陶然自得，人咸異之，莫能測也。慕容暐以安車徵至鄴，[4]及見暐，不言不拜，衣食舉動如在九城。賓客造請，鮮得與言。數年病卒。

[1]上谷：郡名，三國魏治所在居庸縣（今北京市延慶區），晋治所在沮陽縣（今河北省懷來縣東南）。

[2]昌黎：郡名，治所在昌黎縣（今遼寧省義縣）。

[3]寢土床：土，宋本作“處上”。

[4]慕容暐：字景茂，本書卷一一一有載記。　鄴：縣名，曹魏五都之一，治所在今河北省臨漳縣西南。

公孫永

公孫永，字子陽，襄平人也。[1]少而好學恬虚，隱于平郭南山，[2]不娶妻妾，非身所墾植，則不衣食之，吟咏岩間，欣然自得，年餘九十，操尚不虧。

[1]襄平：縣名，遼東郡治所在地，治所在今遼寧省遼陽市。

[2]平郭：縣名，治所在今遼寧省蓋州市南。

與公孫鳳俱被慕容暐徵至鄴，及見暐，不拜，王公已下造之，皆不與言，雖經隆冬盛暑，端然自若。一歲餘，詐狂，暐送之平郭。後苻堅又將備禮徵之，[1]難其年耆路遠，[2]乃遣使者致問。未至而永亡，堅深悼之，謚曰崇虚先生。

[1]苻堅：字永固，本書卷一一三有載記。苻，宋本作“符”，本卷下文此姓字同。

[2]年耆：年老。古代年六十曰耆。

張忠

張忠，字巨和，中山人也。[1]永嘉之亂，隱于泰山。[2]恬静寡欲，[3]清虚服氣，餐芝餌石，修導養之法。冬則緼袍，夏則帶索，端拱若尸。無琴書之適，不修經典，勸教但以至道虚無爲宗。其居依崇巖幽谷，鑿地爲窟室。[4]弟子亦以窟居，去忠六十餘步，五日一朝。其教以形不以言，弟子受業，觀形而退。立道壇于窟上，每旦朝拜之。食用瓦器，鑿石爲釜。左右居人饋之衣食，一無所受。好事少年頗或問以水旱之祥，忠曰："天不言而四時行焉，萬物生焉，陰陽之事非窮山野叟所能知之。"其遣諸外物，皆此類也。年在期頤，[5]而視聽無爽。

[1]中山：郡名，治所在盧奴縣（今河北省定州市）。

[2]泰山：位於今山東省泰安市境内，五岳之一。泰，宋本作"太"。下文"泰"同。

[3]恬静：静，宋本作"靖"。

[4]鑿地：地，殿本作"池"。

[5]期頤：一百歲。

苻堅遣使徵之。使者至，忠沐浴而起，謂弟子曰："吾餘年無幾，不可以逆時主之意。"浴訖就車。及至長安，堅賜以冠衣，辭曰："年朽髮落，不堪衣冠，請以野服入覲。"從之。及見，堅謂之曰："先生考磐山林，[1]研精道素，獨善之美有餘，兼濟之功未也。故遠屈先生，將任齊尚父。"[2]忠曰："昔因喪亂，避地泰山，與鳥獸爲侣，以全朝夕之命。屬堯舜之世，思一奉聖顔。年衰志謝，不堪展效，尚父之况，非敢竊擬。山栖之性，情存岩岫，乞還餘齒，歸死岱宗。”堅以安車送之。行達華山，[3]嘆曰：“我東岳道士，没於西岳，命也，奈何！”行五十里，及關而死。使者馳驛白之，[4]堅遣黄門郎韋華持節策吊，祀以太牢，[5]褒賜命服，謚曰安道先生。

[1]先生考磐山林：中華本校勘記：“《通志》一七七、《册府》二二八‘磐’作‘槃’，與《詩·衛風》合。”

[2]將任齊尚父：武王滅商後，封功臣謀士，封尚父於營丘，曰齊。此借指請張忠出仕。

[3]華山：即今陝西省華陰市南華山，古號西岳。

[4]馳驛白之：驛，原本、宋本作“駰”，殿本作“驛”，據殿本改。

[5]太牢：用牛、羊、豕三牲祭祀稱太牢。《莊子·至樂》：“具太牢以爲膳。”成玄英疏：“太牢，牛、羊、豕也。”

石垣

石垣，字洪孫，自云北海劇人。[1]居無定所，不娶妻妾，不營産業，食不求美，衣必粗弊。或有遺其衣服，受而施人。人有喪葬，輒杖策吊之。路無遠近，時有寒暑，必在其中；或同日共時，咸皆見焉。又能暗中取物，如晝無差。姚萇之亂，[2]莫知所終。

[1]北海：郡名，治所在劇縣（今山東省昌樂縣西）。

[2]姚萇：字景茂，本書卷一一六有載記。

宋纖

宋纖，字令艾，敦煌效穀人也。[1]少有遠操，沉靖不與世交，隱居于酒泉南山。[2]明究經緯，弟子受業三千餘人，不應州郡辟命，惟與陰顒、齊好友善。張祚時，[3]太守楊宣畫其象於閣上，出入視之，作頌曰："爲枕何石？爲漱何流？身不可見，名不可求。"酒泉太守馬岌，高尚之士也，具威儀，鳴鐃鼓，造焉。纖高樓重閣，距而不見。岌嘆曰："名可聞而身不可見，德可仰而形不可睹，吾而今而後知先生人中之龍也。"[4]銘詩於石壁曰："丹崖百丈，青壁萬尋。奇木蓊鬱，[5]蔚若鄧林。[6]其人如玉，維國之琛。[7]室邇人遐，實勞我心。"

[1]效穀：縣名，治所在今甘肅省瓜州縣西。

[2]酒泉：郡名，西漢武帝置，治所在福禄縣（今甘肅省酒泉市）。

[3]張祚：字太伯，本書卷八六有傳。

[4]吾而今：原本無"而"字，宋本、殿本有，據宋本、殿本補。

[5]奇木蓊鬱：蓊，宋本作"翁"。

[6]鄧林：古代神話傳説中的樹林。《山海經·海外北經》："誇父與日逐走，入日。渴欲得飲，飲於河渭，河渭不足，北飲大澤。未至，道渴而死。棄其杖，化爲鄧林。"

[7]琛：寶玉。

纖注《論語》，及爲詩頌數萬言。年八十，篤學不倦。張祚後遣使者張興備禮徵爲太子友，興逼喻甚切，纖喟然嘆曰："德非莊生，才非干木，[1]何敢稽停明命！"

遂隨輿至姑臧。[2]祚遣其太子太和以執友禮造之，[3]纖稱疾不見，贈遺一皆不受。尋遷太子太傅。[4]頃之，上疏曰："臣受生方外，心慕太古。生不喜存，死不悲没。素有遺屬，屬諸知識，在山投山，臨水投水，處澤露形，在人親土。[5]聲聞書疏，勿告我家。今當命終，乞如素願。"遂不食而卒，時年八十二，謚曰玄虚先生。

[1]干木：段干木，戰國初人，出身貧賤。後拜子夏爲師，修業行道，辭官不仕，名聲甚高。受到魏文侯的尊崇。

[2]姑臧：縣名，治所在今甘肅省武威市。

[3]祚遣其太子太和以執友禮造之：中華本校勘記："'太和'，《册府》二二八作'泰和'，與《張祚傳》合。"

[4]太子太傅：官名，與太子少傅並稱二傅，三國時並攝東宫事務，與尚書、東曹並掌太子、諸侯官署選舉。西晋時下設丞、功曹、主簿等屬官。三品。

[5]在人親土：土，原本作"士"，宋本、殿本作"土"，據宋本、殿本、中華本校勘記改。

郭荷

郭荷，字承休，略陽人也。[1]六世祖整，漢安順之世，[2]公府八辟，公車五徵，皆不就。自整及荷，世以經學致位。荷明究群籍，特善史書。不應州郡之命。張祚遣使者以安車、束帛徵爲博士祭酒，[3]使者迫而致之。及至，署太子友。荷上疏乞還，祚許之，遣以安車蒲輪送還張掖東山。[4]年八十四卒，謚曰玄德先生。

[1]略陽：郡名，西晋泰始中以廣魏郡改名，治所在臨渭縣

（今甘肅省天水市東北渭河北岸）。

［2］漢安順之世：東漢安帝、順帝之世。漢安帝名劉祜，章帝孫。公元106至125年在位。漢順帝名劉保，安帝子，公元125至144年在位。

［3］博士祭酒：官名，領諸五經博士，掌教授經學，備顧問應對。西晋爲太學之長，與國子學之長國子祭酒並隸太常。東晋南朝以國子祭酒兼統國子、太學博士，此官或省。五品。

［4］張掖：郡名，西漢置，治所在觻得縣（今甘肅省張掖市西北），晋改觻得縣名永平縣（今甘肅省張掖市西北）。

郭瑀

郭瑀，字元瑜，敦煌人也。少有超俗之操，東游張掖，師事郭荷，盡傳其業。精通經義，雅辯談論，多才藝，善屬文。荷卒，瑀以爲父生之，師成之，君爵之，而五服之制，師不服重，蓋聖人謙也，遂服斬衰，[1]廬墓三年。禮畢，隱于臨松薤谷，鑿石窟而居，服柏實以輕身，作《春秋墨説》《孝經錯緯》，弟子著録千餘人。

［1］斬衰：五種喪服中最重的一種。用粗麻布製成，左右和下邊不縫。服制三年。子及未嫁女爲父母，媳爲公婆，承重孫爲祖父母，妻妾爲夫，均服斬衰。

張天錫遣使者孟公明持節，[1]以蒲輪、玄纁備禮徵之，遺瑀書曰："先生潛光九皋，[2]懷真獨遠，心與至境冥符，[3]志與四時消息，豈知蒼生倒懸，四海待拯者乎！孤忝承時運，負荷大業，思與賢明同贊帝道。昔傅説龍翔殷朝，[4]尚父鷹揚周室，孔聖車不停軌，墨子駕不俟旦，皆以黔首之禍不可以不救，君不獨立，道由人弘故也。況今九服分爲狄場，[5]二都盡爲戎穴，[6]天子僻陋江東，名教淪於左衽，[7]創毒之甚，開闢未聞。先生懷濟世之才，坐觀而不救，其於仁智，孤竊惑焉。故遣使者虛左授綏，[8]鶴企先生，[9]乃眷下國。”公明至山，瑀指翔鴻以示之曰：“此鳥也，安可籠哉！”遂深逃絶迹。公明拘其門人，瑀嘆曰：“吾逃禄，非避罪也，豈得隱居行義，害及門人！”乃出而就徵。及至姑臧，值天錫母卒，瑀括髮入吊，三踴而出，還于南山。

[1]張天錫：字純嘏，本書卷八六有傳。

[2]先生：先，宋本作“仁”。　潛光九皋：隱逸在曲折深遠的沼澤。九皋，曲折深遠的沼澤。《詩·小雅·鶴鳴》：“鶴鳴於九皋，聲聞於野。”毛亨傳：“皋，澤也。言身隱而名著也。”後亦用來稱美隱士或賢人。

[3]冥符：符，宋本作“苻”。

[4]傅説：商朝武丁時賢臣，曾爲刑徒，服勞役於傅岩，後被舉爲相，輔佐武丁振興王朝。

[5]九服：王畿以外的九等地區。《周禮·夏官·職方氏》：“乃辨九服之邦國：方千里曰王畿，其外方五百里曰侯服，又其外方五百里曰甸服，又其外方五百里曰男服，又其外方五百里曰采服，又其外方五百里曰衛服，又其外方五百里曰蠻服，又其外方五百里曰夷服，又其外方五百里曰鎮服，又其外方五百里曰藩服。”此指全國各地。

[6]二都：指長安和洛陽。

[7]左衽：左，原本作“布”，宋本、殿本作“左”，據宋本、殿本改。

［8］虛左授綏：空出車左邊的位置，授予將登車的人。古代戰車左邊爲主帥。此指將重要位置授予郭瑀。

［9］鶴企：盼望。

及天錫滅，苻堅又以安車徵瑀定禮儀，會父喪而止，太守辛章遣書生三百人就受業焉。及苻氏之末，略陽王穆起兵酒泉，以應張大豫，遣使招瑀。瑀嘆曰："臨河救溺，不卜命之短長；脉病三年，不豫絶其餐饋；魯連在趙，[1]義不結舌，况人將左衽而不救之！"乃與敦煌索嘏起兵五千，運粟三萬石，東應王穆。穆以瑀爲太府左長史、軍師將軍。[2]雖居元佐，而口咏黄老，冀功成世定，追伯成之踪。

［1］魯連：魯仲連，戰國時齊人，稷下學士。好謀劃，善辭令，不肯仕宦。周赧王五十六年（前259），秦軍圍攻趙國首都邯鄲，魏使辛垣衍力促趙尊秦昭王爲帝，以换取秦退兵。魯仲連力駁辛垣衍之論。適逢魏公子無忌奪晋鄙軍以救趙擊秦，秦軍引而去。於是平原君欲封魯仲連。魯仲連辭讓者三，終不肯受。平原乃置酒，酒酣，起，前，以千金爲魯仲連壽。魯仲連笑曰："所貴於天下之士者，爲人排患、釋難、解紛亂而無所取也。即有所取者，是商賈之人也，而連不忍爲也。"語見《史記》卷八三《魯仲連列傳》。

［2］太府左長史：官名，太府屬官，掾屬之長。六品。太府，官署名，都督府别稱。爲十六國前凉、西凉、南凉等國最高權力機構。　軍師將軍：官名，東漢時權力極重，十六國前凉、前秦用作武官名號。

穆惑於讒間，西伐索嘏，瑀諫曰："昔漢定天下，然後誅功臣。今事業未建而誅之，立見麋鹿游於此庭矣。"[1]穆不從。瑀出城大哭，舉手謝城曰："吾不復見汝矣！"還而引被覆面，不與人言，不食七日，輿疾而歸，旦夕祈死。夜夢乘青龍上天，[2]至屋而止，寤而嘆曰："龍飛在天，今止于屋。屋之爲字，尸下至也。龍飛至尸，吾其死也。古之君子不卒内寢，况吾正士乎！"遂還酒泉南山赤厓閣，飲氣而卒。

[1]麋鹿游於此庭矣：喻指國家敗亡。典出《史記》卷八七《李斯列傳》，趙高案治李斯。李斯拘執束縛，居囹圄中，仰天而嘆曰："今反者已有天下之半矣，而心尚未寤也，而以趙高爲佐，吾必見寇至咸陽，麋鹿游於朝也。"

[2]青龍上天：宋本無"龍"字。

祈嘉

祈嘉，字孔賓，酒泉人也。少清貧，好學。年二十餘，夜忽窗中有聲呼曰："祈孔賓，祈孔賓！隱去來，隱去來！修飾人世，[1]甚苦不可諧。[2]所得未毛銖，[3]所喪如山崖。"旦而逃去，西至敦煌，依學官誦書，貧無衣食，爲書生都養以自給，[4]遂博通經傳，精究大義。西游海渚，教授門生百餘人。張重華徵爲儒林祭酒。[5]性和裕，教授不倦，[6]依《孝經》作《二九神經》。在朝卿士、郡縣守令彭和正等受業獨拜床下者二千餘人，天錫謂爲先生而不名之。竟以壽終。

[1]修飾人世：世，宋本作"間"。

[2]甚苦：苦，宋本作“若”。

[3]毛銖：極小的利益。

[4]爲書生都養以自給：都，原本作“斲”，宋本、殿本作“都”。據宋本、殿本、中華本校勘記改。中華本校勘記曰：“局本脱‘生’字，殿本作‘書生都養’，與《通志》一七七合，今從之。‘書生都養’與《漢書・兒寬傳》‘弟子都養’義同。《御覽》五〇三引王隱《晋書》作‘儒生都養’，亦此義。”都養，指爲他人燒菜做飯。

[5]張重華：字泰臨，本書卷八六有傳。　儒林祭酒：官名，此爲新置學官，前無此職。掌講授儒家經典。

[6]教授不倦：授，宋本作“訓”。

瞿硎先生

瞿硎先生者，不得姓名，亦不知何許人也。太和末，常居宣城郡界文脊山中，[1]山有瞿硎，因以爲名焉。大司馬桓温嘗往造之。[2]既至，見先生被鹿裘，坐于石室，神無忤色，[3]温及僚佐數十人皆莫測之，[4]乃命伏滔爲之銘贊。[5]竟卒於山中。

[1]宣城郡：治所在宛陵縣（今安徽省宣城市宣州區）。　文脊山：一名曷山，位於今安徽省寧國市西北。

[2]大司馬：官名，八公之一，位在上公之下、大將軍及三公之上，高級將帥，多爲大臣加官。一品。

[3]忤：怨怒。

[4]僚佐：僚，原本作“遼”，宋本、殿本作“僚”，據宋本、殿本改。

[5]伏滔：字玄度，本書卷九二有傳。

謝敷

謝敷，字慶緒，會稽人也。性澄靖寡欲，入太平山十餘年。[1]鎮軍郗愔召爲主簿，[2]臺徵博士。[3]皆不就。

[1]太平山：位於今浙江省紹興市東南。

[2]鎮軍：官名，即鎮軍將軍。三國時始置，西晋罷又復置。位在鎮軍大將軍下，與中軍將軍、撫軍將軍並爲三名號將軍，位比四鎮將軍。三品。　郗愔：字方回，本書卷六七有傳。　主簿：官名，此爲鎮軍將軍府屬官。典領文書籍簿，省録衆事，職權甚重。

[3]臺徵博士：朝廷徵召爲博士。

初，月犯少微，[1]少微一名處士星，占者以隱士當之。譙國戴逵有美才，[2]人或憂之。俄而敷死，故會稽人士以嘲吴人云："吴中高士，便是求死不得死。"

[1]月犯少微：月亮進入少微座。少微，星座名。

[2]譙國：郡國名，曹魏置，治所在譙縣（今安徽省亳州市）。

戴逵

戴逵，字安道，譙國人也。少博學，好談論，善屬文，能鼓琴，工書畫，其餘巧藝靡不畢綜。總角時，[1]以鷄卵汁溲白瓦屑作《鄭玄碑》，又爲文而自鐫之，詞麗器妙，時人莫不驚嘆。性不樂當世，常以琴書自娱。師事術士范宣於豫章，[2]宣異之，以兄女妻焉。太宰、武陵王晞聞其善鼓琴，[3]使人召之，逵對使者破琴曰："戴安道不爲王門伶人!"晞怒，乃更引其兄述。述聞命欣然，擁琴而往。

[1]總角：童年。

[2]術士：術，宋本作“徵”。　范宣：字宣子，本書卷九一有傳。　豫章：郡名，治所在南昌縣（今江西省南昌市）。

[3]武陵王晞：司馬晞，字道叔，本書卷六四有傳。

逵後徙居會稽之剡縣。[1]性高潔，[2]常以禮度自處，深以放達爲非道，乃著論曰：

夫親没而采藥不反者，不仁之子也；君危而屢出近關者，苟免之臣也。而古之人未始以彼害名教之體者何？[3]達其旨故也。達其旨，故不惑其迹。若元康之人，[4]可謂好遁迹而不求其本，故有捐本徇末之弊、舍實逐聲之行，是猶美西施而學其顰眉，慕有道而折其巾角，[5]所以爲慕者，非其所以爲美，徒貴貌似而已矣。夫紫之亂朱，[6]以其似朱也。故鄉原似中和，[7]所以亂德；放者似達，[8]所以亂道。然竹林之爲放，有疾而爲顰者也，元康之爲放，無德而折巾者也，可無察乎！

[1]剡縣：治所在今浙江省嵊州市西南曹娥江北岸。

[2]性高潔：潔，宋本、殿本作“絜”。

[3]彼害名教：彼，宋本作“被”。

[4]元康之人：西晋末所謂曠達之士。元康，晋惠帝年號。

[5]慕有道：道，宋本作“德”。

[6]紫之亂朱：是非正邪混亂。《論語·陽貨》：“惡紫之奪朱也。”何晏《集解》引孔安國曰：“朱，正色；紫，間色之好者。惡

其邪好而奪正色。”後因以“朱紫”喻正與邪、是與非、善與惡。

[7]鄉原：指鄉里中貌似謹厚，而實與流俗合污的僞善者。原，同“願”，謹厚貌。《論語·陽貨》：“子曰：‘鄉原，德之賊者也。’”

[8]放者似達：原本作“放達似達”，宋本作“放者似連”，殿本作“放達似惠連”，此據中華本改。

且儒家尚譽者，本以興賢也，既失其本，則有色取之行。懷情喪真，以容貌相欺，其弊必至於末僞。道家去名者，欲以篤實也，苟失其本，又有越檢之行。情禮俱虧，則仰咏兼忘，其弊必至於本薄。夫僞薄者，非二本之失，而爲弊者必託二本以自通。夫道有常經，而弊無常情，是以《六經》有失，王政有弊，[1]苟乖其本，固聖賢所無奈何也。

[1]王政有弊：王，原本、宋本、殿本作“二”，據中華本校勘記改。

嗟夫！行道之人自非性足體備、暗蹈而當者，[1]亦曷能不栖情古烈，擬規前修。[2]苟迷擬之然後動，議之然後言，固當先辯其趣舍之極，[3]求其用心之本，識其枉尺直尋之旨，[4]采其被褐懷玉之由。[5]若斯，塗雖殊，而其歸可觀也；迹雖亂，而其契不乖也。[6]不然，則流遁忘反，爲風波之行，自驅以物，自誑以僞，外眩囂華，[7]内喪道實，以矜尚奪其真主，[8]以塵垢翳其天正，貽笑千載，可不慎歟！

[1]性足體備：本性完美没有缺陷。　暗蹈而當：遵循大道而行，没有不妥之舉。

[2]亦曷能不栖情古烈，擬規前修：中華本校勘記："'不'字疑衍。"今注按：據文意"不"字非衍文。

[3]先辯其趣舍：辯，宋本作"辨"。

[4]枉尺直尋：比喻小失而大獲。《孟子·滕文公下》："枉尺而直尋，宜若可爲也。"朱熹集注："枉，屈也；直，伸也。八尺曰尋，所屈者小，所伸者大也。"

[5]被褐懷玉：比喻人有才能深藏不露。

[6]其契不乖也：契，殿本作"絜"。

[7]外眩囂華：眩，原本作"昡"，宋本、殿本作"眩"，據宋本、殿本改。

[8]奪其真主：奪，殿本作"掩"。

孝武帝時，以散騎常侍、國子博士累徵，辭父疾不就。郡縣敦逼不已，乃逃于吴。吴國内史王珣有别館在武丘山，[1]逵潛詣之，與珣游處積旬。會稽内史謝玄慮逵遠遁不反，[2]乃上疏曰："伏見譙國戴逵希心俗表，不嬰世務，栖遲衡門，與琴書爲友。雖策命屢加，幽操不回，超然絶迹，自求其志。且年垂耳順，[3]常抱羸疾，時或失適，轉至委篤。今王命未回，將離風霜之患。陛下既已愛而器之，亦宜使其身名並存，請絶其召命。"疏奏，帝許之，逵復還剡。

[1]吴國：郡國名，治所在吴縣（今江蘇省蘇州市）。　王珣：

字元琳，本書卷六五有傳。　武丘山：即虎丘山，位於今江蘇省蘇州市西北，唐時因避諱曾改稱武丘。

[2]謝玄：字幼度，本書卷七九有傳。

[3]年垂耳順：年近六十歲。耳順，六十歲。

後王珣爲尚書僕射，上疏復請徵爲國子祭酒，[1]加散騎常侍，徵之，復不至。太元二十年，皇太子始出東宫，太子太傅會稽王道子、少傅王雅、詹事王珣又上疏曰：[2]"逵執操貞厲，含味獨游，年在耆老，清風彌劭。東宫虚德，式延事外，宜加旌命，[3]以參僚侍。逵既重幽居之操，必以難進爲美，宜下所在備禮發遣。"會病卒。長子勃，有父風。義熙初，以散騎侍郎徵，[4]不起，尋卒。

[1]國子祭酒：官名，國子學的長官，主管國子學，掌教授儒學、參議禮制。五品。

[2]會稽王道子：司馬道子，字道子，本書卷六四有傳。　少傅：官名，即太子少傅，與太子太傅並稱二傅，三國時並攝東宫事務，與尚書、東曹並掌太子、諸侯官署選舉。西晋時下設丞、功曹、主簿等屬官。三品。　王雅：字茂達，本書卷八三有傳。　詹事：官名，即太子詹事，東宫屬官，掌管東宫内外事務，兩晋南北朝東宫地位極重，官署齊備，擬於朝廷。太子詹事任總宫官，堪比朝廷之尚書令、領軍將軍，位權甚重。三品。　上疏曰：宋本無"曰"字。

[3]宜加旌命：宜，宋本作"宣"。

[4]以散騎侍郎徵：侍郎，原本、殿本作"常侍"，宋本作"侍郎"，據宋本改。

龔玄之

龔玄之，字道玄，[1]武陵漢壽人也。父登，歷長沙相、散騎常侍。[2]玄之好學潛默，安於陋巷。州舉秀才，公府辟，不就。孝武帝下詔曰："夫哲王御世，必搜揚幽隱，故空谷流縶維之咏，[3]丘園旅束帛之觀。譙國戴逵、武陵龔玄之並高尚其操，依仁游藝，潔己貞鮮，[4]學弘儒業，[5]朕虛懷久矣。二三君子，豈其戢賢於懷抱哉！思挹雅言，希承諷議，[6]可並以爲散騎常侍，領國子博士，指下所在備禮發遣，不得循常，以稽側席之望。"[7]郡縣敦逼，苦辭疾篤，不行。尋卒，時年五十八。

[1]龔玄之，字道玄：中華本校勘記："《商榷》：舊本作'龔玄之'。'龔'是僻姓，不學者妄改爲'龔'。《斠注》：《水經·沅水》注有晋徵士漢壽龔玄之墓銘。《水經注刊誤》曰：宋本《晋書》作'龔玄之'。《通志·氏族略》，晋有隱士龔玄之。"

[2]長沙：郡名，治所在臨湘縣（今湖南省長沙市）。　相：官名，郡國相，也稱内史。五品。　散騎常侍：官名，三國魏文帝黄初年間置，侍從皇帝左右，諫諍得失，顧問應對，與侍中等共平尚書奏事。也用作宰相、諸公等加官，入宫議政。三品。

[3]縶維：語出《詩·小雅·白駒》："皎皎白駒，食我場苗，縶之維之，以永今朝。"謂絆馬足、繫馬韁，示留客之意。後以"縶維"指挽留人才。

[4]潔己貞鮮：潔，宋本、殿本作"絜"。

[5]學弘儒業：弘，宋本作"引"。

[6]希承：宋本作"虛誠"。

[7]稽側席之望：與渴求人才的願望相符。

弟子元嘉，[1]亦有德操，高尚不仕，舉秀才及州辟召，並稱疾不就。孝武帝以太學博士、散騎侍郎、給事中累徵，[2]遂不起。卒於家。

[1]元嘉：嘉，宋本作“壽”。

[2]太學博士：學官，掌經學傳授、參議禮儀制度。六品。散騎侍郎：官名，三國魏置。隸屬散騎省，侍從皇帝左右，顧問應對，諫諍拾遺，與散騎常侍、侍中等共平尚書奏事。五品。

陶淡

陶淡，字處静，太尉侃之孫也。[1]父夏，以無行被廢。淡幼孤，好導養之術，謂仙道可祈。年十五六，便服食絶穀，不婚娶。家累千金，僮客百數，淡終日端拱，曾不營問。頗好讀《易》，善卜筮。於長沙臨湘山中結廬居之，[2]養一白鹿以自偶。親故有候之者，輒移渡澗水，[3]莫得近之。州舉秀才，淡聞，遂轉逃羅縣埤山中，[4]終身不返，莫知所終。

[1]侃：陶侃，字士行，本書卷六六有傳。

[2]臨湘：縣名，治所在今湖南省長沙市。

[3]輒移渡澗水：輒，宋本作“輙”。本卷下文“輒於林澤間候之”同。

[4]羅縣：治所在今湖南省汨羅市北。

陶潛

陶潛，字元亮，大司馬侃之曾孫也。祖茂，武昌太守。潛少懷高尚，博學善屬文，穎脱不羈，[1]任真自得，爲鄉鄰之所貴。嘗著《五柳先生傳》以自況。曰："先生不知何許人，不詳姓字，宅邊有五柳樹，因以爲號焉。閑静少言，不慕榮利。好讀書，不求甚解，每有會意，欣然忘食。性嗜酒，而家貧不能恒得。親舊知其如此，或置酒招之，造飲必盡，期在必醉，既醉而退，曾不吝情。環堵蕭然，[2]不蔽風日，短褐穿結，簞瓢屢空，晏如也。常著文章自娱，頗示己志，忘懷得失，以此自終。"其自序如此，時人謂之實録。

[1]穎脱不羈：穎，原本作"潁"，宋本、殿本作"穎"，據宋本、殿本改。

[2]環堵蕭然：狹小簡陋的居室裏空空如也。環堵，四周環繞的土墻。《禮記·儒行》："儒者有一畝之宫，環堵之室。"鄭玄注："環堵，面一堵也。五版爲堵，五堵爲雉。"《淮南子·原道訓》："環堵之室，茨之以生茅，蓬户甕牖，揉桑爲樞。"高誘注："堵長一丈，高一丈，故曰環堵，言其小也。"

以親老家貧，起爲州祭酒，[1]不堪吏職，少日自解歸。州召主簿，不就，躬耕自資，遂抱羸疾。復爲鎮軍、建威參軍，[2]謂親朋曰："聊欲弦歌，以爲三徑之資可乎？"[3]執事者聞之，以爲彭澤令。[4]在縣公田悉令種秫穀，[5]曰："令吾常醉於酒足矣。"妻子固請種秔，[6]乃使一頃五十畝種秫，[7]五十畝種秔。素簡貴，不私事上官。郡遣督郵至縣，[8]吏白應束帶見之，潛嘆曰："吾不能爲五斗米折腰，拳拳事鄉里小人邪！"義熙三年，[9]解印去縣，乃賦《歸去來》。其辭曰：

歸去來兮，田園將蕪，胡不歸？既自以心爲形役，奚惆悵而獨悲？悟已往之不諫，知來者之可追。實迷途其未遠，覺今是而昨非。舟遥遥以輕颺，風飄飄而吹衣，問征夫以前路，恨晨光之希微。乃瞻衡宇，載欣載奔，僮僕來迎，稚子候門。三徑就荒，松菊猶存。携幼入室，有酒盈樽。引壺觴以自酌，眄庭柯以怡顔，[10]倚南窗以寄傲，審容膝之易安。園日涉而成趣，門雖設而常關；策扶老而流憩，時翹首而遐觀。[11]雲無心而出岫，鳥倦飛而知還；景翳翳其將入，撫孤松而盤桓。

[1]州祭酒：官名，即别駕祭酒。州僚屬之首，高於别駕從事史。

[2]建威參軍：官名，建威將軍府屬官。參軍，亦作參軍事，謂參謀軍事。兩晋公府、軍府皆置。宋本“軍”下有“事”字。

[3]三徑：歸隱者的家園。《陶淵明集》卷七《與子儼等疏》注引嵇康《高士傳》：“求仲、羊仲皆治車爲業，挫廉逃名。蔣元卿之去兖州，還杜陵，荆棘塞門，舍中有三徑。不出，唯二人從之游。時人謂之二仲。亦載《三輔决録》。”

[4]彭澤：縣名，治所在今江西省湖口縣東。

[5]秫穀：黍米。

[6]秔：一種黏性較小的稻。

[7]一頃：一，宋本作“二”。

[8]督郵：官名，郡府屬吏。本名督郵書掾，或謂督郵曹掾，省稱郵掾、督郵。掌督送郵書，此外還代表郡守督查諸縣、宣達教令，兼及按擊盜賊、點録囚徒、催繳租賦等。不由朝廷任命，守相自辟，職權甚重。督郵分部，有二部、三部、四部、五部不等。其

職名或冠以東、西、南、北、中，或稱五部督郵。

[9]義熙三年：三，殿本作“二”。

[10]眄庭柯以怡顔：看着庭院中的樹木心情愉快。

[11]翹首：翹，宋本、殿本作“矯”。

歸去來兮，請息交以絶游，世與我而相遺，復駕言兮焉求！悦親戚之情話，樂琴書以消憂。農人告余以春暮，[1]將有事乎西疇。[2]或命巾車，或棹孤舟，既窈窕以尋壑，[3]亦崎嶇而經丘。木欣欣以向榮，泉涓涓而始流，善萬物之得時，感吾生之行休。

[1]春暮：宋本作“暮春”。

[2]西疇：泛指田地。

[3]既窈窕以尋壑：走進深遠的山探尋谷壑。

已矣乎！寓形宇内復幾時，曷不委心任去留，胡爲乎遑遑欲何之？[1]富貴非吾願，帝鄉不可期。懷良晨以孤往，或植杖而芸耔，登東皋以舒嘯，臨清流而賦詩；聊乘化而歸盡，樂夫天命復奚疑！

頃之，徵著作郎，不就。既絶州郡覲謁，其鄉親張野及周旋人羊松齡、寵遵等或有酒要之，[2]或要之共至酒坐，雖不識主人，亦欣然無忤，酣醉便反。未嘗有所造詣，所之唯至田舍及廬山游觀而已。[3]

[1]胡爲乎：宋本無“乎”字。

[2]寵遵：寵，宋本作“龐”。

［3］廬山：又名匡山、匡廬山、南嶂山，即今江西省廬山。

刺史王弘以元熙中臨州，[1]甚欽遲之，後自造焉。潛稱疾不見，既而語人云："我性不狎世，[2]因疾守閑，幸非潔志慕聲，[3]豈敢以王公紆軫爲榮邪！[4]夫謬以不賢，此劉公幹所以招謗君子，[5]其罪不細也。"弘每令人候之，密知當往廬山，乃遣其故人龐通之等賫酒，先於半道要之。潛既遇酒，便引酌野亭，欣然忘進。弘乃出與相見，[6]遂歡宴窮日。[7]潛無履，弘顧左右爲之造履。左右請履度，潛便於坐申脚令度焉。弘要之還州，問其所乘，答云："素有脚疾，向乘籃輿，[8]亦足自反。"乃令一門生二兒共輿之至州，而言笑賞適，不覺其有羡於華軒也。[9]弘後欲見，輒於林澤間候之。至於酒米乏絶，亦時相贍。

［1］王弘：琅邪臨沂（今山東省臨沂市）人，字休元，王導曾孫。東晋末爲會稽王司馬道子驃騎參軍主簿，後轉爲劉裕鎮軍府諮議參軍。劉宋建立後，歷任尚書僕射、江州刺史、揚州刺史、司徒、録尚書事等職。

［2］狎世：隨附世俗。

［3］潔志：潔，宋本作"絜"。

［4］王公紆軫：使王弘枉駕。

［5］劉公幹：劉楨，東漢末東平寧陽（今山東省東平縣東）人，字公幹。"建安七子"之一。建安中任曹操丞相掾屬、曹植中庶子等職。因平視曹丕夫人甄氏被罰輸作部，後免爲吏。

［6］相見：見，宋本作"聞"。

［7］歡宴：宴，宋本作"讌"。

[8]籃輿：古代供人乘坐的交通工具，類似小型的轎子。
[9]不覺其有羡於：宋本、殿本無“其”字。

其親朋好事，或載酒肴而往，潛亦無所辭焉。每一醉，則大適融然。又不營生業，家務悉委之兒僕。未嘗有喜愠之色，惟遇酒則飲，[1]時或無酒，亦雅咏不輟。嘗言夏月虚閑，高卧北窗之下，清風颯至，自謂羲皇上人。性不解音，而畜素琴一張，弦徽不具，每朋酒之會，則撫而和之，曰：“但識琴中趣，何勞弦上聲！”以宋元嘉中卒，時年六十三，所有文集並行於世。

[1]惟遇酒則飲：惟，宋本、殿本作“唯”。

史臣曰：君子之行殊塗，[1]顯晦之謂也。出則允釐庶政，以道濟時；處則振拔囂埃，[2]以卑自牧。詳求厥義，其來夐矣。[3]公和之居窟室，裳唯編草，誠叔夜而凝神鑒；威輦之處叢祠，衣無全帛，對子荆而陳貞則。並滅景而弗追，柳禽、尚平之流亞。[4]夏統遠邇稱其孝友，宗黨高其諒直，歌《小海》之曲，則伍胥猶存。固貞石之心，則公閭尤愧，時幸洛濱之觀，信乎兹言。宋纖幼懷遠操，清規映拔，楊宣頌其畫象，馬岌嘆其人龍，玄虚之號，實斯爲美。餘之數子，或移病而去官，或著論而矯俗，或箕踞而對時人，或弋釣而栖衡泌，含和隱璞，乘道匿輝，不屈其志，激清風於來葉者矣。

[1]殊塗：塗，宋本、殿本作“途”。

［2］振拔囂埃：超脱塵世。囂埃，猶囂塵，紛擾的塵世。

［3］其來敻矣：意義深遠。

［4］柳禽：柳下惠，春秋魯大夫展獲，字季，又字禽，曾爲士師官，食邑柳下，謚惠，故稱其爲展禽、柳下季、柳士師、柳下惠等。　尚平：尚子平，東漢河内朝歌（今河南省淇縣）人，名尚長（《後漢書》作“向長”），字子平。隱居不仕，王莽大司空王邑辟之，連年乃至，欲薦之於莽，固辭乃止。潛隱於家。讀《易》至《損》《益》卦，喟然嘆曰：“吾已知富不如貧，貴不如賤，但未知死何如生耳。”建武中，男女娶嫁既畢，敕斷家事勿相關，當如我死也。於是遂肆意，與同好北海禽慶俱游五岳名山，竟不知所終。事見《後漢書》卷八三《逸民列傳》。

贊曰：厚秩招累，修名順欲。確乎群士，超然絶俗。養粹巖阿，銷聲林曲。[1]激貪止競，永垂高躅。[2]

［1］林曲：宋本無“林”字。

［2］永垂高躅：高尚的品行永遠流傳。

晉書　卷九五

列傳第六十五

藝術

陳訓　戴洋　韓友　淳于智　步熊　杜不愆　嚴卿　隗炤　卜珝　鮑靚　吴猛　幸靈　佛圖澄　麻襦　單道開　黄泓　索紞　孟欽　王嘉　僧涉　郭黁　鳩摩羅什　沙門曇霍　臺産[1]

藝術之興，由來尚矣。先王以是决猶豫，定吉凶，審存亡，省禍福。曰神與智，藏往知來；幽贊冥符，[2]弼成人事。既興利而除害，亦威衆以立權，所謂神道設教，[3]率由於此。然而詭託近於妖妄，迂誕難可根源，法術紛以多端，[4]變態諒非一緒，真雖存矣，僞亦憑焉。聖人不語怪力亂神，良有以也。逮丘明首唱，[5]叙妖夢以垂文，子長繼作，[6]援龜策以立傳，自兹厥後，史不絶書。漢武雅好神仙，世祖尤耽讖術，遂使文成、五利逞詭詐而取寵榮，[7]尹敏、桓譚由忤時而嬰罪戾，[8]斯固通人之所蔽，千慮之一失者乎！

［1］韓友：友，宋本作“犮”，本卷下文此人名同。

［2］幽贊冥符：暗中受神明佐助，與神明契合。

［3］神道設教：利用神鬼之道進行教化。《易·觀》：“聖人以神道設教，而天下服矣。”孔穎達疏：“聖人法則天之神道，本身自行善，垂化於人，不假言語教戒，不須威刑恐逼，在下自然觀化服從。”

［4］法術紛以多端：紛，宋本作“分”。

［5］丘明：即左丘明，春秋末年魯國人，曾任魯國太史。著有《國語》《左氏春秋》。

［6］子長：即司馬遷，西漢左馮翊夏陽（今陝西省韓城市南）人，字子長。繼承父親遺志著史。因替李陵投降匈奴辯解，受腐刑。受刑後忍辱發憤，完成《史記》，成爲偉大的史學家。

［7］文成：西漢人，名李少翁。漢武帝李夫人卒，少翁以方術夜致夫人及竈鬼之貌，使武帝自帷中望見焉。乃拜少翁爲文成將軍，賞賜甚多，以客禮禮之。　五利：即欒大，膠東王宫人，與李少翁同學方術，被漢武帝拜爲五利將軍。

［8］尹敏：東漢南陽堵陽（今河南省方城縣）人，字幼季。光武帝建武中任郎中，後遷長陵令。明帝時任諫議大夫。曾在光武帝前指斥圖讖之妄。光武帝深非之，雖竟不罪，而亦以此不被拔用。　桓譚：東漢沛國相（今安徽省濉溪縣）人，字君山。好音律，博學多識，遍及《五經》。西漢哀帝、平帝時任爲郎，後任更始政權太中大夫。東漢初被徵爲待詔。因反對讖緯神學被貶爲六安郡丞。

詳觀衆術，抑惟小道，棄之如或可惜，存之又恐不經。載籍既務在博聞，筆削則理宜詳備，[1]晋謂之《乘》，[2]義在於斯。今録其推步尤精、技能可紀者，[3]

以爲《藝術傳》，式備前史云。

[1]筆削：指《春秋》一書。《史記》卷四七《孔子世家》："至於爲《春秋》，筆則筆，削則削，子夏之徒不能贊一辭。"

[2]晋謂之《乘》：春秋時晋國的史書。《孟子·離婁下》："晋之《乘》、楚之《檮杌》、魯之《春秋》，一也。"趙岐注："乘者，興於田賦乘馬之事，因以爲名。"

[3]推步：推算天象曆法。　技能：技，宋本、殿本作"伎"。

陳訓

陳訓，字道元，歷陽人。[1]少好秘學，天文、算曆、陰陽、占候無不畢綜，尤善風角。[2]孫皓以爲奉禁都尉，[3]使其占候。皓政嚴酷，訓知其必敗而不敢言。時錢塘湖開，[4]或言天下當太平，青蓋入洛陽。[5]皓以問訓，訓曰："臣止能望氣，不能達湖之開塞。"退而告其友曰："青蓋入洛，將有輿櫬銜璧之事，非吉祥也。"尋而吴亡。訓隨例内徙，拜諫議大夫。[6]俄而去職還鄉。

[1]歷陽：郡名，西晋永興元年（304）置，治所在歷陽縣（今安徽省和縣）。

[2]風角：通過五音四方之風占卜吉凶的方術。

[3]奉禁都尉：官名，掌風角、占候。

[4]時錢塘湖開：中華本校勘記："《吴志·孫皓傳》、《建康實録》四並作'臨平湖'。"塘，宋本作"唐"。

[5]洛陽：陽，宋本作"時"。

[6]諫議大夫：官名，掌議論顧問、參謀應對。七品。

及陳敏作亂，[1]遣弟宏爲歷陽太守，[2]訓謂邑人曰："陳家無王氣，不久當滅。"宏聞，將斬之，訓鄉人秦璩爲宏參軍，[3]乃説宏曰："訓善風角，可試之。如不中，徐斬未晚也。"乃赦之。時宏攻征東參軍衡彦於歷陽，乃問訓曰："城中有幾千人？攻之可拔不？"訓登牛渚山望氣，[4]曰："不過五百人，然不可攻，攻之必敗。"宏復大怒曰："何有五千人攻五百人而有不得理？"命將士攻之，果爲彦所敗，方信訓有道術，乃優遇之。

[1]陳敏：字令通，本書卷一〇〇有傳。

[2]遣弟宏爲歷陽太守：中華本校勘記："《校文》：《陳敏傳》'宏'作'閎'。"

[3]參軍：官名，亦作參軍事，謂參謀軍事。兩晋公府、軍府皆置。

[4]牛渚：地名，在今安徽省馬鞍山市西長江南岸采石磯。

都水參軍淮南周亢嘗問訓以官位，[1]訓曰："君至卯年當剖符近郡，酉年當有曲蓋。"亢曰："脱如來言，[2]當相薦拔。"訓曰："性不好官，惟欲得米耳。"後亢果爲義興太守、金紫將軍。[3]時劉聰、王彌寇洛陽，[4]歷陽太守武瑕問訓曰："國家人事如何？"訓曰："胡賊三逼，國家當敗，天子野死。今尚未也。"其後懷愍二帝果有平陽之酷焉。[5]或問其以明年吉凶者，訓曰："揚州刺史當死，[6]武昌大火，[7]上方節將亦當死。"至時，劉陶、周訪皆卒，[8]武昌大火，燒數千家。時甘卓爲歷陽太守，[9]訓私謂所親曰："甘侯頭低而視仰，相法名爲盼刀，[10]又目有赤脉，自外而入，不出十年，必以兵死，不領兵則可以免。”卓果爲王敦所害。[11]丞相王導多病，[12]每自憂慮，以問訓。訓曰：“公耳豎垂肩，必壽，亦大貴，子孫當興於江東。”[13]咸如其言。訓年八十餘卒。

[1]都水參軍：官名，亦稱都水參軍事，都水臺屬官。七品。 淮南：郡名，治所在壽春縣（今安徽省壽縣）。 周亢：亢，原本作“元”，宋本、殿本作“亢”，據宋本、殿本及下文改。

[2]脱如來言：果真如你所説。

[3]義興：郡名，治所在陽羡縣（今江蘇省宜興市）。 金紫將軍：官名，加金章紫綬的將軍，位在加銀章青綬的光禄大夫之上。

[4]劉聰：字玄明，一名載，本書卷一〇二有載記。 王彌：本書卷一〇〇有傳。

[5]平陽：縣名，治所在今山西省臨汾市西南。

[6]揚州：三國魏、吴各置揚州，魏治所在壽春縣（今安徽省壽縣），吴治所在建業縣（今江蘇省南京市）。西晋統一後復合，治所在建鄴縣（今江蘇省南京市）。

[7]武昌：郡名，治所在武昌縣（今湖北省鄂州市鄂城區）。

[8]劉陶：西晋人，歷任揚州刺史、南中郎將等職。 周訪：字士達，本書卷五八有傳。

[9]甘卓：字季思，本書卷七〇有傳。

[10]盻（xì）刀：又作眄刀、盼刀、望刀。古時相術用語。意爲凶惡的目光。盻，宋本作“眄”，殿本作“盼”。

[11]王敦：字處仲，本書卷九八有傳。

[12]丞相：官名，原爲最高國務長官，魏晋時省置無常，或分置左、右，或稱大丞相，多用來安置權臣。 王導：字茂弘，本書

卷六五有傳。

[13]江東：亦稱江左，因自北方視之，江東在左，江西在右，故稱。

戴洋

戴洋，字國流，吴興長城人也。[1]年十二，遇病死，五日而蘇。説死時天使其爲酒藏吏，授符録，給吏從幡麾，[2]將上蓬萊、崑崙、積石、太室、恒、廬、衡等諸山。[3]既而遣歸，逢一老父，謂之曰："汝後當得道，爲貴人所識。"及長，遂善風角。

[1]吴興：郡名，治所在烏程縣（今浙江省湖州市南）。　長城：縣名，治所在今浙江省長興縣東。

[2]吏從幡麾：隨從和指揮用的幡旗。

[3]蓬萊：蓬萊山，位於今浙江省象山縣北。　崑崙：昆崙山，位於今福建省惠安縣東北。　積石：積石山，位於今青海省東南部的積石山脉。　太室：太室山，即嵩山，又名外方山，位於今河南省登封市東。　恒：恒山，位於今河北省曲陽縣西北與山西省接壤處，五岳之一。　廬：廬山，又名匡山、匡廬山、南嶂山，即今江西省廬山。　衡：衡山，位於今湖南省中部，五岳之一。

爲人短陋，無風望，然好道術，妙解占候卜數。[1]吴末爲臺吏，[2]知吴將亡，託病不仕。及吴平，還鄉里。後行至瀨鄉，[3]經老子祠，皆是洋昔死時所見使處，但不復見昔物耳。因問守藏應鳳曰："去二十餘年，嘗有人乘馬東行，過老君而不下馬，未達橋，墜馬死者不？"鳳言有之。所問之事，多與洋同。

[1]占候：候，原本作“侯”，宋本、殿本作“候”，據宋本、殿本改。

[2]臺吏：朝廷的屬官。

[3]瀨鄉：地名，在今江蘇省南京市西北。

揚州刺史嘗問吉凶於洋，答曰：“熒惑入南斗，[1]八月有暴水，九月當有客軍西南來。”如期果大水，而石冰作亂。[2]冰既據揚州，洋謂人曰：“視賊雲氣，四月當破。”果如其言。時陳敏爲右將軍，[3]堂邑令孫混見而羨之。[4]洋曰：“敏當作賊族滅，何足願也！”未幾，敏果反而誅焉。初，混欲迎其家累，[5]洋曰：“此地當敗，得臘不得正，[6]豈可移家於賊中乎！”混便止。歲末，敏弟昶攻堂邑，[7]混遂以單身走免。其後都水馬武舉洋爲都水令史，[8]洋請急還鄉。[9]將赴洛，夢神人謂之曰：“洛中當敗，人盡南渡，後五年揚州必有天子。”洋信之，遂不去。既而皆如其夢。

[1]熒惑入南斗：火星進入南斗宿。熒惑，火星。南斗，星宿名。因象斗形，故以爲名。二十八宿之一，北方玄武七宿的第一宿，有星六顆。

[2]石冰：西晉人，太安二年（303）隨張昌起兵，攻破江州。後被晉將周玘打敗，又被陳敏擊破，乃北投封雲，爲封雲部將張統所殺。

[3]右將軍：官名，漢代重號將軍之一，與前、左、後將軍並爲上卿。魏晉時常設，權位漸低，僅爲武官名號，略高於一般雜號將軍。三品。

[4]堂邑：縣名，治所在今江蘇省南京市六合區東。

[5]家累：家眷。

[6]得臘不得正：即看得見臘月活不到正月。

[7]堂邑：宋本無“邑”字。

[8]都水：官名，即都水使者，都水臺長官。四品。　都水令史：官名，都水使者屬官。

[9]請急：請假。

廬江太守華譚問洋曰：[1]“天下誰當復作賊者？”洋曰：“王機。”尋而機反。陳眕問洋曰：[2]“人言江南當有貴人，顧彦先、周宣珮當是不？”[3]洋曰：“顧不及臘，周不見來年八月。”榮果以十二月十七日卒，十九日臘；珮以明年七月晦亡。王導遇病，召洋問之。洋曰：“君侯本命在申，金爲土使之主，而於申上石頭立冶，火光照天，此爲金火相爍，[4]水火相煎，以故受害耳。”導即移居東府，[5]病遂差。

[1]廬江：郡名，三國魏、吴於境内各置廬江郡，魏治所在六安縣（今安徽省六安市北），吴治所在皖縣（今安徽省潛山市）。西晋合爲一，治舒縣（今安徽省廬江縣西南）。　華譚：字令思，本書卷五二有傳。

[2]陳眕：西晋潁川（今河南省許昌市東）人，歷任右衛將軍、左衛將軍等職，附賈謐，與石崇、歐陽建、潘岳等爲“二十四友”。

[3]顧彦先：顧榮，字彦先，本書卷六八有傳。　周宣珮：中華本校勘記：“《周玘傳》‘珮’作‘佩’。”周玘，字宣佩，本書卷五八有傳。

[4]金火相爍：爍，原本作“礫”，宋本、殿本作“爍”，據宋

本、殿本改。

[5]東府：東晋、南朝丞相兼領揚州刺史的治所。位於今江蘇省南京市内。《文選·謝惠連〈祭古塚文〉》："東府掘城北壍，入丈餘，得古塚。"李善注引《丹陽記》："東府城，西則簡文會稽王時第，東則孝文王道子府。道子領揚州，仍住先舍，故俗稱東府。"

鎮東從事中郎張闓舉洋爲丞相令史。[1]時司馬飈爲烏程令，[2]將赴職，洋曰："君宜深慎下吏。"飈後果坐吏免官。洋又謂曰："卿雖免官，十一月當作郡，加將軍。"至期，爲太山太守、鎮武將軍。[3]飈賣宅將行，洋止之曰："君不得至，當還，不可無宅。"飈果爲徐龕所逼，[4]不得之郡。元帝增飈衆二千，使助祖逖。[5]洋勸飈不行，飈乃稱疾。收付廷尉，[6]俄而因赦得出。

[1]從事中郎：官名，東漢時爲大將軍屬官，地位較高。魏晋時爲將軍府或公府屬官。六品。此爲鎮東將軍府從事中郎。　張闓：字敬緒，本書卷七六有傳。　丞相令史：官名，丞相府屬吏。辦事員吏，地位較低。

[2]烏程：縣名，治所在今浙江省湖州市南下菰城。

[3]太山：郡名，治所在奉高縣（今山東省泰安市東）。　鎮武將軍：鎮，原本、殿本、中華本皆作"鎮"，宋本作"振"。按，晋有振武將軍，屬四品，無"鎮武將軍"一職，疑應從宋本。

[4]徐龕：東晋太山太守，太興二年（319）以郡叛，自號兖州刺史。數次降而復叛。

[5]祖逖：字士稚，本書卷六二有傳。

[6]廷尉：官名，中央最高司法審判機構長官，負責會審朝中有罪文武大臣，覆核審决郡國疑獄等。三品。

元帝將登阼，[1]使洋擇日，洋以爲宜用三月二十四日丙午。[2]太史令陳卓奏用二十二日，[3]言："昔越王用甲辰三月反國，范蠡稱在陽之前，[4]當主盡出，上下盡空，德將出游，刑入中宫，今與此同。"洋曰："越王爲吴所囚，雖當時遜媚，實懷怨憤，[5]蠡故用甲辰，乘德而歸，留刑吴宫。今大王内無含咎，外無怨憤，當承天洪命，納祚無窮，何爲追越王去國留殃故事邪！"乃從之。

[1]元帝：宋本作"康帝"。

[2]丙午：丙，原本作"景"。"景"爲"丙"的避諱字，以後本卷凡遇此避諱字均徑改，不再出注。

[3]太史令：官名，屬太常。掌天時、星曆、歲終奏新年曆。記録瑞應、灾異等。七品。殿本作"太令史"。

[4]范蠡：春秋末楚國宛（今河南省南陽市）人，字少伯，在楚國時與宛令文種爲友，後與文種一起入越國。吴越相争，越國失敗。兩國媾和後，范蠡隨越王入吴爲人質三年。越王返國後，發憤圖强，最後反手將吴國滅掉。功成之後，范蠡離開越國，泛海至齊國，稱鴟夷子皮，又到陶，改稱陶朱公，以經商成爲巨富。

[5]實懷怨憤：實，宋本作"負"。

及祖約代兄鎮譙，[1]請洋爲中典軍，[2]遷督護。[3]永昌元年四月庚辰，[4]禺中時有大風，[5]起自東南，折木。洋謂約曰："十月必有賊到譙城東，至歷陽，南方有反者。"主簿王振以洋爲妖，[6]白約收洋，付刺奸而絶其食五十日，[7]言語如故。約知其有神術，乃赦之而讓振。[8]振後有罪被收，洋救之。約曰："振往日相繫，今何以救之？”洋曰：“振不識風角，非有宿嫌。振往時垂饑死，洋養活之，振猶尚遺忘。夫處富貴而不棄貧賤甚難。”約義之，即原振，賜洋米三十石。至十月三日，[9]石勒騎果到譙城東。[10]洋言於約曰：“賊必向城父，[11]可遣騎水南追之，步軍於水北斷要路，賊必敗。”約竟不追，賊乃掠城父婦女輜重而去。約將魯延求追賊，[12]洋曰：“不可。”約不從，使兄子智與延追之。賊僞棄婦女輜重走，智與延等争物，賊還掩之，智、延僅以身免，士卒皆死。約表洋爲下邑長。[13]時梁國人反，[14]逐太守袁晏。梁城峻嶮，約欲討之而未决，洋曰：“賊以八月辛酉日反，[15]日辰俱王，辛德在南方，酉受自刑，梁在譙北，乘德伐刑，賊必破亡。又甲子日東風而雷西行，譙在東南，雷在軍前，爲軍驅除。昔吴伐關羽，天雷在前，周瑜拜賀。[16]今與往同，故知必克。”約從之，果平梁城。

[1]祖約：字士少，本書卷一〇〇有傳。　譙：縣名，治所在今安徽省亳州市。

[2]中典軍：官名，三國吴、蜀皆置。東晋亦置，掌宿衛。

[3]督護：官名，州郡及出鎮方面將軍府皆設，掌兵事。兩晋時常統軍征伐，祇督一軍。

[4]永昌元年四月庚辰：中華本校勘記：“是月甲辰朔，無庚辰。”今注按：永昌元年四月甲申朔，非甲辰朔。校勘記誤。

[5]禺中：將近午時。

[6]主簿：官名，此爲郡縣屬官。典領文書籍簿，省録衆事，職權甚重。

[7]刺奸：官名，刺奸都督，公府及開府位從公加兵者屬官，

掌管司法事務。

[8]讓：責備。

[9]至十月三日：宋本作“至月十三日”。

[10]石勒：字世龍，本書卷一〇四有載記。

[11]城父：縣名，治所在今安徽省亳州市東南城父集。

[12]魯延求追賊：追賊，宋本作“當之”。

[13]下邑：縣名，治所在今河南省夏邑縣。

[14]梁國：郡國名，治所在睢陽縣（今河南省商丘市）。

[15]賊以八月辛酉日反：是年八月壬午朔，月内無辛酉日。

[16]周瑜：東漢末廬江舒縣（今安徽省廬江縣西南）人，字公瑾。隨孫策起兵。孫策卒後，與張昭共同輔佐孫權。親率水軍破曹操於赤壁。歷任建威中郎將、江夏太守、偏將軍、南郡太守等職。

太寧三年正月，[1]有大流星東南行，洋曰：“至秋，府當移壽陽。”[2]及王敦作逆，約問其勝敗，洋曰：“太白在東方，[3]辰星不出。[4]兵法先起爲主，應者爲客。辰星若出，太白爲主，辰星爲客。[5]辰星不出，太白爲客，先起兵者敗。今有客無主，有前無後，宜傳檄所部，應詔伐之。”約乃率衆向合肥。[6]俄而敦死衆敗，遂住壽陽。洋又曰：“江淮之間當有軍事，譙城虚曠，宜還固守。不者，雍丘、沛皆非官有也。”[7]約不從，豫土遂陷於賊。

[1]三年正月：三，宋本作“二”。

[2]壽陽：縣名，治所在今安徽省壽縣東南。

[3]太白：金星。

[4]辰星：水星。

[5]辰星爲客：宋本無此四字。

[6]合肥：縣名，治所在今安徽省合肥市西。

[7]雍丘：縣名，治所在今河南省杞縣。　沛：縣名，治所在今江蘇省沛縣。

咸和元年春，約南行佃，[1]遇大雷雨西南來，洋曰："甲子西南天雷，其夏必失大將。"[2]至夏，汝南人反，[3]執約兄子濟，送于石勒。約府内地忽赤如丹，洋曰："按《河圖徵》云：'地赤如丹血丸丸，當有下犯上者。'[4]恐十月二十七日胡馬當來飲淮水。"至時，石勒騎大至，[5]攻城大戰。其日西風，[6]兵火俱發，約大懼。會風迴，賊退。時傳言勒遣騎向壽陽，約欲送其家還江東，洋曰："必無此事。"尋而傳言果妄。

[1]行佃：即行畋，打獵。

[2]其夏：夏，宋本作"下"。

[3]汝南：郡名，西晋治所在新息縣（今河南省息縣西南），東晋移治懸瓠城（今河南省汝南縣）。

[4]下犯上：犯，宋本作"反"。

[5]石勒騎大至：中華本校勘記："據《成紀》、《通鑑》九三'石勒'當作'石聰'。"

[6]其日西風：風，原本、殿本作"南"，宋本作"風"，據宋本、中華本校勘記改。

咸和初，月暈左角，[1]有赤白珥。約問洋，洋曰："角爲天門，開布陽道，官門當有大戰。"俄而蘇峻遣使招約俱反，[2]洋謂約曰："蘇峻必敗，然其初起，兵鋒不可當，可外和内嚴，以待其變。"約不從，遂與峻反。至三年五月，大風雷雨西北來，城内晦瞑，[3]洋謂約曰："雷鳴人上，明使君當遠佞近直，愛下振貧。昔秦有此變，卒致亂亡。"約大怒，收洋繫之。遣部將李概將兵到廬江，其衆盡散。約召洋出，問之曰："吾還東何如留壽陽？若留壽陽，何如入胡？"洋曰："東入失半，入胡滅門，留壽陽尚可。"約欲東向歷陽，其衆不樂東下，皆叛約，劫約姊及嫂奔于石勒。約到歷陽，祖焕問洋曰：[4]"君昔言平西在壽陽可得五年，果如君言。[5]今在歷陽，可得幾時？"洋曰："得六月耳。"約問洋："臺下及此氣候何如？"[6]洋曰："此當復有反者。臺下來年三月當太平，江州當大喪。[7]後南方復有軍事，去此千里。"尋而牽騰叛約，約率所親將家屬奔于石勒。二月而天子反正，四月而温嶠卒，[8]郭默據湓口以叛。[9]後勒誅約及親屬並盡，皆如洋言。

[1]月暈左角：古時占星术語。角宿有左、右兩星，即左、右角。《史記》卷二七《天官書》：左角理，右角將。故月暈在左、右角代表不同的徵象。左，原本、殿本作"在"，宋本作"左"，據宋本改。

[2]蘇峻：字子高，本書卷一〇〇有傳。

[3]城内晦瞑：瞑，原本作"瞑"，宋本、殿本作"暝"，據宋本、殿本改。

[4]祖焕問洋曰：中華本校勘記："《祖約傳》、《蘇峻傳》及《通鑑》九三、九四'焕'作'涣'。"

[5]果如君言：君，宋本作“其”。

[6]臺下：指東晋朝廷。

[7]江州：治所在南昌縣（今江西省南昌市）。

[8]温嶠：字太真，本書卷六七有傳。

[9]郭默：本書卷六三有傳。　湓口：一名湓浦口，位於今江西省九江市西北，即湓浦水入長江之口。湓，原本、宋本作“盆”，殿本作“湓”，據殿本改。

約既敗，洋往尋陽。[1]時劉胤鎮尋陽，[2]胤問洋曰：“我病當差不？”洋曰：“不憂使君不差，憂使君今年有大厄。使君年四十七，行年入庚寅。《太公陰謀》曰：‘六庚爲白獸，在上爲客星，在下爲害氣。’年與命并，必凶當忌。十二月二十二日庚寅勿見客。”胤曰：“我當解職，將君還野中治病。”洋曰：“使君當作江州，不得解職。”胤曰：“温公不復還邪？”洋曰：“温公雖還，使君故作江州。”俄如其言。九月甲寅申時，迴風從東來，[3]入胤兒船中，西過，狀如匹練，長五六丈。洋曰：“風從咸池下來，[4]攝提下去，[5]咸池爲刀兵，大殺爲死喪。到甲子日申時，府内大聚骨埋之。”胤問在何處，洋曰：“不出州府門也。”胤架府東門。洋又曰：“東爲天牢，牢下開門，憂天獄至。”十二月十七日，洋又曰：“臘近可閉門，[6]以五十人備守，并以百人備東北寅上，以却害氣。”胤不從。二十四日壬辰，胤遂爲郭默所害。

[1]尋陽：縣名，治所在今湖北省黄梅縣西南。

[2]劉胤：字承胤，本書卷八一有傳。

[3]迴風：旋風。

[4]咸池：星名。《史記》卷二七《天官書》："西宫咸池，曰天五潢。五潢，五帝車舍。"張守節正義："咸池三星，在五車中，天潢南，魚鳥之所託也。"

[5]攝提：星名。屬亢宿，共六星。位於大角星兩側，左三星曰左攝提，右三星曰右攝提。《史記》卷二七《天官書》："大角者，天王帝廷，其兩旁各有三星，鼎足句之，曰攝提。"司馬貞索隱："攝提之言提携也。言提鬥携角以接於下也。"

[6]閉門：閉，原本、殿本作"開"，宋本作"閉"，據宋本改。

南中郎將桓宣以洋爲參軍，[1]將隨宣往襄陽，[2]太尉陶侃留之住武昌。[3]時侃謀北伐，洋曰："前年十一月熒惑守胃昴，[4]至今年四月，積五百餘日。昴，趙之分野，石勒遂死。熒惑以七月退，從畢右順行入黄道，[5]未及天關，[6]以八月二十二日復逆行還鈎，[7]繞畢向昴。昴畢爲邊兵，主胡夷，故置天弓以射之。熒惑逆行，司無德之國，石勒死是也。[8]勒之餘燼，以自殘害。今年官與太歲、太陰三合癸巳，[9]癸爲北方，北方當受灾。歲鎮二星共合翼軫，[10]從子及巳，徘徊六年。荆楚之分，歲鎮所守，其下國昌，豈非功德之徵也！今年六月，鎮星前角亢。[11]角亢，鄭之分。歲星移入房，[12]太白在心。[13]心房，宋分。順之者昌，逆之者亡。石季龍若興兵東南，[14]此其死會也。官若應天伐刑，徑據宋鄭，則無敵矣。若天與不取，反受其咎。"侃志在中原，聞而大喜。會病篤，不果行。

[1]南中郎將：官名，與東、西、北中郎將並稱四中郎將，統

兵征戰，權職甚重。四品。　桓宣：東晋人，本書卷八一有傳。

[2]郡名，東漢建安十三年（208）置，治所在襄陽縣（今湖北省襄陽市），西晋移治宜城縣（今湖北省宜城市南）。

[3]太尉：官名，曹操爲丞相後，太尉府屬官歸相府，晋時太尉雖爲八公之一、三公之首，實爲名譽宰相，多爲大臣加官。一品。　陶侃：字士行，本書卷六六有傳。

[4]熒惑守胃昴：火星進入胃、昴星宿。胃，星宿名，二十八宿之一，西方白虎七宿的第三宿。昴，星宿名，二十八宿之一，白虎七宿的第四宿，又名髦頭、旄頭。有亮星七顆。

[5]黄道：地球一年繞太陽轉一周，我們從地球上看成太陽一年在天空中移動一圈，太陽這樣移動的路綫叫做黄道。它是天球上假設的一個大圓圈，即地球軌道在天球上的投影。黄道和天球赤道相交於北半球的春分點和秋分點。

[6]天闕：星名。本書卷一一《天文志上》“二十八舍”：“東方。角二星爲天闕，其間天門也，其内天庭也。”

[7]還鈎：逆行環繞。

[8]石勒：宋本作“石弘”。

[9]官與太歲、太陰三合癸巳：指陶侃的北伐欲望與天象符合。官指陶侃。太歲，歲星。太陰，月亮。癸巳，即東晋成帝咸和八年（333），石勒死之年。

[10]歲鎮二星共合翼軫：土星、木星一起進入翼宿和軫宿。歲星，木星。鎮星，土星。翼，星宿名，二十八宿之一，南方朱鳥七宿中的第六宿，凡二十二星。軫，星宿名，二十八宿之一，南方朱雀七宿的最末一宿。有星四顆。

[11]角亢：角宿與亢宿的並稱。即二十八宿中東方蒼龍七宿中的第一、第二宿。

[12]房：星宿名。二十八宿之一，蒼龍七宿之第四宿。有星四顆。

[13]太白在心：金星進入心宿。心，星宿名，二十八宿之一，

蒼龍七宿之第四宿。有星四顆。

[14]石季龍：即石虎，字季龍，本書卷一〇六有傳載記。

侃薨，征西將軍庾亮代鎮武昌，[1]復引洋問氣候。洋曰："天有白氣，喪必東行，不過數年必應。"尋有大鹿向西城門，洋曰："野獸向城，主人將去。"城東家夜半望見城内有數炬火，從城上出，如大車狀，白布幔覆，與火俱出城東北行，至江乃滅。洋聞而嘆曰："此與前白氣同。"時亮欲西鎮石城，[2]或問洋："此西足當欲東不？"洋曰："不當也。"咸康三年，洋言於亮曰："武昌土地有山無林，政可圖始，不可居終。山作八字，數不及九。昔吴用壬寅來上，創立宫城，至己酉，還下秣陵。[3]陶公亦涉八年。[4]土地盛衰有數，人心去就有期，不可移也。公宜更擇吉處，武昌不可久住。"五年，亮令毛寶屯邾城。[5]九月，洋言於亮曰："毛豫州今年受死問。昨朝大霧晏風，當有怨賊報仇，攻圍諸侯，誠宜遠偵邏。"[6]寶問當在何時，答曰："五十日内。"其夕，又曰："九月建戌，朱雀飛驚，征軍還歸，乘戴火光，天示有信，灾發東房，[7]葉落歸本，慮有後患。"明日，又曰："昨夜火殃，非國福，今年架屋，致使君病，可因燒屋，移家南渡，無嫌也。"寶即遣兒婦還武昌。尋傳賊當來攻城，洋曰："十月丁亥夜半時得賊問，干爲君，支爲臣，丁爲征西府，[8]亥爲邾城，功曹爲賊神，[9]加子時十月水王木相，王相氣合，賊必來。寅數七，子數九，賊高可九千人，下可七千人。從魁爲貴人加丁，[10]下克上，有空亡之事，不敢進武昌也。"賊果陷邾城而去。亮問洋曰："故當不失石城否?"洋曰："賊從安陸向石城,[11]逆太白,當伐身,無所慮。"亮曰："天何以利胡而病我?"洋曰："天符有吉凶,土地有盛衰,今年害氣三合己亥,己爲天下,亥爲戎胡,季龍亦當受死。今乃不憂賊,但憂公病耳。"亮曰："何方救我疾?"[12]洋曰："荆州受兵,[13]江州受灾,公可去此二州。"亮曰："如此,當有解不?"洋曰："恨晚。猶差不也。"[14]亮竟不能解二州,遂至大困。洋曰："昔蘇峻時,公於白石祠中祈福,許賽其牛,[15]至今未解,故爲此鬼所考。"亮曰："有之,君是神人也。"或問洋曰："庾公可得幾時?"洋曰："見明年。"時亮已不識人,咸以爲妄,果至正月一日而薨。

[1]征西將軍:官名,東漢永元年間置,地位與雜號將軍、偏將軍、裨將軍等同。建安年間與征東、征南、征北將軍合稱四征將軍,地位提高。三品,加持節都督者二品。　庾亮:字元規,本書卷七三有傳。　代鎮:代,宋本作"伐"。

[2]石城:地名,在今湖北省鍾祥市。

[3]秣陵:縣名,東漢建安十七年(212)孫權改名建業縣,治所在今江蘇省南京市。

[4]涉:原本作"陟",宋本、殿本作"涉",據宋本、殿本改。

[5]毛寶:字碩真,本書卷八一有傳。　邾城:邾縣城,位於今湖北省黄岡市。

[6]偵邏:偵查巡邏。

[7]灾發東房:發,殿本作"廢"。

[8]征西府:征西將軍府。

[9]功曹：官名，即功曹史。郡縣屬官，執掌人事，參與郡縣政務。兩晉時，不開府將軍、太子二傅、特進、郡縣皆置。

[10]從魁：北斗七星的第二顆星。　貴人：指征西將軍庾亮。

[11]安陸：縣名，治所在今湖北省雲夢縣。

[12]救我疾：疾，宋本作“病”。

[13]荆州：三國時曹魏治所在新野縣（今河南省新野縣），孫吴治江陵縣（今湖北省江陵縣），西晋統一後治所在江陵縣（今湖北省江陵縣）。

[14]猶差不也：尤其是選擇離開荆、江二州。

[15]許賽其牛：用牛作爲酬報。

庾翼代亮，[1]洋復爲占候。少時卒，年八十餘。所占驗者不可勝紀。

[1]庾翼：字稚恭，本書卷七三有傳。

韓友

韓友，字景先，廬江舒人也。[1]爲書生，受《易》於會稽伍振，[2]善占卜，能圖宅相冢，亦行京費厭勝之術。[3]

[1]舒：縣名，治所在今安徽省廬江縣西南。

[2]會稽：郡名，治所在山陰縣（今浙江省紹興市）。

[3]京費：京房和費長房。京房，西漢東郡頓丘（今河南省清豐縣西南）人，字君明。本姓李。善治《易》。元帝時多次以灾異推論時政。後中書令石顯將其誹謗治罪，下獄死。著作甚多，《漢書》卷三〇《藝文志》著録其《孟氏京房》十一篇、《灾異孟氏京房》六十六篇、《京氏段嘉》十二篇。費長房，東漢汝南（今河南

省平輿縣北）人。曾爲市掾。遇老翁有仙術，乃棄家學仙。 厭勝：古代巫术，通過詛咒方式，壓服人或物，以達取勝目的。

龍舒長鄧林婦病積年,[1]垂死，醫巫皆息意。友爲筮之，使畫作野猪著卧處屏風上,[2]一宿覺佳，於是遂差。舒縣廷掾王睦病死，已復魄。友爲筮之，令以丹畫版作日月置床頭，又以豹皮馬鄣泥卧上,[3]立愈。劉世則女病魅積年，巫爲攻禱，伐空冢故城間，得狸鼉數十,[4]病猶不差。友筮之，命作布囊，依女發時，張囊着窗牖間,[5]友閉户作氣，若有所驅。斯須之間，見囊大脹如吹，因决敗之，女仍大發。友乃更作皮囊二枚，沓張之，施張如前，囊復脹滿，因急縛囊口，懸着樹二十許日，漸消，開視有二斤狐毛，女遂差。

[1]龍舒：縣名，治所在今安徽省舒城縣西南。

[2]使畫作野猪著卧處屏風上：畫，原本作“或”，宋本、殿本作“畫”，據宋本、殿本改。

[3]馬鄣泥：馬韀。因墊在馬鞍下，垂於馬背兩旁以擋塵土，故稱。

[4]狸鼉（tuó）：狐狸和鱷魚。

[5]着窗牖間：着，宋本、殿本作“著”。下文“懸着樹二十許日”同。

宣城邊洪以四月中就友卜家中安否,[1]友曰：“卿家有兵殃，其禍甚重。可伐七十束柴，積於庚地，至七月丁酉放火燒之，咎可消也。不爾，其凶難言。”洪即聚柴。至日，大風，不敢發火。洪後爲廣陽領校,[2]遭母喪歸家，友來投之，時日已暮，出告從者，速裝束，吾當夜去。從者曰："今日已暝，數十里草行，何急復去?"友曰："非汝所知也。此間血覆地，寧可復住!"苦留之，不待食而去。其夜洪欻發狂，絞殺兩子，并殺婦，又斫父妾二人，皆被創，因出亡走。明日，其宗族往收殯亡者，尋索洪，數日，於宅前林中得之，已自經死。

[1]宣城：郡名，治所在宛陵縣（今安徽省宣城市宣州區）。

[2]廣陽：縣名，治所在今北京市西南良鄉東北。　領校：兼理校官。領，以地位較高的官員兼理較低的職務。

宣城太守殷祐有病，友筮之，曰："七月晦日，將有大鴝鳥來集廳事上，[1]宜勤伺取，若獲者爲善，不獲將成禍。"祐乃謹爲其備。至日，果有大鴝垂尾九尺，來集廳事上，掩捕得之，祐乃遷石頭督護，後爲吴郡太守。[2]

[1]鴝鳥：一種體小尾長的小鳥。　廳事：官署視事問案的廳堂。

[2]吴郡：治所在吴縣（今江蘇省蘇州市）。

友卜占神效甚多，而消殃轉禍，無不皆驗。干寶問其故，[1]友曰："筮卦用五行相生殺，如按方投藥治病，以冷熱相救。其差與不差，不可必也。"友以元康六年舉賢良，元帝渡江，以爲廣武將軍，[2]永嘉末卒。

[1]干寶：字令升，本書卷八二有傳。干，原本作“于”，宋本、殿本作“干”，據其本傳及宋本、殿本改。

[2]廣武將軍：官名，曹魏、西晋皆置。名號將軍中地位較高。四品。

淳于智

淳于智，字叔平，濟北盧人也。[1]有思義，能《易》筮，善厭勝之術。高平劉柔夜卧，[2]鼠齧其左手中指，以問智。智曰：“是欲殺君而不能，當爲君使其反死。”乃以朱書手腕横文後三寸作田字，辟方一寸二分，使露手以卧。明旦，有大鼠伏死手前。譙人夏侯藻母病困，詣智卜，忽有一狐當門向之嗥。藻怖愕，馳見智。智曰：“其禍甚急，君速歸，在狐嗥處拊心啼哭，令家人驚怪，大小必出，一人勿出，[3]哭勿止，然後其禍可救也。”藻還，如其言，母亦扶病而出。家人既集，堂屋五間拉然而崩。護軍張劭母病篤，[4]智筮之，使西出市沐猴，繫母臂，令傍人搥拍，恒使作聲，三日放去。劭從之。其猴出門即爲犬所咋死，母病遂差。上黨鮑瑗家多喪病貧苦，[5]或謂之曰：“淳于叔平神人也，君何不試就卜，知禍所在？”瑗性質直，不信卜筮，曰：“人生有命，豈卜筮所移！”會智來，應詹謂曰：[6]“此君寒士，每多屯虞，[7]君有通靈之思，可爲一卦。”智乃爲卦，卦成，謂瑗曰：“君安宅失宜，故令君困。君舍東北有大桑樹，君徑至市，入門數十步，當有一人持荆馬鞭者，便就買以懸此樹，三年當暴得財。”瑗承言詣市，果得馬鞭，懸之三年，浚井，得錢數十萬，銅鐵器復二十餘萬，於是致贍，疾者亦愈。其消灾轉禍，不可勝紀，而卜筮所占，千百皆中。應詹少亦多病，智乃爲符使詹佩之，誦其文，既而皆驗，莫能學也。

[1]濟北：郡國名，治所在盧子城（今山東省平陰縣舊東阿東北）。　盧：縣名，治所在今山東省濟南市長清區。

[2]高平：郡名，治所在昌邑縣（今山東省巨野縣南）。

[3]一人勿出：勿，宋本作"不"。

[4]護軍：官名，執掌監護諸將，隸屬領軍。四品。　張劭：楊駿外甥。

[5]上黨：郡名，治所在潞縣（今山西省黎城縣南）。

[6]應詹：字思遠，本書卷七〇有傳。

[7]屯虞：困頓憂患。

性深沉，常自言短命，曰："辛亥歲天下有事，當有巫醫挾道術者死。吾守易義以行之，猶當不應此乎！"太康末，[1]爲司馬督，[2]有寵於楊駿，[3]故見殺。

[1]太康：原本、殿本作"太元"，宋本作"太康"。太元爲東晋孝武帝年號，與淳于智所在年代不符，據宋本改。

[2]司馬督：官名，殿中司馬督簡稱。西晋置，統禁軍，負責宫殿内的宿衛。分隸於左右衛將軍。六品。

[3]楊駿：字文長，本書卷四〇有傳。

步熊

步熊，字叔羆，陽平發干人也。[1]少好卜筮數術，門徒甚盛。熊學舍側有一人燒死，吏持熊諸生，謂爲失火。熊曰：“已爲卿卜得其人矣。使從道南行，當有一人來問得火主未者，[2]便縛之。”吏如熊言，果是耕人，自言草惡難耕，故燒之，忽風起延燒遠近，實不知草中有人。又鄰人兒遠行，或告以死，其父母號哭制服，熊爲之卜，克日當還，如期果至。

[1]陽平：郡名，治所在元城縣（今河北省大名縣東北）。發干：縣名，治所在今山東省冠縣東南。

[2]未：原本、殿本作“來”，宋本作“未”，據宋本改。

趙王倫聞其名，[1]召之。熊謂諸生曰：“倫死不久，不足應也。”倫怒，遣兵圍之數重。熊乃使諸生着其裘南走，[2]倫兵悉赴捉之，熊密從北出，得脱。後爲成都王穎所辟，[3]穎使熊射覆，[4]物無所失。後穎奔關中，[5]平昌公模鎮鄴，[6]以熊穎黨，誅之。

[1]趙王倫：司馬倫，字子彝，本書卷五九有傳。

[2]着其裘：着，宋本、殿本作“著”。

[3]成都王穎：司馬穎，字章度，本書卷五九有傳。

[4]射覆：猜度被覆蓋的物品。射，猜度。《漢書》卷六五《東方朔傳》：“上嘗使諸數家射覆，置守宫盂下，射之，皆不能中。”顔師古注：“數家，術數之家也。於覆器之下而置諸物，令暗射之，故云射覆。”

[5]關中：地區名，函谷關以西秦國故地，包括今河南省靈寶市以西及陝西省、甘肅省東部和四川省部分地區。

[6]平昌公模：司馬模，字元表，本書卷三七有傳。　鄴：縣名，曹魏五都之一。治所在今河北省臨漳縣西南。

杜不愆

杜不愆，廬江人也。少就外祖郭璞學《易》卜，[1]屢有驗。高平郗超年二十餘，[2]得重疾，試令筮之。不愆曰："按卦言之，卿所苦尋除。然宜於東北三十里上宫姓家索其所養雄雉，[3]籠盛置東檐下，却後九日丙午日午時，[4]必當有雌雉飛來與交，既而雙去。若如此，不出二十日病都除，又是休應，年將八十，位極人臣。若但雌逝雄留者，病一周方差，年半八十，名位亦失。"超時正羸篤，慮命在旦夕，笑而答曰："若保八十之半，便有餘矣。一周病差，何足爲淹！"[5]然未之信。或勸依其言，索雉果得。至丙午日，超卧南軒之下觀之，至日晏，果有雌雉飛入籠，[6]與雄雉交而去，雄雉不動。超嘆息曰："雖管郭之奇，[7]何以尚此！"超病彌年乃起，至四十，卒於中書郎。[8]不愆後占筮轉疏，無復此類。後爲桓嗣建威參軍。[9]

[1]郭璞：字景純，本書卷七二有傳。

[2]郗超：字景興，本書卷六七有傳。郗，原本、殿本作"郄"，宋本作"郗"，據其本傳及宋本改。

[3]上宫姓家：宫，殿本作"官"。

[4]午時：上午十一點到下午一點。

[5]何足爲淹：何談遲緩。淹，遲緩。

[6]雌雉：雉，宋本作"雄"。

[7]管：管輅，三國魏平原（今山東省平原縣西南）人，字公明。喜天文，明《周易》，善卜筮。世人凡有灾難疾病，多求其爲之解。曾任曹魏少府丞。　郭：郭璞。

[8]中書郎：官名，隸屬中書令。掌草擬詔書、外出執行重要

使命等。亦作爲中書通事郎、中書侍郎的省稱。五品。

[9]建威參軍：官名，建威將軍府屬官。參軍，亦作參軍事，謂參謀軍事。兩晋公府、軍府皆置。

嚴卿

嚴卿，會稽人也。善卜筮。鄉人魏序欲暫東行，荒年多抄盗，令卿筮之。卿筮曰："君慎不可東行，必遭暴害之氣，而非劫也。"序不之信。卿曰："既必不停，宜以禳之，[1]可索西郭外獨母家白雄狗繫着船前。"[2]求索止得駁狗，[3]無白者。卿曰："駁者亦足，然猶恨其色不純，當餘小毒，正及六畜輩耳，無所復憂。"序行半路，狗忽然作聲甚急，[4]有如人打之者。[5]比視，已死，吐黑血斗餘。其夕，序墅上白鵝數頭無故自死，而序家無恙。

[1]禳之：禳，宋本作"攘"。

[2]繫着：着，宋本、殿本作"著"。

[3]駁狗：顔色不純的狗。

[4]忽然：忽，原本作"或"，宋本、殿本作"忽"，據宋本、殿本改。

[5]有如人打之者：有如，殿本作"如有"。

隗炤

隗炤，汝陰人也。[1]善於《易》。臨終，書版授其妻曰："吾亡後當大荒窮，雖爾，慎莫賣宅也。却後五年春，當有詔使來頓此亭，[2]姓龔，此人負吾金，即以此版往責之，勿違言也。"炤亡後，其家大困乏，欲賣宅，憶夫言輒止。期日，有龔使者止亭中，妻遂賫版往責之。使者執版惘然，不知所以。妻曰："夫臨亡，手書版見命如此，不敢妄也。"使者沉吟良久而悟，謂曰："賢夫何善？"妻曰："夫善於《易》，[3]而未曾爲人卜也。"使者曰："噫，可知矣！"乃命取蓍筮之，卦成，撫掌而嘆曰："妙哉隗生！含明隱迹，可謂鏡窮達而洞吉凶者也。"於是告炤妻曰："吾不相負金也，賢夫自有金耳，知亡後當暫窮，故藏金以待太平，所以不告兒婦者，恐金盡而困無已也。知吾善《易》，故書版以寄意耳。金有五百斤，盛以青瓮，覆以銅柈，埋在堂屋東頭，去壁一丈，入地九尺。"妻還掘之，皆如卜焉。

[1]汝陰：郡名，治所在汝陰縣（今安徽省阜陽市）。

[2]當有詔使來頓此亭：原本、殿本無"使"字，宋本有，據宋本補。

[3]夫善於：宋本"夫"上有"亡"字。

卜珝

卜珝，字子玉，匈奴後部人也。少好讀《易》，郭璞見而嘆曰："吾所弗如也，奈何不免兵厄！"珝曰："然。吾大厄在四十一，位爲卿相，[1]當受禍耳。不爾者，亦爲猛獸所害。吾亦未見子之令終也。"璞曰："吾禍在江南，甚營之，未見免兆。雖然，在南猶可延期，住此不過時月。"珝曰："子勿爲公吏，可以免諸。"璞曰："吾不能免公吏，猶子之不能免卿相也。"珝曰："吾此雖當有帝王子，終不復奉二京矣。[2]琅琊可奉，[3]

卿謹奉之，主晋祀者必此人也。”[4]翊遂隱于龍門山。[5]

[1]卿相：相，殿本作“將”。下文“不能免卿相也”同。

[2]二京：指長安和洛陽。

[3]琅琊：指司馬睿。琊，宋本、殿本作“邪”。

[4]必此人也：宋本無“也”字。

[5]龍門山：位於今河北省赤城縣西南。

劉元海僭號，[1]徵爲大司農、侍中，[2]固以疾辭。元海曰：“人各有心，卜翊之不欲在吾朝，何異高祖四公哉！[3]可遂其高志。”後復徵爲光禄大夫，[4]翊謂使者曰：“非吾死所也。”及劉聰嗣僞位，徵爲太常。[5]時劉琨據并州，[6]聰問何時可平，翊答曰：“并州，陛下之分，今兹克之必矣。”聰戲曰：“朕欲勞先生一行可乎？”翊曰：“臣所以來不及裝者，正爲是行也。”聰大悦，署翊使持節、平北將軍。[7]將行，謂其妹曰：“此行也，死自吾分，後慎勿紛紜。”及攻晋陽，[8]爲琨所敗，翊卒先去，[9]爲其元帥所殺。

[1]劉元海：劉淵，字元海，本書卷一〇一有載記。

[2]大司農：官名，掌全國財政和各地的屯田。三品。　侍中：官名，東漢建安中與給事黄門侍郎出入禁中，省尚書事。曹魏時爲門下之侍中省長官，常侍衛皇帝左右，掌顧問應對、諫諍糾察、平議奏事、駁奏異議等，權力甚重。三品。

[3]高祖四公：即商山四皓：東園公、綺里季、夏黄公、甪里先生。皆爲秦末漢初隱士，曾幫助劉邦太子鞏固地位。

[4]光禄大夫：官名，三公等大臣告老回家即拜此職，或作爲

在朝顯職的加官。三品，開府位從公者一品。

[5]太常：官名，漢代稱奉常，本掌禮樂宗廟、社稷祭祀，魏晋時此職掌歸尚書裁定，太常成爲閑職。三品。

[6]劉琨：字越石，本書卷六二有傳。　并州：治所在晋陽縣（今山西省太原市西南）。

[7]使持節：漢朝官吏奉使外出時，或由皇帝授予節杖，以提高其權力。魏晋以後，凡重要軍事長官出征或出鎮，加使持節，可誅殺二千石以下官員。　平北將軍：官名，與平東、平西、平南將軍合稱四平將軍。多持節都督或監某一地區的軍事，有時作爲刺史等地方官員監理軍務的加官。三品，加持節都督者二品。

[8]晋陽：縣名，治所在今山西省太原市西南。

[9]先去：去，宋本作“奔”。

鮑靚

鮑靚，字太玄，東海人也。[1]年五歲，語父母云：“本是曲陽李家兒，[2]九歲墜井死。”其父母尋訪得李氏，推問皆符驗。靚學兼内外，明天文河洛書，稍遷南陽中部都尉，[3]爲南海太守。[4]嘗行部入海，遇風，饑甚，取白石煮食之以自濟。王機時爲廣州刺史，[5]入厠，忽見二人着烏衣，[6]與機相捍，良久擒之，得二物似烏鴨。靚曰：“此物不祥。”機焚之，徑飛上天，[7]機尋誅死。靚嘗見仙人陰君，授道訣，[8]百餘歲卒。

[1]東海：郡名，治所在郯縣（今山東省郯城縣北）。

[2]曲陽：縣名，治所在今江蘇省沭陽縣東南。

[3]南陽：郡名，治所在宛縣（今河南省南陽市）。　中部都尉：官名，三國曹魏置，西晋沿之。爲五部匈奴之一的中部長官，

原稱“中部帥”，統部民六千餘落。

［4］南海：郡名，治所在番禺縣（今廣東省廣州市）。

［5］王機：字令明，本書卷一〇〇有傳。　廣州：治所在番禺縣（今廣東省廣州市）。

［6］着烏衣：着，宋本、殿本作“著”。

［7］徑飛上天：徑，宋本作“逕”。

［8］授道訣：訣，宋本作“決”。

吴猛

吴猛，豫章人也。[1]少有孝行，夏日常手不驅蚊，懼其去己而噬親也。年四十，邑人丁義始授其神方。因還豫章，江波甚急，猛不假舟楫，以白羽扇畫水而渡，觀者異之。庾亮爲江州刺史，嘗遇疾，聞猛神異，乃迎之，問己疾何如。猛辭以算盡，請具棺服。旬日而死，形狀如生。未及大斂，遂失其尸。識者以爲亮不祥之徵。亮疾果不起。

［1］豫章：郡名，治所在南昌縣（今江西省南昌市）。

幸靈

幸靈者，豫章建昌人也。[1]性少言，與小人群居，見侵辱而無慍色，邑里號之癡，雖其父母兄弟亦以爲癡也。嘗使守稻，群牛食之，靈見而不驅，待牛去乃往理其殘亂者。其父母見而怒之，靈曰：“夫萬物生天地之間，各欲得食。牛方食，奈何驅之！”其父愈怒曰：“即如汝言，復用理壞者何爲？”靈曰：“此稻又欲得終其性，牛自犯之，靈可以不收乎！”

[1]建昌：縣名，治所在今江西省奉新縣西。

時順陽樊長賓爲建昌令，[1]發百姓作官船於建城山中，[2]吏令人各作箸一雙。[3]靈作而未輸，或竊之焉。俄而竊者心痛欲死，靈謂之曰：“爾得無竊我箸乎？”竊者不應。有頃，愈急，[4]靈曰：“若爾不以情告我者，今真死矣。”竊者急遽，乃首出之。靈於是飲之以水，病即立愈。行人由此敬畏之。船成，當下，吏以二百人引一艘，不能動，方請益人。靈曰：“此以過足，但部分未至耳。靈請自牽之。”乃手執箸，惟用百人，而船去如流。衆大驚怪，咸稱其神，於是知名。

[1]建昌令：宋本無“建”字。

[2]建城：縣名，治所在今江西省高安市。

[3]吏令人各作箸一雙：中華本校勘記：“《斠注》：《太平廣記》八一引《豫章記》‘箸’作‘楫’，《曉讀書齋雜録》疑是‘篙’之訛。”

[4]愈急：愈，宋本作“逾”。

有龔仲儒女病積年，氣息財屬，靈使以水含之，已而强起，應時大愈。又吕猗母皇氏得痿痹病，[1]十有餘年，靈療之，去皇氏數尺而坐，冥目寂然，有頃，顧謂猗曰：“扶夫人令起。”猗曰：“老人得病累年，奈何可倉卒起邪？”靈曰：“但試扶起。”於是兩人夾扶以立。

少還，靈又令去扶，即能自行，由此遂愈。於是百姓奔趣，水陸輻輳，[2]從之如雲。皇氏自以病久，懼有發動，靈乃留水一器令食之，每取水，輒以新水補處，二十餘年水清如新，塵垢不能加焉。

[1]痿痹：肢體不能動或喪失感覺。

[2]輻輳：輳，宋本、殿本作“湊”。

時高悝家有鬼怪，言語訶叱，投擲内外，不見人形，或器物自行，再三發火，巫祝厭劾而不能絶。適值靈，乃要之。靈於陌頭望其屋，謂悝曰：“此君之家邪？”悝曰：“是也。”靈曰：“知之足矣。”悝固請之，靈不得已，至門，見符索甚多，謂悝曰：“當以正止邪，而以邪救邪，惡得已乎！”並使焚之，惟據軒小坐而去，其夕鬼怪即絶。

靈所救愈多此類，然不取報謝。行不騎乘，長不娶妻，性至恭，見人即先拜，言輒自名。凡草木之夭傷於山林者，必起理之，器物之傾覆於途路者，[1]必舉正之。周旋江州間，謂其士人曰：“天地之於人物，一也，咸欲不失其情性，奈何制服人以爲奴婢乎！諸君若欲享多福以保性命，可悉免遣之。”十餘年間，賴其術以濟者極多。後乃娶妻，畜車馬奴婢，受貨賂致遺，於是其術稍衰，所療得失相半焉。

[1]途路者：途，宋本作“塗”。

佛圖澄

佛圖澄，天竺人也。[1]本姓帛氏。少學道，妙通玄術。永嘉四年，來適洛陽，自云百有餘歲，常服氣自養，能積日不食。善誦神咒，能役使鬼神。腹旁有一孔，常以絮塞之，每夜讀書，則拔絮，孔中出光，照于一室。又嘗齋時，平旦至流水側，[2]從腹旁孔中引出五臟六腑洗之，[3]訖，還内腹中。又能聽鈴音以言吉凶，莫不懸驗。

[1]天竺：古印度。

[2]平旦：旦，宋本作“且”。

[3]五臟六腑：宋本作“五藏六府”。

及洛中寇亂，乃潛草野以觀變。石勒屯兵葛陂，[1]專行殺戮，沙門遇害者甚衆。[2]澄投勒大將軍郭黑略家，黑略每從勒征伐，輒豫克勝負，勒疑而問曰：“孤不覺卿有出衆智謀，而每知軍行吉凶，何也?”黑略曰：“將軍天挺神威，[3]幽靈所助，有一沙門智術非常，云將軍當略有區夏，己應爲師。臣前後所白，皆其言也。”勒召澄，試以道術。澄即取鉢盛水，燒香咒之，須臾鉢中生青蓮花，[4]光色曜目，勒由此信之。

[1]葛陂：位於今河南省新蔡縣北。上承㶏水（今洪河），東出爲鮦水、富水等注入淮河。今陂與富水、鮦水皆湮。

[2]沙門：僧人。

[3]神威：威，宋本、殿本作“武”。

[4]須臾：須，宋本作“湏”。下文“須臾賊至”同。

勒自葛陂還河北，過枋頭，[1]枋頭人夜欲斫營，澄謂黑略曰：“須臾賊至，可令公知。”果如其言，有備，故不敗。勒欲試澄，夜冠冑衣甲，執刀而坐，遣人告澄云：“夜來不知大將軍何所在。”使人始至，未及有言，澄逆問曰：“平居無寇，何故夜嚴？”勒益信之。勒後因忿，欲害諸道士，并欲苦澄。澄乃潛避至黑略舍，語弟子曰：[2]“若將軍信至，問吾所在者，報云不知所之。”既而勒使至，覓澄不得。使還報勒，勒驚曰：“吾有惡意向澄，澄捨我去矣。”通夜不寢，思欲見澄。澄知勒意悔，明旦造勒。勒曰：“昨夜何行？”澄曰：“公有怒心，昨故權避公。今改意，是以敢來。”勒大笑曰：“道人謬矣。”[3]

[1]枋頭：地名，在今河南省浚縣西南淇門渡。
[2]弟子：宋本作“子弟”。
[3]道人：僧人。

襄國城塹水源在城西北五里，[1]其水源暴竭，勒問澄何以致水。澄曰：“今當敕龍取水。”乃與弟子法首等數人至故泉源上，坐繩床，[2]燒安息香，[3]咒願數百言。如此三日，水泫然微流，有一小龍長五六寸許，隨水而來，諸道士競往視之。有頃，水大至，隍塹皆滿。

[1]襄國：縣名，治所在今河北省邢臺市。

[2]繩床：即胡床，魏晉時傳入中原的少數民族用的輕便坐具，又稱交床。朱大渭先生《中古漢人由跪坐到垂脚高坐》一文中有論述。(參見朱大渭《六朝史論》，中華書局1998年版)

[3]安息香：息，宋本作“悉”。

鮮卑段末波攻勒，[1]衆甚盛。勒懼，問澄。澄曰：“昨日寺鈴鳴云，[2]明旦食時，當擒段末波。”勒登城望末波軍，不見前後，失色曰：“末波如此，豈可獲乎！”更遣夔安問澄。澄曰：“已獲末波矣。”時城北伏兵出，遇末波，執之。澄勸勒宥末波，遣還本國，勒從之，卒獲其用。

[1]鮮卑：我國古代北方少數民族，有拓拔、宇文、慕容、禿髮、乞伏、段諸部。　段末波：又名段末柸，屬東部鮮卑。世爲渠帥。隨從兄疾陸眷攻打石勒，被俘。後被石勒釋放。會疾陸眷死，段匹磾奔喪，末波乘機襲擊段匹磾，自立爲單于，稱幽州刺史。

[2]寺鈴鳴云：宋本“鈴”下有“聲”字。

劉曜遣從弟岳攻勒，[1]勒遣石季龍距之。岳敗，退保石梁塢，[2]季龍堅柵守之。澄在襄國，忽嘆曰：“劉岳可憫！”弟子法祚問其故，澄曰：“昨日亥時，[3]岳已敗被執。”果如所言。

[1]劉曜：字永明，本書卷一〇三有載記。

[2]石梁塢：位於今河南省洛陽市東北漢魏洛陽城東。

[3]亥時：二十一點到二十三點。

及曜自攻洛陽，勒將救之，其群下咸諫以爲不可。勒以訪澄，澄曰："相輪鈴音云：'秀支替戾岡，僕谷劬秃當。'此羯語也。秀支，軍也。替戾岡，出也。僕谷，劉曜胡位也。劬秃當，捉也。此言軍出捉得曜也。"又令一童子潔齋七日，[1]取麻油合胭脂，[2]躬自研於掌中，舉手示童子，粲然有輝。童子驚曰："有軍馬甚衆，見一人長大白皙，以朱絲縛其肘。"澄曰："此即曜也。"勒甚悦，遂赴洛距曜，生擒之。

[1]潔齋七日：潔，殿本作"絜"。

[2]胭脂：宋本作"燕支"。

勒僭稱趙天王，行皇帝事，敬澄彌篤。時石葱將叛，[1]澄誡勒曰："今年葱中有蟲，食必害人，可令百姓無食葱也。"勒班告境内，慎無食葱。俄而石葱果走。勒益重之，事必諮而後行，號曰大和尚。

[1]石葱：葱，當作"聰"。即石聰。本卷下同。

勒愛子斌暴病死，將殯，勒嘆曰："朕聞虢太子死，扁鵲能生之，[1]今可得效乎？"乃令告澄。澄取楊枝沾水，灑而咒之，就執斌手曰："可起矣！"因此遂蘇，有頃，平復。自是勒諸子多在澄寺中養之。勒死之年，天静無風，而塔上一鈴獨鳴，澄謂衆曰："鈴音云，國有大喪，不出今年矣。"既而勒果死。

[1]扁鵲：戰國初渤海鄚（今河北省任丘市北）人。姓秦，名越人。初從長桑君學醫，後遍游列國行醫，醫術高明。

及季龍僭位，遷都于鄴，傾心事澄，有重於勒。下書衣澄以綾錦，乘以雕輦，朝會之日，引之升殿，常侍以下悉助舉輿，太子諸公扶翼而上，主者唱大和尚，衆坐皆起，以彰其尊。又使司空李農旦夕親問，[1]其太子諸公五日一朝，尊敬莫與爲比。支道林在京師，[2]聞澄與諸公游，[3]乃曰："澄公其以季龍爲海鷗鳥也。"百姓因澄故多奉佛，皆營造寺廟，相競出家，真僞混淆，多生愆過。季龍下書料簡，[4]其著作郎王度奏曰：[5]"佛，外國之神，[6]非諸華所應祠奉。漢代初傳其道，惟聽西域人得立寺都邑，以奉其神，漢人皆不出家。魏承漢制，亦循前軌。今可斷趙人悉不聽詣寺燒香禮拜，以遵典禮，其百辟卿士下逮衆隸，[7]例皆禁之，其有犯者，與淫祀同罪。[8]其趙人爲沙門者，還服百姓。"朝士多同度所奏。季龍以澄故，下書曰："朕出自邊戎，忝君諸夏，至於饗祀，應從本俗。佛是戎神，所應兼奉，其夷趙百姓有樂事佛者，特聽之。"

[1]司空：官名，魏晋南北朝爲名譽宰相，多爲大臣加官。晋八公之一，位在三公之末。一品。　李農：十六國後趙人，歷任使持節、監遼西北平諸軍事、征東將軍、營州牧、大都督、大司馬等職，行大將軍事，並録尚書事。後任冉閔太宰、領太尉、録尚書事，封齊王，終被冉閔所殺

[2]支道林：即支遁。東晋陳留（今河南省開封市東）人，俗

姓闞，名遁，字道林。二十五歲出家，般若學即色宗創始人。　京師：指國都。《春秋公羊傳·桓公九年》："京師者何？天子之居也。"

[3]諸公：公，宋本作"石"。

[4]料簡：料，宋本作"科"。

[5]著作郎：官名，三國時爲著作局長官，隸屬中書省。西晋時著作局别自置省，長官仍爲著作郎，改隸屬秘書省。西晋後亦稱大著作郎、大著作、著作，掌國史及起居注的修撰。兩晋南北朝時爲清要之官，多由有名望的文學之士擔任，也用司空、侍中、尚書等官典領。職閑位重，南朝時多爲貴族起家官。六品。

[6]外國：外，殿本作"方"。

[7]百辟卿士：百官公卿。　下逮衆隸：原本、殿本無"下"字，宋本有，據宋本補。

[8]淫祀：祀，殿本作"祠"。

澄時止鄴城寺中，弟子遍於郡國。嘗遣弟子法常北至襄國，[1]弟子法佐從襄國還，相遇於梁基城下，對車夜談，言及和尚，比旦各去。佐始入，澄逆笑曰："昨夜爾與法常交車共説汝師邪？"佐愕然愧懺。於是國人每相語："莫起惡心，和尚知汝。"及澄之所在，無敢向其方面涕唾者。[2]

[1]嘗遣：嘗，原本、殿本作"常"，通"嘗"，宋本作"嘗"，據宋本改。　北至：北，殿本作"比"。

[2]涕唾：唾，殿本作"湩"。

季龍太子邃有二子，在襄國，澄語邃曰："小阿彌比當得疾，可往看之。”邃即馳信往視，則果已得病。[1]太醫殷騰及外國道士自言能療之，澄告弟子法牙曰：“正使聖人復出，[2]不愈此疾，[3]況此等乎！”後三日果死。邃將圖爲逆，謂内豎曰：“和尚神通，倘發吾謀。[4]明日來者，當先除之。”澄月望將入覲季龍，謂弟子僧慧曰：“昨夜天神呼我曰：‘明日若入，還勿過人。’我倘有所過，汝當止我。”澄常入，必過邃。邃知澄入，要候甚苦。澄將上南臺，僧慧引衣，澄曰：“事不得止。”坐未安便起，邃固留不住，所謀遂差。還寺，嘆曰：“太子作亂，其形將成，欲言難言，欲忍難忍。”乃因事從容箴季龍，季龍終不能解。俄而事發，方悟澄言。

[1]則果已得病：宋本無“則”字；病，宋本作“疾”。

[2]正使：即使。

[3]此疾：疾，宋本作“病”。

[4]倘發吾謀：可能揭发我的圖謀。

後郭黑略將兵征長安北山羌，墮羌伏中。時澄在堂上坐，[1]慘然改容曰：“郭公今有厄。”乃唱云：“衆僧祝願。”澄又自祝願。須臾，更曰：“若東南出者活，餘向者則困。”復更祝願。有頃，曰：“脱矣。”後月餘，黑略還，自説墜羌圍中，東南走，馬乏，正遇帳下人，推馬與之曰：“公乘此馬，小人乘公馬，濟與不濟，命也。”略得其馬，故獲免。推檢時日，正是澄祝願時也。

［1］堂上坐：上，殿本作“土”。

時天旱，季龍遣其太子詣臨漳西滏口祈雨，［1］久而不降，乃令澄自行，即有白龍二頭降於祠所，其日大雨方數千里。澄嘗遣弟子向西域市香，［2］既行，澄告餘弟子曰：“掌中見買香弟子在某處被劫垂死。”因燒香祝願，遥救護之。弟子後還，云某月某日某處爲賊所劫，垂當見殺，忽聞香氣，賊無故自驚曰：“救兵已至。”棄之而走。黄河中舊不生黿，時有得者，［3］以獻季龍。澄見而嘆之曰：“桓温入河，其不久乎！”温字元子，後果如其言也。季龍嘗晝寢，夢見群羊負魚從東北來，寤以訪澄。澄曰：“不祥也，鮮卑其有中原乎！”後亦皆驗。澄嘗與季龍升中臺，澄忽驚曰：“變，變，幽州當火災。”［4］乃取酒噀之，［5］久而笑曰：“救已得矣。”季龍遣驗幽州，云爾日火從四門起，西南有黑雲來，驟雨滅之，雨亦頗有酒氣。

［1］臨漳：縣名，西晋建興初改鄴縣置，治所在今河北省臨漳縣西南鄴鎮。　滏口：地名，在今河北省磁縣西北。

［2］西域：古代對玉門關以西地區的總稱。狹義西域指玉門關以西、葱嶺以東地區，廣義則指通過狹義西域所能到達的地區。

［3］時有得者：宋本“時”下有“忽”字。

［4］幽州：治所在薊縣（今北京市西南）。

［5］乃：宋本、殿本作“仍”。　取酒噀之：把酒含在口中然後噴出。

石宣將殺石韜，[1]宣先到寺與澄同坐，浮屠一鈴獨鳴，[2]澄謂曰：“解鈴音乎？云胡子洛度。”[3]宣變色曰：“是何言歟？”澄謬曰：“老胡爲道，不能山居無言，重茵美服，豈非洛度乎！”石韜後至，澄孰視良久。韜懼而問澄，澄曰：“怪公血臭，故相視耳。”季龍夢龍飛西南，自天而落，旦而問澄，澄曰：“禍將作矣，宜父子慈和，深以慎之。”季龍引澄入東閣，與其后杜氏問訊之。澄曰：“脅下有賊，不出十日，自浮圖以西，[4]此殿以東，當有血流，慎勿東也。”杜后曰：“和尚耄邪！[5]何處有賊？”澄即易語云：“六情所受，皆悉是賊。老自應耄，但使少者不昏即好耳。”遂便寓言，不復彰的。後二日，宣果遣人害韜於佛寺中，欲因季龍臨喪殺之。季龍以澄先誡，故獲免。及宣被收，澄諫季龍曰：“皆陛下之子也，何爲重禍邪！陛下若含怒加慈者，[6]尚有六十餘歲。如必誅之，宣當爲彗星下掃鄴宫。”季龍不從。後月餘，有一妖馬，髦尾皆有燒狀，入中陽門，[7]出顯陽門，[8]東首東宫，皆不得入，走向東北，俄而不見。[9]澄聞而嘆曰：“灾其及矣！”季龍大享群臣於太武前殿，[10]澄吟曰：“殿乎，殿乎！棘子成林，將壞人衣。”季龍令發殿石下視之，有棘生焉。冉閔小字棘奴。[11]

[1]石宣：十六國時後趙人，羯族，石虎子。歷任使持節、車騎大將軍，封河間王。後被石虎立爲太子。建武五年（339）主持朝政。執政期間荒淫暴虐。十四年被殺。　石韜：十六國時後趙人，羯族，石虎子。歷任前鋒將軍、司隸校尉，封安樂王。建武六

年爲太尉。石宣素其惡權勢，遂派刺客殺之。

[2]浮屠：屠，宋本作“圖”。

[3]云胡子洛度：宋本“云”上有“鈴”字。

[4]浮圖：佛塔。

[5]和尚耄邪：和尚老糊塗了吧。

[6]含怒：怒，宋本、殿本作“恕”。

[7]中陽門：鄴城城門。《鄴中記》：“二銅駝如馬形，長一丈，高一丈。足如牛尾，長三尺。脊如馬鞍。在中陽門外，夾道相向。”

[8]顯陽門：鄴城城門，在司馬門北。

[9]俄而不見：而，宋本、殿本作“爾”。

[10]太武前殿：本書卷一〇六《石季龍載記》：“（石虎）於襄國起太武殿，於鄴造東西宫，至是皆就。太武殿基高二丈八尺，以文石綷之，下穿伏室，置衛士五百人於其中。東西七十五步，南北六十五步。皆漆瓦、金鐺、銀楹、金柱、珠簾、玉壁，窮極伎巧。”

[11]冉閔：字永曾，本書卷一〇七有載記。

季龍造太武殿初成，圖畫自古賢聖、忠臣、孝子、烈士、貞女，皆變爲胡狀，旬餘，頭悉縮入肩中，惟冠髾仿佛微出，季龍大惡之，秘而不言也。澄對之流涕，乃自啓塋墓於鄴西紫陌，還寺，獨語曰：“得三年乎？”自答：“不得。”又曰：“得二年、一年、百日、一月乎？”自答：“不得。”遂無復言。謂弟子法祚曰：“戊申歲禍亂漸萌，[1]己酉石氏當滅。吾及其未亂，先從化矣。”卒於鄴宫寺。後有沙門從雍州來，[2]稱見澄西入關，季龍掘而視之，惟有一石而無尸。季龍惡之曰：“石者，朕也，葬我而去，吾將死矣。”因而遇疾。明年，季龍死，遂大亂。

[1]戊申：殿本作“戊寅”。

[2]雍州：治所在姑臧縣（今甘肅省武威市）。東漢建安十八年（213）移治長安縣（今陝西省西安市西北）。

麻襦

麻襦者，不知何許人也，莫得其姓名。石季龍時，在魏縣市中乞丐，恒着麻襦布裳，[1]故時人謂之麻襦。言語卓越，狀如狂者，乞得米穀不食，輒散置大路，云飴天馬。趙興太守籍狀收送詣季龍。[2]

[1]恒着：着，宋本、殿本作“著”。

[2]趙興：郡名，治所在定安縣（今甘肅省寧縣）。

先是，佛圖澄謂季龍曰：“國東二百里某月日當送一非常人，勿殺之也。”如期果至。季龍與共語，了無異言，惟道“陛下當終一柱殿下”。季龍不解，送以詣澄。麻襦謂澄曰：“昔在光和中會，奄至今日。西戎受玄命，[1]絶曆終有期。金離消于壤，邊荒不能遵，驅除靈期迹，莫已已之懿。裔苗葉繁，其來方積。休期於何期，永以嘆之。”[2]澄曰：“天迴運極，否將不支，九木水爲難，無可以術寧。玄哲雖存世，莫能基必莫能基必頹。[3]久游閻浮利，擾擾多此患。行登淩雲宇，會於虚游間。”其所言人莫能曉。季龍遣驛馬送還本縣，既出城，請步，云：“我當有所過，君至合口橋見待。”使人如言而馳，至橋，麻襦已先至。

[1]西戎受玄命：中華本校勘記："'西戎'，《高僧傳》作'西戎'，《神僧傳》作'西戍'。"

[2]永以嘆之：嘆，宋本作"歎"。

[3]莫能基必莫能基必頹：中華本校勘記："《高僧傳》《神僧傳》皆不重'莫能基必'四字，疑此四字駁文。"

後慕容儁投季龍尸於漳水，[1]倚橋柱不流，時人以爲"一柱殿下"即謂此也。及元帝嗣位江左，[2]亦以爲"天馬"之應云。

[1]慕容儁：字宣英，本書卷一一〇有載記。　漳水：源出今山西省長子縣西，東流穿過太行山至河北省臨漳縣北。下游歷代屢有變遷，今已非故道。

[2]江左：江東。因自北方視之，江東在左，江西在右，故稱。

單道開

單道開，敦煌人也。[1]常衣粗褐，或贈以繒服，皆不着，[2]不畏寒暑，晝夜不卧。恒服細石子，一吞數枚，日一服，或多或少。好山居，而山樹諸神見異形試之，初無懼色。

[1]敦煌：郡名，西漢武帝置，治所在敦煌縣（今甘肅省敦煌市西）。

[2]皆不着：着，宋本、殿本作"著"。

石季龍時，從西平來，[1]一日行七百里，[2]其一沙彌年十四，[3]行亦及之。至秦州，[4]表送到鄴，季龍令佛圖澄與語，不能屈也。初至鄴城西沙門法綝祠中，[5]後徙臨漳昭德寺。於房内造重閣，高八九尺，於上編菅爲禪室，常坐其中。季龍資給甚厚，道開皆以施人。人或來諮問者，道開都不答。日服鎮守藥數丸，大如梧子，藥有松蜜薑桂伏苓之氣，時復飲茶蘇一二升而已。自云能療目疾，就療者頗驗。視其行動，狀若有神。佛圖澄曰："此道士觀國興衰，[6]若去者，當有大亂。"及季龍末，道開南渡許昌，[7]尋而鄴中大亂。

[1]西平：郡名，治所在西都縣（今青海省西寧市）。
[2]一日行七百里：宋本無"一"字。
[3]沙彌：初出家的男佛教徒。
[4]秦州：治所在冀縣（今甘肅省甘谷縣東）。
[5]初至：至，宋本、殿本作"止"。
[6]此道士：此，宋本作"北"。
[7]許昌：縣名，治所在許昌城（今河南省許昌市東）。

升平三年至京師，後至南海，入羅浮山，[1]獨處茅茨，蕭然物外。年百餘歲，卒于山舍，敕弟子以尸置石穴中，弟子乃移入石室。陳郡袁宏爲南海太守，[2]與弟穎叔及沙門支法防共登羅浮山，至石室口，見道開形骸如生，香火瓦器猶存。宏曰："法師業行殊群，正當如蟬蜕耳。"乃爲之贊云。

[1]羅浮山：位於今廣東省博羅縣西北。
[2]陳郡：治所在陳縣（今河南省周口市淮陽區）。　袁宏：字彦伯，本書卷九二有傳。

黄泓

黄泓，字始長，魏郡斥丘人也。[1]父沈，[2]善天文秘術。泓從父受業，精妙逾深，兼博覽經史，尤明《禮》《易》。性忠勤，非禮不動。永嘉之亂，與渤海高瞻避地幽州，[3]説瞻曰："王浚昏暴，[4]終必無成，宜思去就以圖久安。慕容廆法政修明，[5]虚懷引納，且讖言真人出東北，儻或是乎？宜相與歸之，同建事業。"瞻不從。泓乃率宗族歸廆，廆待以客禮，引爲參軍，軍國之務動輒訪之。泓指説成敗，[6]事皆如言。廆常曰："黄參軍，孤之仲翔也。"[7]

[1]魏郡：治所在鄴縣（今河北省臨漳縣西南）。　斥丘：縣名，治所在今河北省成安縣東南。

[2]父沈：沈，宋本、殿本作"沉"。

[3]渤海：郡名，西漢置，治所在浮陽縣（今河北省滄州市東南舊滄州），西晋治所在南皮縣（今河北省南皮縣東北）。　高瞻：字子前，本書卷一〇八有載記。

[4]王浚：字彭祖，本書卷三九有傳。

[5]慕容廆：字弈洛瓌，本書卷一〇八有載記。

[6]指説成敗：指，原本、殿本作"止"，宋本作"指"，據宋本改。

[7]仲翔：虞翻，三國時會稽餘姚（今浙江省餘姚市）人，字仲翔。少好學，經學家。初任會稽太守王朗功曹。孫策破王朗，虞翻復爲功曹。孫權時任騎都尉。性疏直，多次勸諫孫權，因此被徙交州。

及皝嗣位，[1]遷左常侍，[2]領史官，[3]甚重之。石季龍攻皝，皝將走遼東，[4]泓曰："賊有敗氣，無可憂也，不過二日，必當奔潰。宜嚴勒士馬，爲追擊之備。"皝曰："今寇盛如此，卿言必走，孤未敢信。"泓曰："殿下言盛者，人事耳，臣言必走者，天時也，胡足爲疑！"及期，季龍果退，皝益奇之。

[1]皝：慕容皝，字元真，本書卷一〇九有載記。

[2]左常侍：官名，掌侍從左右、讚相禮儀、獻替諫諍。八品。

[3]史官：主管文書、典籍，並負責修撰前代史書和搜集記録當代史料的官員。

[4]遼東：郡名，治所在襄平縣（今遼寧省遼陽市）。

及慕容儁即王位，遷從事中郎。[1]儁聞冉閔亂，將圖中原，訪之於泓。泓勸行，儁從之。及僭號，署爲進謀將軍、太史令、關内侯，[2]尋加奉車都尉、西海太守、領太史令、開陽亭侯，[3]又封平舒縣五等伯，常從左右，諮决大事。靈臺令許敦害其寵，[4]謟事慕容評，[5]設異議以毁之，乃以泓爲太史靈臺諸署統，加給事中。[6]泓待敦彌厚，不以毁己易心。

[1]從事中郎：官名，東漢時爲大將軍屬官，地位較高。魏晋時爲將軍府或公府屬官。六品。

[2]進謀將軍：官名，十六國前燕置，掌參謀軍事。

[3]奉車都尉：官名，魏晋時作加官，與駙馬都尉、騎都尉並號三都尉。六品。　西海：郡名，治所在居延縣（今内蒙古自治區額濟納旗東南）。

[4]靈臺令：官名，十六國前燕、後秦、南燕等國皆置。掌觀

天象，時甚受重用，常參議政事。

[5]慕容評：十六國時昌黎棘城（今遼寧省義縣西）人，慕容廆之子。歷任前燕軍師將軍、輔弼將軍、司州刺史、驃騎將軍等職。後被前秦王猛所俘。

[6]給事中：官名，爲加官，所加爲三公、將軍、中書監令、博士、郎等。常侍從皇帝左右，諫諍糾彈，爲中朝要職。五品。

慕容暐敗，[1]以老歸家，嘆曰："燕必中興，其在吴王，[2]恨吾年過不見耳。"年九十七卒。卒後三年，僞吴王慕容垂興焉。[3]

[1]慕容暐：字景茂，本書卷一一一有載記。

[2]其在吴王：王，原本、宋本、殿本皆作"人"，據中華本改。

[3]慕容垂：字道明，本書卷一二三有載記。

索紞

索紞，字叔徹，敦煌人也。少游京師，受業太學，[1]博綜經籍，遂爲通儒。明陰陽天文，善術數占候。司徒辟，[2]除郎中，[3]知中國將亂，避世而歸。鄉人從紞占問吉凶，門中如市，紞曰："攻乎異端，戒在害己；無爲多事，多事多患。"遂詭言虛説，無驗乃止。惟以占夢爲無悔吝，乃不逆問者。

[1]太學：古代設於京城的最高學府，主要從事儒學教育。

[2]司徒：官名，西漢哀帝元壽二年（前1）改丞相爲大司徒，東漢光武帝時改名爲司徒，東漢末又改爲丞相。三國魏恢復三公

制，改丞相爲司徒，管理民政。兩晋沿制，爲八公之一，在太尉之下、司空之上。與丞相通職，一般不並置，爲名譽宰相。一品。

[3]郎中：官名，尚書省郎曹長官。位次尚書、左右丞，分曹執行政務。與“尚書郎”互稱。六品。

孝廉令狐策夢立冰上，[1]與冰下人語。紞曰：“冰上爲陽，冰下爲陰，陰陽事也。士如歸妻，迨冰未泮，婚姻事也。君在冰上與冰下人語，爲陽語陰，媒介事也。君當爲人作媒，冰泮而婚成。”策曰：“老夫耄矣，不爲媒也。”會太守田豹因策爲子求鄉人張公徵女，仲春而成婚焉。郡主簿張宅夢走馬上山，還繞舍三周，但見松柏，不知門處。紞曰：“馬屬離，離爲火。火，禍也。人上山，爲凶字。但見松柏，墓門象也。不知門處，爲無門也。三周，三期也。後三年必有大禍。”宅果以謀反伏誅。索充初夢天上有二棺落充前。紞曰：“棺者，職也，當有京師貴人舉君。二官者，頻再遷。”俄而司徒王戎書屬太守使舉充，[2]太守先署充功曹而舉孝廉。充後夢見一虜，脱上衣來詣充。紞曰：“虜去上中，下半男字，夷狄陰類，君婦當生男。”終如其言。宋桷夢內中有一人着赤衣，[3]桷手把兩杖，極打之。紞曰：“內中有人，肉字也。肉色，赤也。兩杖，箸象也。極打之，飽肉食也。”俄而亦驗焉。黄平問紞曰：“我昨夜夢舍中馬舞，數十人向馬拍手，此何祥也？”紞曰：“馬者，火也，舞爲火起。向馬拍手，救火人也。”平未歸而火作。索綏夢東有二角書詣綏，大角朽敗，小角有題，韋囊角佩，[4]一在前，一在後。紞曰：“大角朽敗，腐棺木。小角有題，題所詣。一在前，前凶也。一在後，後背也。當有凶背之問。”[5]時綏父在東，居三日而凶問至。郡功曹張邈嘗奉使詣州，夜夢狼啖一脚。紞曰：“脚肉被啖，爲却字。”會東虜反，遂不行。凡所占莫不驗。

[1]孝廉：漢代選拔人才的科目。

[2]王戎：字濬冲，本書卷四三有傳。

[3]着赤衣：着，宋本、殿本作“著”。

[4]小角有題，韋囊角佩：中華本“題”字後没有標點符號斷開。汪維輝先生認爲，據後“小角有題，題所詣”的話來看，上文“小角有題”也應逗開。(參見汪維輝《〈晋書〉點校商兑》，《古籍整理研究學刊》1997年第1期)

[5]凶背之問：關於死亡的消息。

太守陰澹從求占書，紞曰：“昔入太學，因一父老爲主人，其人無所不知，又匿姓名，有似隱者，紞因從父老問占夢之術，審測而説，實無書也。”澹命爲西閣祭酒，[1]紞辭曰：“少無山林之操，游學京師，交結時賢，希中鄙藝。會中國不靖，欲養志終年。老亦至矣，不求聞達。又少不習勤，老無吏幹，濛汜之年，[2]弗敢聞命。”澹以束帛禮之，月致羊酒。年七十五，卒于家。

[1]西閣祭酒：官名，王公、丞相、將軍等府僚屬。位在東閣祭酒之下。與主簿舍人主閣内事。

[2]濛汜：古稱日落之處。此喻垂暮。

孟欽

孟欽，洛陽人也。有左慈、劉根之術，[1]百姓惑而赴之。苻堅召詣長安，[2]惡其惑衆，命苻融誅之。[3]俄而欽至，融留之，遂大讌郡寮，酒酣，目左右收欽。欽化爲旋風，飛出第外。頃之，有告在城東者，融遣騎追之，垂及，忽然已遠，或有兵衆距戰，或前有溪澗，[4]騎不得過，遂不知所在。堅末，復見於青州。[5]苻朗尋之，[6]入于海島。

[1]左慈：東漢廬江（今安徽省廬江縣西南）人，字元放。有異術，被曹操招致麾下，以爲軍吏。方士葛玄曾以之爲師，受《太清丹經》《九鼎丹經》《金液丹經》等。　劉根：東漢潁川（今河南省許昌市東）人。隱居嵩山中。有異術。太守史祈以劉根爲妖妄，將其收捕。劉根乃表演招鬼之術，招來史祈之亡父祖近親數十人，皆反縛在前，向劉根叩頭謝罪。

[2]苻堅：字永固，本書卷一一三有載記。　長安：縣名，治所在今陝西省西安市西北。

[3]苻融：字博休，本書卷一一四有載記。

[4]前有溪澗：原本、殿本無“有”字，宋本有，據宋本補。

[5]青州：治所在臨淄縣（今山東省淄博市東北）。

[6]苻朗：字元達，本書卷一一四有載記。

王嘉

王嘉，字子年，隴西安陽人也。[1]輕舉止，醜形貌，外若不足，而聰睿内明。滑稽好語笑，不食五穀，不衣美麗，清虚服氣，不與世人交游。隱于東陽谷，鑿崖穴居，弟子受業者數百人，亦皆穴處。

[1]隴西：郡名，治所原在狄道縣（今甘肅省臨洮縣），曹魏時徙治襄武縣（今甘肅省隴西縣東南）。　安陽：縣名，治所在今甘肅省秦安縣東北。

石季龍之末，棄其徒衆，至長安，潛隱于終南山，[1]結菴廬而止。門人聞而復隨之，乃遷于倒獸山。苻堅累徵不起，公侯已下咸躬往參詣，好尚之士無不師宗之。問其當世事者，皆隨問而對。好爲譬喻，狀如戲調；言未然之事，辭如讖記，當時鮮能曉之，事過皆驗。

[1]終南山：又名中南山、南山、秦山、周南山。位於今陝西省，秦嶺主峰。

堅將南征，遣使者問之。嘉曰："金剛火强。"乃乘使者馬，正衣冠，徐徐東行數百步，而策馬馳反，脱衣服，棄冠履而歸，下馬踞床，一無所言。使者還告，堅不悟，復遣問之，曰："吾世祚云何？"嘉曰："未央。"咸以爲吉。明年癸未，敗于淮南，所謂未年而有殃也。人候之者，至心則見之，不至心則隱形不見。衣服在架，履杖猶存，或欲取其衣者，終不及，企而取之，[1]衣架逾高，而屋亦不大，履杖諸物亦如之。

[1]企而取之：踮着脚尖够取。

姚萇之入長安，[1]禮嘉如苻堅故事，逼以自隨，每事諮之。萇既與苻登相持，[2]問嘉曰：“吾得殺苻登定天下不？”嘉曰：“略得之。”萇怒曰：“得當云得，何略之有！”遂斬之。先此，釋道安謂嘉曰：[3]“世故方殷，可以行矣。”嘉答曰：“卿其先行，吾負債未果去。”俄而道安亡，至是而嘉戮死，所謂“負債”者也。苻登聞嘉死，設壇哭之，贈太師，謚曰文。及萇死，萇子興，[4]字子略，方殺登，“略得”之謂也。嘉之死日，人有隴上見之。其所造《牽三歌讖》，事過皆驗，累世猶傳之。又著《拾遺録》十卷，其記事多詭怪，今行於世。

[1]姚萇：字景茂，本書卷一一六有載記。

[2]苻登：字文高，本書卷一一五有載記。

[3]釋道安：東晋常山扶柳（今河北省冀州市）人，俗姓衛，家世儒宗，遭亂世衰微。十二歲出家，後至鄴縣，師事佛圖澄。興寧三年（365）赴襄陽。在襄陽十五年，整理校閲東漢光和以來禪學與般若學新舊譯經典，制定佛教戒規，主張僧侶以“釋”爲姓。太元四年（379）至長安，翻譯並講授般若學經典。

[4]興：姚興，字子略，本書卷一一七有載記。

僧涉

僧涉者，西域人也，不知何姓。少爲沙門，苻堅時入長安。虚静服氣，不食五穀，日能行五百里，言未然之事，驗若指掌。能以秘祝下神龍，每旱，堅常使之咒龍請雨。俄而龍下鉢中，天輒大雨，堅及群臣親就鉢觀之。卒于長安。後大旱移時，[1]苻堅嘆曰：“涉公若在，[2]豈憂此乎！”

[1]移時：經歷一段時間。

[2]涉公若在：若在，原本、殿本作“在此”，宋本作“若在”，據宋本改。

郭黁

郭黁，西平人也。少明式《易》，[1]仕郡主簿。張天錫末年，[2]苻氏每有西伐之問，太守趙凝使黁筮之，黁曰：“若郡内二月十五日失囚者，東軍當至，凉祚必終。”凝乃申約屬縣。至十五日，鮮卑折掘送馬於凝，凝怒其非駿，幽之内厩，鮮卑懼而夜遁。凝以告黁，黁曰：“是也。國家將亡，不可復振。”

[1]少明式《易》：式，殿本作“老”。中華本校勘記：“‘式易’，不明其義。殿本作‘老易’，通篇未涉及《老子》。《御覽》一九全句引作‘少明於《易》’，或然。”

[2]張天錫：字純嘏，本書卷八六有傳。

苻堅末，當陽門震，刺史梁熙問黁曰：“其祥安在？”黁曰：“爲四夷之事也。當有外國二王來朝主上，一當反國，一死此城。”歲餘而鄯善及前部王朝于苻堅，[1]西歸，鄯善王死於姑臧。[2]

[1]鄯善：西域國名，國都在伊循城（今新疆維吾爾自治區若羌縣東）。

[2]姑臧：縣名，治所在今甘肅省武威市。

吕光之王河西也，[1]西海太守王楨叛，黁勸光襲之。

光之左丞吕寶曰：[2]“千里襲人，自昔所難，況王者之師天下所聞，何可僥倖以邀成功！礬不可從，誤人大事。”礬曰：“若其不捷，礬自伏鈇鉞之誅。如其克也，左丞爲無謀矣。”光從而克之。光比之京管，常參帷幄密謀。[3]

[1]吕光：字世明，本書卷一二二有載記。　河西：地區名，今甘肅、青海二省之間黄河南段以西地區，即河西走廊、湟水流域一帶。

[2]左丞：官名，即尚書左丞，尚書省佐官，位次尚書，居尚書右丞上。與右丞共掌尚書都省庶務，率諸都令史監督稽核諸尚書曹、郎曹政務。左丞又掌督録近道文書章奏，監察糾彈尚書令、僕射、尚書等文武百官，號稱“監司”，權勢甚重。晋六品。　吕寶：十六國後凉人，氐族，吕光弟，任尚書左丞、右將軍等職。

[3]帷幄：帷，宋本、殿本作“幃”。

光將伐乞伏乾歸，[1]礬諫曰：“今太白未出，不宜行師，往必無功，[2]終當覆敗。”太史令賈曜以爲必有秦隴之地。[3]及克金城，[4]光使曜詰礬，礬密謂光曰：“昨有流星東墜，當有伏尸死將，雖得此城，憂在不守。正月上旬，河冰將解，若不早渡，恐有大變。”後二日而敗問至，光引軍渡河訖，冰泮。[5]時人服其神驗。光以礬爲散騎常侍、太常。[6]

[1]乞伏乾歸：十六國時西秦國主，本書卷一二五有載記。

[2]往必無功：宋本無“往”字，作一字空白。

[3]秦隴：地區名，指今陝西、甘肅二省區。

[4]金城：郡名，治所原來在允吾縣（今甘肅省永靖縣西北），曹魏時移治榆中縣（今甘肅省榆中縣西北黄河南岸）。

[5]冰泮：冰融化。

[6]散騎常侍：官名，三國魏文帝黄初年間置，侍從皇帝左右，諫諍得失，顧問應對，與侍中等共平尚書奏事。也用作宰相、諸公等加官，入宫議政。三品。

麐後以光年老，知其將敗，遂與光僕射王祥起兵作亂。[1]百姓聞麐起兵，咸以聖人起事，事無不成，故相率從之如不及。麐以爲代吕者王，乃推王乞基爲主。[2]後吕隆降姚興，[3]興以王尚爲凉州刺史，[4]終如麐言。麐之與光相持也，逃人稱吕統病死，麐曰："未也，光、統之命盡在一時。"後統死三日而光死。麐嘗曰："凉州謙光殿後當有索頭鮮卑居之。"終於秃髮傉檀、沮渠蒙遜迭據姑臧。[5]麐性褊酷，不爲士庶所附。戰敗，奔乞伏乾歸。乾歸敗，入姚興。麐以滅姚者晋，遂將妻子南奔，爲追兵所殺也。

[1]僕射：官名，即尚書僕射。秦漢爲尚書令副貳，東漢建安四年（199）分置左、右，爲尚書省次官。三品。　王祥：中華本校勘記："周校：《吕光載記》作'王詳'。按：《通鑑》一〇八亦作'王詳'。"

[2]王乞基：中華本校勘記："周校：《吕光載記》作'王氣乞機'。按：《通鑑》一〇九作'田胡王乞基'，胡注云：田胡，胡之一種也。"

[3]吕隆：字永基，本書卷一二二有載記。

[4]凉州：東漢治所在隴縣（今甘肅省張家川回族自治縣），

三國魏移治姑臧縣（今甘肅省武威市）。

［5］秃髮傉檀：十六國南凉主，本書卷一二六有載記。　沮渠蒙遜：盧水胡人，十六國北凉主，本書卷一二九有載記。

鳩摩羅什

鳩摩羅什，天竺人也。世爲國相。父鳩摩羅炎，聰懿有大節，將嗣相位，乃辭避出家，東度葱嶺。[1]龜兹王聞其名，[2]郊迎之，請爲國師。王有妹，年二十，才悟明敏，諸國交娉，並不許，及見炎，心欲當之，王乃逼以妻焉。既而羅什在胎，其母慧解倍常。及年七歲，母遂與俱出家。

［1］葱嶺：即今帕米爾高原與喀喇昆侖山脉的總稱。

［2］龜兹：西域古國名，本書卷九七有傳。

羅什從師受經，日誦千偈，偈有三十二字，凡三萬二千言，義亦自通。年十二，其母携到沙勒，[1]國王甚重之，遂停沙勒一年。博覽五明諸論及陰陽星算，[2]莫不必盡，妙達吉凶，言若符契。爲性率達，不拘小檢，修行者頗共疑之。然羅什自得於心，未嘗介意，專以大乘爲化，諸學者皆共師焉。年二十，龜兹王迎之還國，廣説諸經，四遠學徒莫之能抗。

［1］沙勒：西域古國名，在渴盤陀國北。《通志》作“疏勒”。

［2］五明：印度古代的五類學術，即聲明、工巧明、醫方明、因明、内明。聲明，釋詁訓字，詮目疏别；工巧明，伎術機關，陰陽曆數；醫方明，禁咒閑邪，藥石針艾；因明，考定正邪，研核真

僞；内明，究暢五乘，因果妙理。

有頃，羅什母辭龜兹王往天竺，留羅什住，謂之曰："方等深教，不可思議，傳之東土，惟爾之力。但於汝無利，其可如何？"[1]什曰："必使大化流傳，雖苦而無恨。"母至天竺，道成，進登第三果。西域諸國咸伏羅什神俊，每至講説，諸公皆長跪坐側，令羅什踐而登焉。

[1]其可如何：如何，殿本作"何如"。

苻堅聞之，密有迎羅什之意。會太史奏云："有星見外國分野，[1]當有大智入輔中國。"堅曰："朕聞西域有鳩摩羅什，將非此邪？"乃遣驍騎將軍吕光等率兵七萬，[2]西伐龜兹，謂光曰："若獲羅什，即馳驛送之。"光軍未至，羅什謂龜兹王白純曰："國運衰矣，當有勍敵從日下來，[3]宜恭承之，勿抗其鋒。"純不從，出兵距戰，光遂破之，乃獲羅什。光見其年齒尚少，以凡人戲之，强妻以龜兹王女，羅什距而不受，辭甚苦至。光曰："道士之操不逾先父，何所固辭？"乃飲以醇酒，同閉密室。羅什被逼，遂妻之。光還，中路置軍於山下，將士已休，羅什曰："在此必狼狽，宜徙軍隴上。"光不納。至夜，果大雨，洪潦暴起，水深數丈，死者數千人，光密異之。

[1]分野：對應天空的星宿之地面區域。

[2]驍騎將軍：官名，三國魏爲内軍將領，統營兵。兩晋與領軍、護軍、左右衛、游擊諸將軍合稱六軍，擔當宿衛之任，是護衛宫廷的主要將領。四品。

[3]日下：指長安。

光欲留王西國，羅什謂光曰："此凶亡之地，不宜淹留，中路自有福地可居。"光還至凉州，聞苻堅已爲姚萇所害，於是竊號河右。[1]屬姑臧大風，羅什曰："不祥之風，當有奸叛，[2]然不勞自定也。"俄而有叛者，尋皆殄滅。

[1]河右：即河西，今甘肅、青海兩省之間黄河南段以西地區，即河西走廊、湟水流域一帶。

[2]不祥之風，當有奸叛：中華本"風"字後没有標點符號斷開，汪維輝先生認爲應該用逗號斷開。（參見汪維輝《〈晋書〉點校商兑》，《古籍整理研究學刊》1997年第1期）

沮渠蒙遜先推建康太守段業爲主，[1]光遣其子纂率衆討之。時論謂業等烏合，[2]纂有威聲，勢必全克。光以訪羅什，答曰："此行未見其利。"既而纂敗於合黎，[3]俄又郭麐起兵，纂棄大軍輕還，復爲麐所敗，僅以身免。

[1]建康：郡名，治所在建康縣（今甘肅省高臺縣西南）。段業：十六國時京兆（今陝西省西安市西北）人，歷任後凉參事、尚書、建康太守等職。後叛後凉自稱凉州牧，改元神璽，又自稱凉王。後被沮渠蒙遜所殺。

[2]謂業等烏合：烏，宋本作“爲”。

[3]合黎：中華本校勘記：“《吕光載記》作‘合離’。”

中書監張資病，[1]光博營救療。有外國道人羅义，云能差資病。光喜，[2]給賜甚重。羅什知义誑詐，告資曰：“义不能爲益，徒煩費耳。冥運雖隱，可以事試也。”乃以五色絲作繩結之，燒爲灰末，投水中，灰若出水還成繩者，病不可愈。須臾，灰聚浮出，復爲繩，义療果無效，少日資亡。

[1]中書監：官名，中書省長官之一。三國魏文帝初年分秘書置中書省，長官爲中書監、中書令。掌收納奏章、草擬詔令。平常不分高下，入朝時監略高於令。三品。

[2]光喜：喜，宋本作“善”。

頃之，光死，纂立。[1]有猪生子，一身三頭。龍出東箱井中，於殿前蟠卧，比旦失之。纂以爲美瑞，號其殿爲龍翔殿。俄而有黑龍升於當陽九宫門，纂改九宫門爲龍興門。羅什曰：“比日潛龍出游，[2]豕妖表異，龍者陰類，出入有時，而今屢見，則爲灾眚，[3]必有下人謀上之變。宜克己修德，以答天戒。”纂不納，後果爲吕超所殺。[4]

[1]纂：吕纂，字永緒，本書卷一二二有載記。

[2]比日：比，殿本作“此”。

[3]灾眚：灾殃禍患。

[4]吕超：十六國後凉人，氐族，吕寶子。任驍騎將、番禾太

守等職。後擁立吕隆即天王位，自任司隸校尉、録尚書事。後降於後秦，任安定太守。

羅什之在凉州積年，吕光父子既不弘道，故藴其深解，無所宣化。姚興遣姚碩德西伐，[1]破吕隆，乃迎羅什，待以國師之禮，仍使入西明閣及逍遥園，譯出衆經。羅什多所暗誦，無不究其義旨，既覽舊經多有紕繆，於是興使沙門僧叡、僧肇等八百餘人傳受其旨，[2]更出經論，凡三百餘卷。沙門慧叡才識高明，常隨羅什傳寫，羅什每爲慧叡論西方辭體，商略同異，云："天竺國俗甚重文制，其宫商體韵，以入管弦爲善。凡覲國王，必有贊德，經中偈頌，皆其式也。"羅什雅好大乘，志在敷演，常嘆曰："吾若著筆作大乘《阿毗曇》，[3]非迦旃子比也。[4]今深識者既寡，將何所論！"惟爲姚興著《實相論》二卷，興奉之若神。

[1]姚碩德：十六國羌人，姚萇弟，歷任都督隴右諸軍事、征西將軍、秦州刺史、領護東羌校尉等職。　西伐：西，原本作"四"，宋本、殿本作"西"，據宋本、殿本改。

[2]僧叡：魏郡長樂（今河南省安陽市東）人，十八歲出家。先後受業於僧賢、道安、鳩摩羅什，助鳩摩羅什譯經。爲"什門四聖"之一。曾爲《大智度論》《十二門輪》《中論》《大品般若經》《法華經》《小品般若經》《維摩詰經》等作序。　僧肇：京兆長安（今陕西省西安市）人，俗姓張。年少家貧，以傭書爲業。出家習佛，善通三藏，名震關輔。師事鳩摩羅什，助其評定經論，爲"什門四聖"之一。其學説以《維摩詰經》《般若經》《中論》《百論》《十二門論》爲宗。著有《肇論》《維摩詰經注》等。

[3]《阿毗曇》：佛經名，凡三十卷。印度迦旃延子造，苻秦僧伽提婆與竺佛念共譯於前秦建元十九年（383）。收於《大正藏》第二十六册。

[4]非迦旃子比也：不是迦旃子可以相提並論的。

嘗講經于草堂寺，興及朝臣、大德沙門千有餘人肅容觀聽，羅什忽下高坐，謂興曰："有二小兒登吾肩，欲鄣須婦人。"興乃召宫女進之，一交而生二子焉。興嘗謂羅什曰："大師聰明超悟，天下莫二，何可使法種少嗣。"遂以伎女十人，逼令受之。爾後不住僧坊，别立解舍，[1]諸僧多效之。什乃聚針盈鉢，引諸僧謂之曰："若能見效食此者，乃可畜室耳。"因舉匕進針，與常食不别，諸僧愧服，乃止。[2]

[1]别立解舍：解，殿本作"廨"。

[2]諸僧愧服，乃止：中華本"服"字後無標點符號斷開，汪維輝先生認爲宜用逗號斷開。（參見汪維輝《〈晋書〉點校商兑》，《古籍整理研究學刊》1997年第1期）

杯渡比丘在彭城，[1]聞羅什在長安，乃嘆曰："吾與此子戲，别三百餘年，相見杳然未期，遲有遇於來生耳。"羅什未終少日，覺四大不悆，[2]乃口出三番神咒，[3]令外國弟子誦之以自救，未及致力，轉覺危殆，於是力疾與衆僧告别曰："因法相遇，殊未盡心，方復後世，惻愴可言。"死於長安。姚興於逍遥園依外國法以火焚尸，薪滅形碎，惟舌不爛。

[1]比丘：佛教語。梵語的譯音。意譯“乞士”，以上從諸佛乞法、下就俗人乞食得名，爲佛教出家“五衆”之一。指已受具足戒的男性，俗稱和尚。　彭城：縣名，治所在今江蘇省徐州市。

[2]四大不悆：身體病重。四大，佛教指地、水、火、風。認爲人身即由此構成。因亦用作人身的代稱。慧遠《明報應論》：“夫四大之體，即地、水、火、風耳，結而成身，以爲神宅。”不悆，指病重。悆，原本、殿本作“愈”，宋本作“悆”，據宋本改。

[3]神咒：咒，宋本作“祝”。

沙門曇霍

沙門曇霍者，不知何許人也。秃髮傉檀時從河南來，[1]持一錫杖，令人跪曰：“此是波若眼，[2]奉之可以得道。”時人咸異之。或遺以衣服，受而投之於河，後日以還其本主，衣無所污。行步如風雲，言人死生貴賤無毫釐之差。人或藏其錫杖，曇霍大哭數聲，閉目須臾，起而取之，咸奇其神異，莫能測也。每謂傉檀曰：“若能安坐無爲，則天下可定，祚胤克昌。如其窮兵好殺，禍將及己。”傉檀不能從。

[1]河南：郡名，治所在洛陽縣（今河南省洛陽市東北）。

[2]波若（rě）：佛教語。梵語的譯音。或譯爲“般若”，意譯“智慧”。佛教用以指如實理解一切事物的智慧，爲表示有別於一般所指的智慧，故用音譯。大乘佛教稱之爲“諸佛之母”。

傉檀女病甚，請救療，曇霍曰：“人之生死自有定期，聖人亦不能轉禍爲福，曇霍安能延命邪！正可知早晚耳。”傉檀固請之。時後宫門閉，曇霍曰：“急開後門，及開門則生，不及則死。”僔檀命開之，不及而死。後兵亂，不知所在也。

臺産

臺産字國儁，上洛人，[1]漢侍中崇之後也。少專京氏《易》，善圖讖、秘緯、天文、洛書、風角、星算、六日七分之學，[2]尤善望氣、占候、推步之術。隱居商洛南山，[3]兼善經學，泛情教授，[4]不交當世。

[1]上洛：郡名，治所在上洛縣（今陝西省商洛市）。

[2]六日七分之學：古代八卦與節氣中研究節氣規律的方法。七，原本、殿本作“六”，宋本作“七”，據宋本改。

[3]商洛南山：即商洛山，一名商坂、地肺山、楚山。位於今陝西省商洛市東南。

[4]泛情教授：情，宋本作“倩”。

劉曜時，灾異特甚，命公卿各舉博識直言之士一人。其大司空劉均舉産。曜親臨東堂，[1]遣中黄門策問之，[2]産極言其故。曜覽而嘉之，[3]引見，訪以政事。産流涕歔欷，具陳灾變之禍，政化之闕，辭甚懇至。曜改容禮之，署爲博士祭酒、諫議大夫，[4]領太史令，至明年而其言皆驗，曜彌重之，轉太中大夫，[5]歲中三遷。歷位尚書、光禄大夫、太子少師，[6]位特進，[7]金章紫綬，[8]爵關中侯。

[1]東堂：太極殿東堂。

[2]中黄門：官名，宦官中地位較低者。七品。

[3]覽而嘉之：覽，殿本作“見”。

[4]博士祭酒：官名，領諸五經博士，掌教授經學，備顧問應對。西晋爲太學之長，與國子學之長國子祭酒並隸太常。東晋南朝以國子祭酒兼統國子、太學博士，此官或省。五品。

[5]太中大夫：官名，侍從皇帝左右，掌顧問應對、參謀議政、奉詔出使。多由寵臣貴戚出任。七品。太，殿本作“大”。

[6]尚書：官名，東漢尚書臺六曹各置尚書，秩六百石。魏晋出爲朝官，分掌尚書省諸曹，品秩提高。三品。　太子少師：官名，東宫三師之首。與太子太師、太子太傅、太子太保、太子少傅、太子少保並號六傅。掌輔導太子。三品。

[7]特進：官名，三國兩晋時表示有特殊地位，或用作安置閑退大臣。二品。

[8]金章紫綬：黄金印章，紫色綬帶。

史臣曰：陳、戴等諸子並該洽墳典，研精數術，究推步之幽微，窮陰陽之秘奥，雖前代京、管，何以加之！郭麐知有晋之亡姚，去姚以歸晋，追兵奄及，致斃中塗，斯則遠見秋毫，不能近知目睫。澄、什爰自遐裔，來游諸夏。什既兆見星象，澄乃驅役鬼神，並通幽洞冥，垂文闡教，諒見珍於道藝，非取貴於他山，姚、石奉之若神，良有以也。鮑、吴、王、幸等或假靈道訣，或受教神方，遂能厭勝禳灾，[1]隱文彰義，雖獲譏於妖妄，頗有益於世用者焉。然而碩學通人，未宜枉轡。[2]

[1]禳灾：禳，宋本作“攘”。

［2］未宜枉轡：不應該走冤枉路。枉轡，走彎路。

贊曰：《傳》敘灾祥，《書》稱龜筮。應如影響，叶若符契。怪力亂神，詭時惑世。崇尚弗已，必致流弊。